得天下英才而教育之，
谨以此书献给我的学生，
致敬自己教育生涯三十年。

◀ 刘荧 2020 年 6 月摄于南京师范大学

▶ 张志成 2024 年 8 月摄于葛仙湖公园

今我来思

史祥 著

江苏大学出版社
JIANGSU UNIVERSITY PRESS
镇江

图书在版编目(CIP)数据

今我来思 / 史祥著. -- 镇江 : 江苏大学出版社,
2024. 11. -- ISBN 978-7-5684-2284-0

Ⅰ. G52-53

中国国家版本馆 CIP 数据核字第 2024SA5858 号

今我来思
Jin Wo Lai Si

著　　者/史　祥
责任编辑/张　冠
出版发行/江苏大学出版社
地　　址/江苏省镇江市京口区学府路 301 号(邮编：212013)
电　　话/0511-84446464（传真）
网　　址/http://press.ujs.edu.cn
排　　版/镇江市江东印刷有限责任公司
印　　刷/句容市排印厂
开　　本/710 mm×1 000 mm　1/16
印　　张/19.75
字　　数/322 千字
版　　次/2024 年 11 月第 1 版
印　　次/2024 年 11 月第 1 次印刷
印　　数/1-2000 册
书　　号/ISBN 978-7-5684-2284-0
定　　价/58.00 元

如有印装质量问题请与本社营销部联系(电话:0511-84440882)

我是如何走向写作的

（代序）

　　1993年大专毕业后，本人一直从事中学语文一线教学工作。因为职业关系，常有家长咨询如何教孩子写好作文，大都是初中生家长。初中生写记叙文为多，还能说点东西，而高中生往往撰写标准化的议论文，套话空话居多。借着本书出版的机会，我就把自己的写作历程分享一下，或许会对大家有点启发。

　　我第一次写作文是在三年级，语文老师胡金城教我们写"艳阳高照，秋风送爽"，我们觉得这词句太美妙了，纷纷写成开头，接着写帮生产队采棉花的种种。这就是写作的第一步——模仿。模仿不是抄袭，借鉴不是复制。毕竟只是词句，就算今天的查重，也不会认为这是抄袭。其实，这是化用，消化后成为自己的词汇，汇进自己的文章，化用得好，就是典故。我们那时都有摘抄本，看到好句子就兴奋地记录下来。我特地查了一下，家里保留下来的最早的摘抄本，是初中阶段的。

　　用心感受生活，以文字记录生活。对生活中的人情世故，多一点观察和体悟，用文字表述出来。我在小学和初中，作文多次被老师朗诵，以示肯定。高一的时候，妈妈把院子的一角弄成菜地，长了果蔬，让我们亲近大自然，享受香甜。当时我的感觉特别好，写了一篇《菜园情趣》，描述了各类植物的长势，多用比喻、拟人，自然生动活泼，洋溢着对生活的喜悦。这篇文章被刚从苏州大学毕业的陈晖老师发现，她帮我投稿到镇江市教研室编印的内部学生期刊《作文之窗》，后又转载发表在《镇江日报》上。报社给了3元钱的稿费（当时句容县中食堂一份红烧肉是4角钱），学校拿出其中1.2元买了个本子奖励我，手工写着一个大大的"奖"字，并盖上学校公章；剩下的1.8元，由陈老师亲手交给我。这就是我发表的处女作和收到的第一笔稿费，我颇为得意了一阵子。陈老师也因此对我好评几十年。

那时我很自卑，所以也特别敏感，非常在意别人对我的评价。宿舍8个人，有个Z姓同学一向成绩优秀，自信自负，某次在宿舍当着其他同学的面，神情飞扬对我说，你那文章不行，没啥文采，成语都没用几个。我如堕冰窟，本来勉强膨胀起来的气球，顿时瘪成皮，陷入自我否定之中。

高三的时候，有个女政治教师在陈晖老师的推荐下来找我写篇政治征文，我觉得自己很差劲，直接拒绝了，弄得陈老师很没有面子。这事，我从来没跟陈老师揭秘过。

我在复读的时候，被张才光老师的古文教学所吸引，觉得文言简洁而表现力丰富，开始喜欢琢磨对仗之类的修辞。

后来考进镇江师范专科学校（简称镇江师专）中文系。我很少说自己上过大学，因为两年制大专，头年开幕式，次年毕业生，实在不好意思说是什么大学。镇江师专后来并入江苏大学，多年后我渐渐克服自卑，才有点底气调侃说自己上过江苏大学。师专有个梦溪诗社，我也报了名，从此在写诗填词中挣扎，无病呻吟，为赋新词强说愁。在我的笔记本上，至今还留有《吊青春文》，年纪轻轻，暮气沉沉，整个小老头的心态。投稿很多，却一直没诗词发表过，更加自轻自贱起来。

当时流行跳交谊舞，男女结对，我的手搭在女生的腰上，本来就紧张，偏偏五音不全，听不懂节奏，也就姿势僵硬，脚步凌乱，常常踩到女同学脚背。记得有个小胖女生曾对我莞尔一笑，看似调侃，实带讥讽：你真不会跳舞啊。就此伤了一颗少男的心，我发誓再也不跳舞，并以才学到的一句话自我解嘲，"好男不下赌场，好女不下舞场"。唉，彼时的我，狭隘如斯。

古诗词写不好，文采又上不去，觉得自己根本不是写作的料。我经常在日记中记录着痛苦，毕竟是中文系的学生，写不出点东西，多么悲哀。

大学快毕业的时候，学校邀请到一个教授来讲学，名字叫林非。我现在已经记不得他讲课的课题，大致是鲁迅研究的方向。在讲座快结束的时候，有个互动环节，我递上一张纸条，询问关于文章的文采重要与否的问题。他说，起初人们都会追求文采的华美，内容情感真正到了火候，文采就在其次了。朱自清就从早期的《春》，写到了后期的《背影》，真情动人，才是上乘。

毕竟是权威人士，他的几句话，让我彻底放下写作负荷，心灵为之一轻，从此安然用自己的笔写自己的心，不再多虑别人对我的文采的质疑。

毕业后，我在茅山中学教学。乘着《句容报》复刊的机缘，我带着学生以日记随笔的形式踏上了文学之路。本书最大的板块"今我来思"中对此有记录和描述。我的文采不华美，读书又少，记性也差，所以很少引用名人名言。亦师亦友的编辑易宏彬却很欣赏我的文章，说淳朴清新富有生活气息。晚自习来班级陪读的家长，难得可以静心翻看我的作品，因为经历相近，沉浸文中，唤起旧时的记忆，也会给我好评。朴素也是风度，清浅更见真实。

上文说到写日记，我就要多说几句，因为这是我走向写作的关键因素。

我在小学的时候就断断续续写过好多日记。写本文的时候，我还特地翻看了一下小学日记，本子很小，所写日记，短则两行，长则一页，记录着跟同学毛红群一起扫地、一起参加作文竞赛，记录着跟妈妈去地里施肥、种棉花等，一下子就回到 40 多年前，读起来多么亲切啊。初中时候我也写过一些日记，后来被父亲看到几篇，就其中的内容批评了我。我一怒之下，表示再也不写日记。至今想来，甚为可惜。所以，我在教学中，特别反对家长偷看孩子的日记，尤其就内容去盘问孩子，这是极大的错误，容易挫伤孩子稚嫩的心灵。

1989 年，我高中毕业，预考多了 0.5 分而过关。堂堂句容县中学，我们文科 2 班 50 个学生，只有 10 多人通过预考，获得参加高考的资格。我一个堂叔略带调侃地说："预考多 1 分，不要高考少 1 分啊。"得，他个乌鸦嘴，高考我果然少 1 分，我考 459，分数线 460！

那就补习一年。在这一年补习生活中，我租住在杨塘岗的一个农户家里，相关生活经历写在《清风徐来》一书中。那时的我迷恋锻炼，贪玩打牌，成绩却还在前茅，自己感觉良好。在高考中，我超过最低录取分数线 10 分之多。我让父亲做好准备，给我卖粮食转户口，自己则去搞社会实践——贩卖苹果赚点小钱。得空在家时，我便练习珠算，一心等着被连云港财经学校录取，练好算盘当会计。

暑假等凉风，一场空。父母再次把我送进补习班。经过现实的毒打和暴击，我已经有点神神叨叨。我跟一个叫赵春的同学同座，每当他夸我学习成绩好，我就暴跳如雷，两眼瞪圆，双手把他捶。成绩好？好什么？要是好，还来补习班？你是嘲笑，是讥讽，还是嘲笑加讥讽？

为了督促自己，在父亲的指点下，我恢复写日记，每天坚持，在篇末反思：这一天是否浪费了时间？我的"政治经济学"学得不咋地，就在日记中提醒自己每天背诵一点课本。补习班鱼龙混杂，学生想法各异，自己稳定才是最重要的，每天的日记拷问是个很好的办法。

日记越写越多，一页页密密麻麻，至今已经编号到60，一摞摞，板板扎扎。从1990年9月至今，一天都不少。起初是写完一本买一本，后来感觉本子大小不一，厚薄有别，就改成一次买10本，统一规格，方便保存。

晚上值班，坐在讲台，静静盘点一天的过往。筛选之后，慢慢写字，看着笔尖流淌出娟秀的字迹，那种感觉非常美妙、细腻、充实、温馨。如果需要出行，只一天的话，就回来补写，天数多的话，就带上日记本，时间再紧，都尽量写一点。2017年暑假，我随句容的"兰花草"徒步群游历新疆半个月。回家后，旅行社结账公示，我就住宿费一项在群里提出异议，并把每一晚住的地点和宾馆名字开出清单，包括夜宿火车。群友们发现每人被多算了三晚住宿费，都给我点赞。我的日记，非常忠实，这点假不了。

2011年，我们大学班委筹备入学20周年纪念活动，我觉得应该给大家备点礼物，就翻看上学那两年的日记，用铅笔勾选相关内容，复印出来，请张妮、董正娣等朋友帮我转录成电子稿，我再根据内容裁剪归并，分成若干章节，加上小标题，在真实性的基础上对部分场景进行细节扩充，增强可读性，自费印成"单行本"《致青春——我们曾经一起走过的师专岁月》，此文大受同学们的欢迎。他们说此文激起了大家诸多美好的记忆，曾经的艰辛苦涩，如今读来都津津有味。受到启发，后来我又写了从教伊始的往事，成文的方式也是如前那样，选定复印，转录整合。写到摇响"三机"（现在一般叫"三蹦子"）的场景，我摆出造型，虚拟手握摇把，身体随动，慢慢琢磨，提炼出一串动词，把场景写得生动准确，也给我的读者们提供了一个作文训练的优秀案例。"每次发动的时候，驾驶员都先挽紧袖子，左手按下减压阀，右手握牢那种老式柴油机的大摇把，左腿绷，右腿弓，深呼吸，气沉丹田，咬紧牙关，鼓起腮帮，然后抡圆了右臂，顺时针旋转，360度，720度。车况好的，一抡就响，车况差的，摇着摇着，驾驶员就气喘吁吁，车烟囱就黑雾呼呼，怪声突突，像重度哮喘一样，呼哧呼哧，慢慢停摆。"

我在2015年续修好《史氏宗谱》后，出版了《归去来兮》，经人指点，捐赠了一套《史氏宗谱》给句容档案馆，期待能得到更好的保存条件，也就有机会和胡姓主任交流。我为将来自己积累的诸多日记本的去处而困惑，一把火跟着下葬未免可惜，子孙未必有兴趣收藏，至少很容易散失。他说："送来我们档案馆吧，恒温恒湿，防鼠防虫，一流的保管条件，除非战争，一般不会有损伤。"我觉得这是不错的安置方法。他又说："馆里收藏有民国人士的日记，今天来研究解读，就可以获得多方面的文史知识，甚至一些数据都是有用的。"我眼睛一亮，说："我把工资条都作为附录贴在日记本上呢，个人工资的增长，不就是时代进步的缩影？"从此，我再写日记，会写点看起来没啥意义的东西，比如今天上街买肉，以前一笔带过，如今会写多重，多少钱，这不是给我看的，这是我给后面文史研究者的馈赠。敦煌文物，在当初很多也只是稀疏平常的物品，比如菜单，比如经卷，然而跨越千年，皆是文物。

长期练笔，还可以保持自己的运笔状态，流畅，这个有点像用钢笔写字。几天不用的话，拿上钢笔是写不出字来的，要横画竖画好多笔才能出水写字。辍笔时间过长，甚至要清洗笔管，这个术语就叫"堵头"。好多文笔不错的朋友，就是因为堵头而渐渐辍笔，只能感叹自己当初多么才华横溢。

每天坚持写日记，还可以培养出强大的恒心和毅力，甚至因此滋生出自信和自豪。今天能出版几本书，我最要感谢的就是我的父亲，他培养了我坚持写日记的好习惯。

生命不息，日记不止。运笔不辍，必有收获。

是为代序，与诸君共勉。

2024年8月2日

目　录

今我来思

一、宿舍也是家 / 003

二、捕蛇者说 / 008

三、贫穷就是一场修行 / 012

四、装个电话 / 022

五、拾金不昧叹煎熬 / 025

六、种菜 / 030

七、恼人的收费 / 036

八、丢书 / 042

九、各色学生若干人 / 045

十、逃学风波 / 066

十一、小组是怎样炼成的 / 070

十二、体罚 / 077

十三、望母山上的纪念碑 / 083

十四、乾元观之行 / 088

十五、茅竹文学社 / 093

十六、校长和教案 / 120

十七、体育老师和运动会 / 126

十八、教职工四五个 / 129

十九、家访和家长 / 140

二十、"双料"家长赵国芳 / 150

二十一、交流会上看卖艺 / 154

二十二、一张报纸一瓶酒 / 159

二十三、病人很脆弱 / 162

二十四、婚事和债务 / 170

二十五、中考 / 177

二十六、调动 / 182

雨雪霏霏

草莓一篮情义装 / 189

石头记 / 192

海上生明月，幸福在此时 / 195

三根棒棒糖 / 197

分枣 / 200

鸡腿 / 203

润物无声 / 205

一面簇新锦旗，一段助学佳话 / 207

温暖的骚动 / 209

致句容三中高三家长的一封信 / 211

成人仪式上的讲话 / 213

悼念方寿根校长 / 215

恩师张才光 / 218

悼念尹书记 / 221

大白菜 / 225

胃肠镜检查记 / 228

套上马甲，做个志愿者 / 232

"改编"的时代气息 / 235

夜访文友 / 239

两只小鸡 / 241

徒步春游正当时 / 244

灌县江边烟火气 / 247

"坑"和感恩 ／250

金牛湖之行 ／254

孩子，我想和你谈谈心 ／258

母亲节里忆外婆 ／262

岳母的趾甲 ／265

止咳糖浆 ／267

我的幼儿时光 ／270

闹腾的菩萨像 ／278

城市，何必排斥那片菜地？ ／281

老不如小 ／283

粉笔铁笔触摸笔 ／285

沟通和反转 ／288

聊哉四则 ／290

匆匆那年 ／299

那年，邂逅 ／302

后记 ／304

今我来思

一、宿舍也是家

　　1993 年 8 月，我到茅山中学报到上班，学校给分配了一小间平顶杂物房，虽不能说是家，但好歹算是栖身之所，条件略显简陋，我在《清风徐来》一书中有过描述。过了一年，又到暑假，学校每年都有人员调出调入，事业单位有"论资排辈"的传统，我得以调整到了一个新宿舍。正规的一排新宿舍是单层单间，我的是最里的一间，边户，也是紧靠围墙了，所以从来都是我走过一家一家老师宿舍前的走廊，而没有别人走到我的门前，除非特地来找我。我这里聚桌打牌多，因为清静，聚餐吃饭少，因为我很穷，能对付就对付，能省就省。屋顶都是斜铺着的青瓦，长长的走廊过道顶部则是平的，水泥平顶围砌得像个长方形水池，斜坡青瓦流水下注到走廊顶上水池汇集，再从几个预设的落水管哗哗地流入水沟，澎湃而歌，汹涌而去，所以水泥平顶总体比较干净。

　　宿舍的前住户搬走了，留下一片狼藉，这不要紧，我当时做班主任，手下小兵很多，调上去一批女生，很快打扫干净，又拉几个男生，帮我把原宿舍的东西一股脑儿运过来，我再慢慢摆放。新的宿舍，面积翻倍，四壁清爽，横拉铁丝，垂放隔帘，风拥帘动，进深就有了层次感，前堂后卧，很显宽敞，打开收录机，用快乐的旋律伴我安眠。

　　开学一周，得空请来学校电工张师傅帮忙安装日光灯。这么多年来，我只相信日光灯，以及现在的 LED 灯，最亲民、最实惠，很鄙视奢华的贵族般的水晶吊灯，浮夸中特别容易积满灰尘，像是"公子哥"，华而不实。我买鱼买肉，做饭招待张师傅，花费30元。沈健老师也来帮我做做饭。那时的我还不怎么会做饭，根本不像现在这样，"暖男"一枚，厨艺还行。我当时吃的最多的饭食就是：切碎番茄下锅煸，磕破鸡蛋当料配，倒进米饭混合炒，斑斓红黄香味妙，海碗满平饭菜全，榨菜盖浇赛神仙。

怀着美好的憧憬，揣着愉快的心情，下午再做精细打扫，整理整理数量有限的家具，尤其是把简易书橱码放整齐，整个清爽整洁，心情也为之一畅。虽不富有，却也意足。什么叫家的味道？这就是咯。

一排屋子，每户都有实墙分割，屋子是人字梁构建，顶部不太隔音。北墙一个老式的木质窗户，可以朝外推开，内口用钢铁栅栏保护着安全。我把窗纱钉在边框上遮拦蚊虫，只留底边不封闭，方便伸手出去开关窗户，窗纱之上挂着窗帘。我虽是男的，却也要有所顾忌，毕竟屋后就是一排男生宿舍，几棵灌木阻断师生宿舍的视线。屋内顶部虽然空旷，夏天却也闷热。但话又说回来，夏天哪里不热呢？我去街上花42元买了只大塑料澡盆回来。打住，我今天来码字，忽然觉得以当年的收入来看，花42元买个塑料盆好贵啊。请不要质疑我的数据，因为来自我的原始日记。

我在续修《史氏宗谱》后，曾捐赠过一套给句容档案馆，并跟一位胡科长聊了天。他说，档案馆馆藏文件中就有民国人写的日记，作者当初不经意写的内容，给当今的文史专家提供了各类有价值的参考数据。他还建议我百年之后把所有日记捐赠给档案馆，那里环境绝佳，恒温恒湿，防鼠防蛀。我觉得这个主意不错，现在写日记的时候都会有意识带着一些数据，供后人研究之用。所以，请不要用现在的物价来怀疑这个42元的长椭圆形的塑料盆，事实上，20年后它还没坏，只是给家里老人带到乡下去用了。价格是个价格，但质量更是一个质量。

那个时候，很多人购买使用"热得快"，水瓶装满冷水，热得快插进去，圆盘坐在瓶口，通上电，发热管迅速加热，几分钟就可以把瓶水烧开沸腾起来，瓶水受热膨胀外溢，流出瓶口，弄湿地面，蒸汽向上冲顶，催响蜂鸣器，警报尖锐，需要及时断电移除，否则会一直汽化，水分烧干后能把发热管硬生生烧断。在今天来看，"热得快"用电绝对不安全，是个危险品，具有很大的安全隐患，但那时是普遍使用。我倒好半塑料盆温水，然后把自己的裸体泡进去，头枕靠盆沿，两手撩水往胸腹上浇，血液加速流淌，大脑开始遐想，感受浮力之际，甚至能想到阿基米德。通过温热，获得清凉，自由方便。这哪里是宿舍，分明就是我的家，我的天堂！

宿舍的地面一般是土质的，偶尔有砖铺的，现在都新浇了水泥地，抬高了地面，而木质门框却没有改动。所以，以门轴底窝为中心，留了一个直角圆弧，没有浇上水泥，以便在不改造入户门的情况下能够照样开合进出。这样一来，门边地势就明显低于屋里几厘米。这个地方很实用，我每次在家关上房门用盆泡澡之后，一掀盆沿就可以将水倾覆在门边低洼处，然后水自流到门前的排水沟，非常方便。

排水沟汇纳了整排教师宿舍的用水。宿舍前面就是公用的自来水池，老师们都聚在这里淘米、洗菜、洗衣，边干活边闲聊。老鼠经常跑来觅食，大白天也敢溜过来，稍一惊吓，耗子便翻身进了地道，有时候还留半截尾巴在洞口挠挠。学校给每个老师提供一个小号水缸，容量尚可，内陶外釉，很有用途，或者靠在床边囤米，或者坐在灶旁装水。靠山吃山，因陋就简，老师的灶台清一色都是锯矮了的旧双人课桌，纯粹木料，绝对算是实木家具。我的课桌灶台，桌面是块整料，质地较沉，笨实坚固，是我从众多课桌中遴选出来的。遥想当初，这会是怎样一棵壮硕的优质木材啊！今天来看，用这种大树做学生课桌简直就是暴殄天物哎。然而，一个时代一种活法，没办法。新中国成立之初，人们曾用上好的鸡血石来炼制水银，如今鸡血石已经论克计价，想来多么可惜。

起初，我从水池拎水倒满水缸，由于我是东边户，路途较远。当时宿舍住户多，近10家，而水龙头少，就一个，因此拎水还要就着别的老师的用水空档，很不方便。后来我买了一根10多米长的塑料软管，利用夜晚的用水空档，套上水龙头，一管清水往家流，直接把水放到我的缸里。管道运输最为经济，再也不必一桶一桶费力去拎，也不必在池边排队去候。装满一缸，盖上薄板，保护清洁，再加满水缸脚下的红色塑料桶。这个塑料桶，还是在我刚报到时吴凤祥老师看在老乡的份上送我的，后来一直用了近20年，既是那时塑料品质优良的见证，也是同乡情谊绵长悠久的注脚。桶里漂着的是塑料勺，不再是葫芦瓢。我们进入了一个全新的塑料时代！那个水缸则被我一直带着，时间流逝卅年，工作调动几站，至今依随，虽然长期空置，每年只用来腌制一次，但它依旧无怨无悔，不离不弃，像个忠实的老仆，沧桑而可靠，笨拙而温情。

1995年11月中旬，学校举办秋季校运会，那时运动会是像模像样的，有计划有动员，有报名有训练，活动周期比较长。后来还见识过一种运动会，学校通知班主任每班几个名额什么项目，不能多报，可以弃权，某天广播一响，通知班主任带着运动员到操场参加比赛，其余学生在班自习。国旗、校旗、团旗、班牌，众人举着旗子和牌子排队走一圈，拍些照片之后，在体育老师指挥下开始没有观众的自嗨式比赛，今天下午开幕式，明天上午闭幕式，有照为证，以便宣传。

我班的运动员比较少，多数同学闲着，闲着也是闲着，其时我正感冒，不知听谁说野菊花可以缓解感冒，我就给大家布置任务，每人采一点野菊花。人多力量大，那时候学生给老师干活很卖力，于是我家里很快就有了一堆野菊，馥郁芬芳，沁人心脾，香气绵延，招来蜂虫，引来邻居，纷纷赞叹，徒生羡慕，让我在自豪中陶醉。感冒之中，野菊在屋，花香袭人，果然舒服。不过，凡事不能过分，这份沉甸甸的浓郁刺激着我，不久就感觉头晕。嗅之头晕，弃之可惜，我有点为难。忽有人建议，不妨晒干后做枕芯。好主意，马上办！借来学校的梯子，我爬上屋顶，在走廊过道的水泥平顶上均匀摊铺菊花，香气迅速弥散空中，屋顶成了菊花台。学生见我满意，又散去田间地头，再采再送，铺满了一大片，被我赶紧叫停。

秋阳干燥，山风加持，几天之后，我把摊铺晾晒的一大片新鲜的野菊花收拢起来，居然有一小堆，最后浓缩为一个枕头，蓬松，轻柔。枕套遮不住，香气仍旧热烈，一直洋溢着。这世上最狠的还是时间，经由岁月磨洗，那枕头里的干菊花的浓郁清香渐次淡退，完整的花蕊终究散碎。两三年之后，孙老师新生了娇儿，找到我，请求分一点给孩子做个菊花枕，我爽快答应，可惜菊花都成碎屑屑（方言：脚脚子）了，聊胜于无，由他自取。

住的时间一长，就感觉到了屋子的颓唐，昏暗老旧，弥漫着潮湿的霉味。暮春多雨，潮湿闷热，草木又盛，蚊虫就多。那几天我被蚊虫叮咬得难以忍受，就下决心更新纱门纱窗。为了解决纱窗的开合问题，经过苦思冥想，我终于想出用松紧带来封闭底边的办法，纱门则用重垂法来解决，即在自己手工钉的轻纱底部挂上适当重物，拉直拉紧纱幔。办法总是人想出来的。

某夜，蚊虫叮咬甚为厉害，我几乎都未睡着。次日，我赶紧叫熊文辉搞瓶"飞毛腿"来。他办事一向麻利，很快买来，走近我的后窗，将气罐放在窗台，等我有空自取。后排宿舍的学生们慑于老师，是不大敢接近老师的后窗的，他悄无声息地就给我办好了事。他心思缜密，办事沉稳，抉择果断，后来走上社会，事业搞得很不错，甚至依旧很低调。据日记记载，其后不久，他还接受我的安排，带两人采集了一些乌饭草给我带去讨好未来的丈母娘。

宿舍是学校分配的，只有临时使用权，但这毕竟是一个独立的空间，可以任由自己安排家具，安顿生活，安放心灵。虽然只是一个小单间，但还是有了家的感觉。那时大家的生活固然清苦，但处处弥漫着家的温馨味道。现在来回忆，不是为了沉湎过去，而是希望大家继续憧憬未来的生活，把自己的日子过好。

宿舍也是家。

二、捕蛇者说

1997 年初夏的某天。茅山中学的门卫房，也是学校的传达室，邮递员送来的各种报刊信件都在此处中转，里面还开着一爿小店。几节柜台，玻璃面板，商品一览无余，并不丰富。老板是个即将退休的老教师，看门看店送报纸，公私兼顾，倒也轻松惬意，整天满脸笑意，待人和气，也许和气才能生财吧。

此处进出人多，人气颇旺，屋外忽然有人惊呼"发现一条大花蛇"，蛇的背上花花绿绿的，有近两米长。几个路过的老师听到喊声都迅速聚拢过来，围着蛇转，但不敢抓它。这条蛇受到惊扰，慌不择路，被迫从水泥地上爬过，路面光洁，蛇腹打滑，故而动作幅度很大，爬行速度很慢，甩过来甩过去的狂躁节奏。旁边不远就是老师种的南瓜窝，南瓜蔓茎粗叶大，长势茂盛，葳蕤一片。大蛇一旦钻入藤蔓之中，它就绝对安全了，人就基本没辙了。众人的喧嚣和阻挠，让它只能盘起身子昂起头颅来对抗，而不能迅速游离。我正好路过，大家的激动声音刺激了我，我大喝一声："我来！"

我第一次摸蛇，是在初三年级。当时和同学唐金城是"哥俩"，他长我一岁，有大哥风范，引得我这个小弟常追随其左右。他家有台"三洋"收录机，他经常带来学校显摆，拎着日本产的电器，一路走过，港台歌星比如邓丽君、凤飞飞的歌声就飘了一路，很拉风。他的身影摇过去，回头率是相当高的。一批同学屁颠屁颠地跟在后面，做他的小跟班，其中我最贴近。看来，要想做老大，首先就要有雄厚的资本哎。现在，唐老师是句容文化界的名流，多才多艺：书法、绘画、篆刻、写作、摄影、编辑、美工、剪辑。当年，他父亲在春城的南塘村也是一个多面手，采得草药逮得鱼，能捉刺猬会捕蛇。他带我去过他家，农村家庭，都差不多，但有一样，当时深深吸引了我的注意，成为终身的深刻记忆。他家屋檐下，悬空挂了一个蛇皮袋，里面装着什么东西。他让我摸摸看。但凡遇到这样的情况，人都会好奇而不敢造次。我先用右手轻轻触碰一下，没感觉有异，唐同学又鼓励我再用劲摸摸。我就壮了胆子挤捏了一下，"哇塞"，里面有东西在动，袋子发出轻微的沙沙声，原来是条蛇！太恐怖太刺激了。不知何故，古今中外大多数人都怕蛇，可能是人的一种本能吧。所以西方才有蛇因诱骗夏娃偷吃禁果而被惩罚永远在地上游走的故事（中国古代还有个形象性很强的词语"蛇行"），让人们永远厌弃它、讨厌它、远离它。我也怕蛇，现在得知蛇皮袋子里面真有蛇，既兴奋刺激，又紧张快意，多次揉搓，让它游动，享受不一样的触感。唐同学还提醒我，这是菜花蛇，无毒。蛇是冷血动物，身子凉，只是隔着蛇皮袋，我无法直接抓摸，感受其凉。

读大学期间，某个秋天的周末回家，我在野外捉到一条小水蛇，捏开它的嘴巴，用胶布分别裹了上下两颚，装在眼镜盒里，带去学校，在宿舍放出来。看到舍友惊惶的样子，我开心大笑，越发抓着小蛇逗他们，吓他们，自诩"操蛇之神"。最后还是吴健骏同学胆量最大，把小蛇一把抓过，扔进楼下草丛里，也就不知其所踪了。我想，要是将蛇带到班上，不知道会有多少同学来捶我。

有过这些经历，又可以在别人面前嘚瑟露脸，所以这次我自告奋勇，从小店随手拽来一个纸盒子，在别人的配合下，用盒子按定蛇头后，右手拇指食指收捏成圈状，顺利卡住它的脖子左右，一抬手，给提溜起来。蛇身一个盘旋收缩，就缠绕住了我裸露的胳膊，有力收缩，盘旋游动后，再重来一次紧箍。蛇嘴被我捏开，不断吐出舌头，特别吓人。蛇的舌头也叫"蛇信"，这引发了我的好奇心，为什么叫"信"呢？查字典，有个义项同"伸"，也就是通假字。问"度娘"，里面说蛇近视，靠舌头搜集周边"信息"，所以叫"信"。我认为，古人没有这么多科学知识，蛇安静休息的时候，头部盘在中央，舌头偶尔吐一下，遇到危险时，头部竖起来，舌头吐得很快，收集信息，保持警惕，随时逃走或者进攻，用第一种解释似乎更妥当一些。

在众人惊呼的声浪和敬畏的眼神中，我体验着蛇身的冰凉，高举手臂，让别人看得更清楚，一路扬长而去，感觉真好。走到学生宿舍，叫来住校生，在他们的又一次惊呼和羡慕中，我淡定地指挥他们拿个袋子来（他们带米在学校食堂蒸饭吃，都有蛇皮袋）。这些初中生，胆小、好奇、激动，递过来一个袋子，就赶紧站到一旁，滴溜溜地望着我。我左手撑开袋子，右手往里一探，顺直蛇身，扔进袋中，右手抽出，左手封紧，又向学生要来一截细绳，绑上袋口，让它插翅难逃！然后我也像当年唐兄待我一样，我鼓励他们去捏着玩。绳子留了结，吊挂在铁钉上，钉子扎在我宿舍的外墙，一人多高，站小板凳才能够到。正所谓蛇皮袋里装真蛇，我又想到了唐同学，想到了他家屋檐下挂的那条只能摸到而看不到的菜花蛇。

次日较忙，没去打理。再隔日早上，有同事敲门，说是十分好奇，慕名而来，想看看大蛇；看完之后，问我蛇有多重。这个，我还真的不知道嘞，就拎着去小店称称，有2斤来重。小店人多，纷纷怂恿我把蛇抓出来给他们看看。谁敢傲视苍穹，唯我真英雄！在大家的鼓动撺掇下，为了逞能，我就想把蛇从袋子里抓出来，表演上次的操作，再来收割一波惊呼和羡慕。可惜，技术不过关，手段不够辣，稍有迟疑，没有准确捏住蛇的脖子，也就是所谓七寸处，只往后部误差了一两厘米，结果蛇头一扭，猝不及防，反口咬住我的右手虎口，四枚尖牙白森森的，嵌入皮肤，鲜血顿时流出，场面瘆人。

这世界上最可悲的是愿景与现实相反，回想当初，还不如不做，如今做了，却回不去了，情况更糟糕。比如，旧自行车糊弄糊弄还能将就骑骑，可是你想把它修好一点，于是换了链条，结果发现飞轮打滑，飞轮换掉后，发现脚踏不灵光，脚踏换掉后，车轮又不在一条线上了。毛病越修越多，花费越来越高，就后悔说：唉，当初还不如糊糊就算了。

我抓蛇出来，却被蛇咬了，还不如就让大家隔着口袋看看呢。看到尖白的蛇牙，鲜红的人血，大家唬住了，不知道如何帮我，也不敢凑近。我说："没事，不疼。"我能说疼吗？左手赶紧帮忙重新控制住蛇头，右手合上虎口，稍作前探，退下蛇牙。为了显示风度，我把手伸向大家示意：不痛不痛。就是痛，咱也不能说，总不能吓到围观群众吧。重新装袋，勒紧绳子，高悬示众。

放学后再看，袋子还在，绳子依旧，然而花蛇早已逃之夭夭，口袋空空如也，袋角有个不太明显的孔洞。它能逃走也好，本来我就希望它能逃走吃老鼠呢。真想卖钱的话，我早就处理掉了。那时，老鼠真多，看过我写人鼠大战的文字的朋友可能还有记忆。对那些夜夜打着强光手电抓蛇的人，我心里是反感的。但是，它是如何成功出逃的，一直是我想研究明白的问题。有人说，蛇是用细细的尾巴捅开编织袋的经纬结合处，再慢慢旋转扩大，待到孔洞旋大到一定程度，它就滋溜跑掉了。这说法一直没有得到证实，作为捕蛇者，我只能说姑且相信了。为写此文，我几次百度，也没有找到花蛇逃遁之法。

当年，还曾怀过浪漫的想法，希望能再次与它邂逅，哪怕是在围墙上冒一下脑袋也好。

二十多年过去了，我没有等到。等到的现实是，茅山中学拆并了，南瓜窝上盖起了密集的房屋，野生的大蛇早已不见，消失在历史的浩渺烟尘里。

三、贫穷就是一场修行

1994 年教师节，班上采购东西，我一狠心，为自己买了一支圆珠笔和一支钢笔，买来后爱不释手，其他地方舍不得用，专门用于写日记。手工日记，很有质感，便想长期保存，所以需要好点的本子和笔墨。哎，财力有限，连买纸笔都顺着机会蹭一份。

凭着优秀的成绩，小弟在中考前被江苏省镇江中学录取，免收学杂费，但生活费需要自理。10 月底，他从我处拿走 200 元，我与父亲大致核算下来，从当时到学期结束，必须筹备到 2000 元才能支持两个弟弟上学，前途光明，道路漫长，算来算去，很是艰难。

11 月发工资，发的现金，扣除我在学校预支的 50 元、书报费 11 元，只有 327 元了。而中午父亲打来电话，说我的大弟弟可能回来要用钱，而且在校已经借了近百元。债务缠身，日子不好过。本想等工资到手扯点布来拉一幅窗帘、缝条长裤、买箱苹果的，如今看来什么都要泡汤了。我直接去了邮局，给弟弟汇去 200 元。

因为常常捉襟见肘，所以情绪也会发作。如今的我过得很安逸，心情也平和，似乎不能理解当初自己为什么经常发神经，然而当初就是这样过来的。我拿到工资，除了留下必需的最低的生活费用，第一要务就是去邮局给兄弟汇款做生活费，稍有结余，就存到银行一年期备用。

之前的 9 月 16 日因故临时把钱支付去了其他地方，给大弟弟的生活费就不够了，于是在家翻看去年的存折，找到了一张"可怜"的100元，10月16日才能到期取出，这日子过得紧巴巴的！

整理宿舍的时候，看到还有一堆信件，翻阅了好久。辗转慨叹，一怒之下，把所有积存的私人信件付之一炬，居然烧了近半个小时。一切恩怨、所有悲喜都化为了缕缕青烟，最后只剩几张残片，捡起一看，居然是初恋W某写的，心中泛起一丝苦涩，捻了几下，伴着两滴清泪，塞进了锅膛。痛恨、痛快、怅然、悲戚，滋味很杂。一醉解千愁，火烧伴泪流。

出于现实考虑，后来我还是抽出40元去街上扯了点花布，请了一位小阿姨帮忙缝合、拷边，做成帘布，来日就可以张挂起来了。这是最简易的窗帘，在宿舍的北面木窗上沿（南窗处做饭菜，油烟多，用不着）各钉两个钉子，从总务处找来铁丝，穿过缝合的边孔，拉直固定，如此而已。请亲戚帮忙，可以省点手工费。同时还挂起一幅隔帘，两枚铁钉扒墙，一根铁丝担纲，悬挂活动帘布，把宿舍隔成前后空间。

钱不够用，就从孙老师那儿借用300元。我经常向他借钱，真正是好借好还，永远借不完。总是借钱，常常预支，这日子怎么过？

没几天，因为孙老师临时要用钱，我只好去银行提前支钱，那张100元，还没到期。同学徐晓军在信用社上班，看我可怜，从他自己的活期上拿给我300元，我的那张存折抵押给了他。生活总是负债，不过是换个债主。穷人，永远存不住钱。现在有个说法，工资性收入和财产性收入，工薪阶层只靠工资，日子过得必然窘迫。

怀着愤懑离开银行，回到宿舍提笔写文章——《银行》。今天已经记不得文章内容，不过我想，主旨肯定是发泄。生活是创作的源泉，情感是文章的内核，悲情的生活酿不出甜美的米酒。

1995年9月30日，国庆放假，一家五口难得团聚。捕点小鱼，杀只公鸡，已算丰盛，下午又用稻子换点苹果吃。回想小时候，到过年家里才能买上两个苹果，一家分着吃，感慨生活质量提高的速度惊人。又说起牵电话的问题，倒想一试。邮电业务正以百分之四十的速度增长，争取在20世纪末达到现代化水平。这次回来，村上正在装自来水。国家发展持续向好，我们家的前景也在持续向好，好好憧憬未来吧。从目前的状况和趋势看，我大学毕业，大弟正好进大学；四年后，大弟前脚出大学，小弟后脚进大学，多好。

国庆节当天下午，两个弟弟跟我到了茅山中学。晚上一直用"热得快"烧水，三个人都又洗身子又洗头，晚上喝点小啤酒，各自洗了衣服，轻松过夜。我的宿舍只有一张床，我就跑到孙老师宿舍，和他挤着睡一晚。那时，老师之间借宿、挤着睡是常事，现在的人已经难以理解。唉，什么时候说什么话，什么条件做什么事。

10月2日上午，兄弟仨和孙老师一道爬茅山玩，在顶宫入口处稍微费了点周折。孙老师有个学生叫余志成，在庙里当文书，把我们领了进去，还带去他宿舍坐了坐。多年后，我和余道长（九霄道人）关系密切，友情深厚，原来竟有这么一段道缘呢。如果不是有日记记载，真不敢相信。在顶宫广场，学生葛某的母亲做着生意，为游客拍照服务，她为我们弟兄仨拍了两张合影。我说等照片洗好了，让葛同学带给我，我要付照片钱，葛母表示不收。转到印宫，需买门票，没有熟人通融，我们就没有进去，便转头去仙人洞洞口。仙人洞那时还没有开发，还是原生态呢。我爬进过两回了，没啥兴趣，时间也不早了，就没钻进去。中午在茅山饭店花了24元，炒了三个菜，每人吃了几碗饭。这家饭店有两个特色菜：红烧蹄髈和红烧肥肠。今天已不记得那一顿是否点了其一。下午三人都好好睡了一觉，又去苏南抗战胜利纪念碑下转了转，傍晚又去新四军陈列馆看了看。因为时间不早了，小弟便没回镇江中学，好在第二天有很早的镇江班车途经他们学校，也还来得及，所以就再度留宿。我找了几个年轻同事，想挤睡一夜。正在焦虑中，得，恰好看到同事朱晓勇来校了，借宿问题得以解决。朱老师也是我们同届不同班的高中同学。后来我谈对象，还再次跟他挤睡过的。晚上，还是两支"热得快"发挥作用。小弟帮着洗了大弟换下来的衣服。小弟勤快而伶俐，以前在家里没少干农活，劳动观念很正，干活能力也强。

次日清晨，我从朱老师处起床回宿舍，两个弟弟已经走了，我忙出去找寻，不见踪影，骑车出去顺着街道上下找一圈，不获，而且天阴欲雨，我遂返。我前一天换下的衣物正晾在铁丝拉线上，还滴着水，无疑是小弟所为。前一天留给他们的两个梨，剩了一个大的。据我推测，大弟吃了小的，小弟干脆省了下来。我们兄弟仨都是这样过来的，不争不抢，互谦互让。他们走的时候，尽管天气较冷，小弟却未穿走我事先让他穿上的外套御寒，这家伙有时太过于自律。一想起他们走的时候我没能到场，一股心酸涌上心头。回头想想，又责备自己，作为一个大男人，未免缠绵了些。王武老师晚上与我聊天，他表示对我这种排行老大的牺牲精神甚为佩服。王武老师是我老乡，我刚工作的时候还在他家吃过一顿饭，他后来还给我介绍过对象，第一个没成，给我介绍第二个时，我已经谈了现在的老婆了。虽然没介绍成功，我还是很感谢这位老乡的。他教美术课，专业不错，教案评比的时候，我是句容市二等奖，他是一等奖，还是很牛的。

过了国庆节，某天孙老师通知我说高中老同学徐晓军翌日晚上来喝酒打牌。这位徐同学就职于农村信用社，经常帮我们，有时候也来打打牌，大家相处关系都很好。我上午去街上买了酒菜，花去 29 元。徐同学感觉三个人，菜不够吃，带我去饭店又点了三个菜，我又花去 29 元。他知道我经济困难，吃过晚饭塞给我 50 元，算是补贴。人穷，也撑不起脸，我客气几句，捏着钱就收下了。打牌三缺一，又招呼来一个住校老师，玩到深夜才罢。

过了半个月，同时收到两个弟弟的来信，读大二的大弟话语凄苦，读高中的小弟附有一篇杂文，文辞激昂，雄心壮志少年郎，两人同时都要钱用。毫不犹豫，我分别给寄出 400 元、50 元。

教师工资以前都是 15 日发放，改革在进行，经济在转型，每月拖延工资开始出现，26 日才领到 10 月工资，第二天我就把工资存了银行。后来，教师工资实行乡镇统筹，也就是乡镇负责自己下辖学校的教师的工资，校长的重要工作之一就是耗费精力和人脉，各显神通，泡财政所，每个月尽量按时拿到足额的教师工资。财政拮据，校长犯愁，教师不满。

转眼到了 12 月，天气较凉。某天中午在吴凤祥老师那边蹭了饭，下午他陪我上街扯布做了一条裤子，花去 29.5 元，工费在拿裤子的时候再结，做条裤子都要狠下决心。1995 年元旦之前，学校杀猪分肉，每人 10 斤，晚上和吴老师一顿吃了二三斤，生活条件差，逮到一顿肉，吃得满嘴流油。

元旦，我回老家看望父母，在家中拿走 500 元，以他们的名义汇给大弟弟 200 元，300 元算我暂时借用。我实在周转不开，也没啥积蓄。

骑了自行车，带了 50 多斤米，做伴手礼，绕道三岔中学，去看望以前的班主任吴玉根老师，这为我两年后谋求调动工作多了一个思路。

当老师的都清楚，年关之前各项费用总账结清，是一年中最滋润的时候。这学期，我的班主任工作被评为二等，有点小奖金，希望下学期能更好。年终奖金每人 200 元，全班学费结余 82.7 元（那个时候的结余费就是班主任的小金库），以及其他所有补课值班收入，一共 950 元。当然，我还要从中偿还上次在家里借用的 300 元。

过年了，我在家里提出一个方案，开学前一次性给大弟 1200 元后，再渐次供给家里 5000 元，之后与家里在经济上脱钩；大弟毕业后支出 1 万元给小弟，小弟毕业后再支出 1 万元给父母养老。我感觉自己太累了，需要看到解脱的希望，所以提出这个方案，家人都表示了同意。其实，后来也没能执行这个方案，一切都在变化中，容不得我从容筹齐 5000 元。

年后返校，大弟跟着我，我陪他上山玩了一趟，突然发现，包子已经涨到 4 角一个，茅山顶宫门票已经 5 元每人了。我让他揣了 500 元回去。

开学后不久，徐晓军来玩，我把新发的工资 350 元交给他存起来，孙白平帮我贴上 150 元，凑足 500 元，弄个整数，备用。生活费上，自己则带点米、咸货，加点蔬菜，能对付就对付。

1995 年春天，听说母亲也会骑车了，我很高兴，所以把自行车留在家给她用。她学会骑车，是为了能够贩卖农产品。家乡出了几个农产品经纪人，大量收购农产品——芝麻、黄豆、棉花。这对母亲等人来说是个机会，可以走村串户，收取原料，卖给大户，赚取差价，补贴家用。经纪人就是所谓的"头道贩子"，很辛苦。商品经济的风气和意识已经下沉到了农村，农民开始受益，我家的经济压力逐渐因此得以缓解，我也可以稍微喘口气。

我的生日在 5 月，我上街买布做夏装，衬衫布料 26 元每米，1.6 米，加 7 元工费，优惠后合计 48 元。裤子呢，每米 32 元，1.1 米，辅料 1.5 元，5 元工费，优惠后合计 41.5 元。近百元的开支，花销很大，我内心祈愿裁缝师傅，希望他们别做砸了。人生在世，吃穿二字，能维持已经不简单，想抠出点钱存起来，好难。

虽然很难，却毕竟可以存一点，到暑假，我居然总共存了2000多了。除了工资外，学校还给点课时费之类加以补贴，算不错了。学校沿街正在造房子，底层门面将来可以收租金，二层做宿舍。这就涉及将来宿舍的分配问题。钱是个好东西，校长也为筹钱建房而发愁，动脑筋想办法，琢磨出一招：想拿房，交4000，不分工作资历，只看交费先后。4000也不是小数目，毕竟大家都是穷酸的乡村老师。老教师资格老，不理校长，说造好房子还怕你不分配？房子是公家的，又不是你校长个人的！局面就这样僵持着、拧巴着，看谁坚持得住。

　　我呢，和两个年轻老师商议，等着分配的话，肯定论资排辈，凭我们的在校资格，遥遥无期，想都不要想。但是，可以通过交钱改变方向！我向总务主任求证，再次确认：谁先交钱谁得！我们三人商量好后，大家着手筹钱，其实他俩都是现成的，就我不够，他们表示等我。第一站，我去学生曹永静家借钱，她家父母和我关系很铁，谁知她家正忙于饭店装修，我不便开口；再去向同学徐晓军借钱，也未果。我只好临时离校赶回家，向父母借用1400元，打算凑足4000元买房。这是大事，父母全力支持。他们贩卖芝麻、棉花，手头活络了不少。

　　我赶回茅山中学，翻出一张张存单，去银行取了所有存款，也不管是否到期，统统拿出来，心里很高兴。我拿着4000元现金，去征求一位王老师的意见，他说："最好是一起去交，明天吧。"看来，我要再等一天了。

　　正好第二天，教导处黄老师收到函授入学通知，说是要交学费，理科老师900元，文科750元。我已经把钱用空，还向父母借债1400元，当我收到入学通知后，我的学费又在哪里呢？总是为钱发愁，经济压力始终居高不下。烂泥萝卜吃一截揩一截吧，管不了那么多了。

　　为了保证不出差错，我又特地去找校长，他说我有资格参加集资建房，每间2000元，4000元可以拿两间房。

　　得到校长承诺，我和孙老师、王老师马上去找总务处许主任交钱。他俩互相眨眨眼，让我第一个交，说第一个交，可以第一个选房。我没有多想，也好个第一，"带头"交钱。根据计划，一共8间，4份。这房子顿时就显得紧俏了。其他老师闻讯，都知道是我这个"愣头青"带头，于是不再矜持，也跟着赶紧交钱，逼着许主任不收不行。人数超过了计划，事情变得复杂，主任把矛盾上交校长。校长略一沉吟，这事不好办啊，谁也不肯退钱，校长也不想退钱，那就再加盖一层吧！领导就是领导，智慧往往高超，能把巨大的矛盾化解在无形，最后除了几个不肯低头的老教师背后骂我乱来之外，其余皆大欢喜。

1995年暑假后期，小弟上学去了，大弟也要去上学，都需要学费。早上我还骑车送妈妈去宝堰，卖点鸡蛋给小弟凑学费，好在高中费用少一些，他是高分提前录取的，享受学校优待，不用交纳书本学杂费，自己支付生活费就行了。大弟的大学费用就高了。我去学校领了八月份工资，拿到报社寄来的5元稿费，以及高中同学范勇寄来资助我的50元，总共凑足600元，准备给大弟上学用。我又去曹家，请曹父帮忙给大弟盖个茅山农机站社会实践章。

1995年国庆节，喜讯传来，句容撤县设市，改称句容市啦。本月工资，也因为需要支援市政建设，被扣去256元，美其名曰：统一捐赠。

同学杜红旗做着会计，知道我一直坚持写日记，就送我一支特细财会笔。这是我一直梦寐以求的，特细财会笔手感很好，出水流畅，墨迹均匀，写起字来很享受。我在杜会计那里看到一本厚厚的书《男子风采大全》，有打领带的方法，有锻炼身体的技法（主要是哑铃操），我一下子就喜欢上了。我找来一条长板凳，从家带来两个大哑铃，一个五指抓礅。哑铃是我父亲用铁球焊接的，没花钱。五指抓礅是我在高补班的时候淘来的，别人的废弃物，却是我的健身宝贝，当年高补班刮起过健身热潮。这段往事，我在《清风徐来》里有专章叙述。

锻炼身体是好事，但营养跟不上了。11月下旬，我明显感觉体能消耗比较大，心里发慌。去了菜场，两颗大白菜，一卷粉丝，一只公鸡2.1斤，7.5元每斤，付款15元，也是很奢侈了。一些人纷纷奇怪地问我："什么人来吃饭，同学？朋友？重要客人？"真让人郁闷。我连着吃了多少天的青菜豆腐没人看见，稍微买点好的改善一下就让有些人受不了，也是可恶来着。魏孝琴老师倒是赞同我的生活安排，将就着生活两三天后，再改善一次伙食。中午和吴凤祥搭伙吃了他的鱼，晚上他跟我合作吃了我的鸡。几乎烧了一小铁锅，味道还不错，其实是胃口还不错。诚然，饥饿是最好的调味品。

元旦之前，小舅新建房屋，来我家找木料，我听其债务急迫，就决定帮他一把，要他别告诉任何人。另一个老表才借给他300元，我一个光棍汉还借给他500元，他非常高兴，中午在小姨家吃饭，小舅也乐得跟我碰了几杯酒。看起来我有面子，其实是钞票更有面子。

函授学习回来，刚过元旦，费用公布，这个月出勤奖没有扣，由王武老师负责的；辅导费没有扣，由黄崇斌老师负责的；课时费则扣了一半，由陈秉荣负责的。大家还比较照顾，函授算了公务，我内心很温暖，至今仍感念。

又到年底，集中兑现各项费用，前日领到506元，今日又领了239元，晚上归一个账，年内能积存1000元左右，两个弟弟开学的费用又可以对付对付了。没两天，开了本学期最后一次教职工会议，我班量化考核终于以191.5分的成绩获得全校第一，每分值0.8元，外加30元奖金，计183元，虽说不多，但学校终于认可我的班级管理能力了。今天还预发了2月份工资437元，收费的劳务费50元，剩下的钱还作作文兴趣小组的辅导费。年底，领了钱，带上学校发的鱼肉福利，回家过年，是最爽的时段。

眼睛一眨，到了1996年3月底。我带了6个学生去句容参加作文竞赛，中巴车费还未减价，每人6元，我与司机谈妥，团票每人5元，实付35元，共收学生36元，自己省个车费。记这笔账，无非想印证老师很精，小算盘打得响而已，都说老师小气，也没办法，人穷要不起脸来。

1996年4月13日，星期六。小弟他们开家长会，我以家长身份前往。我下午骑车去往七里甸的江苏省镇江中学，还蛮远的呢，找到小弟，问问情况，给他拍两张照，又给他50元钱，让他先乘车回家；我去听家长会，会后再骑车去丹阳拜会同学。骑车自由，还可以省点车费。经济落后，时间也不值钱。

每学期都有函授学习，10天左右时间，轻松愉快。最后一天只有上午的课，很多人已经不能安心，浮躁至极，不断地制造噪音，让人很不舒服，教授也只好匆匆结束课程。我整理好东西，殷、李两位好友的饭盒也委托我存放在东南大学。我去那儿找到大弟，吃过饭，寄存一部分以后才用得上的教材。他给我买了4本鲁迅的文集，每本1元，倒很便宜。听他的意思，他急于补习英语，以便毕业能顺利过关，但他苦于无钱。我答应给他 300 元，心想明天回校就给他汇去 400 元，现在这样慷慨地支持他们，但愿他们将来能记住这一切。

回到学校，我首先就去银行和邮局取出所有存款，给大弟汇去 400 元，再与学校结账，账面上我还有 1000 元空缺。学校经费紧张，催要各项欠款。当时收费名目多，一波接一波，所以班主任常常无法清账，总有点钱款捏在手上，先用着再说。学校紧催，我急得团团转，后来向李学军老师借了 200 元，向熊文斌老师借了 500 元，临时周转一下，才解了燃眉之急。我在茅山中学 4 年，不知道跟多少人借过钱，更不知道前后借了多少回，总之就是借了还，还了借，借了学校借老师，借了老师借亲友。我心里感谢他们，一直也没法回报，就在这本书的此处，对他们衷心说声谢谢，谢谢他们在我愁苦的时候帮衬一把。

拿到 7 月份工资，却被扣去 40 元电费和 42 元房租，感觉后者太昂贵了。不过这该是我最后一次支付学校房租了，我们预定的新房子即将交付啦，好激动，很期待。核算下来，目前自己只负债 300 多元了，等到 8 月份工资就能持平了，总算在经济上喘了一口气。

等到 8 月份去拿工资，又带些米、油，从家里带了 1500 元，去邮局汇给大弟。他们上大学，每学年交费多，包括住宿费等，一般都是开学前缴纳。

我们初二升初三也在暑假提前补课了。新房子建好了，学校进行了分配，理论上我是最北侧的边户，多了一个封闭阳台的室内面积。排第二户的孙老师跟我协商，他快要结婚了，想跟我调换一下。我是单身汉，追求异性又没有方向，自己也比较好说话，都没啥犹豫就答应了下来，只是告诉他需要报备给校长知晓。校长那头当然不会反对，报备是对他的尊重，不是征求他的意见。

补课有个好处：手头有兵。下午留了几个愿意帮我搬家的学生，有曹永静、李刚、吴健、胡小银、熊文辉。熊文辉又让杨杰和袁影来帮忙。在此特地写下他们的名字，表示我的感谢。多亏来这两人，天气闷热，物品杂乱，颇为累人。他们后来又帮物理老师沈健搬家。吴健动手能力不错，帮我做事不少，敲敲打打，拆卸安装。后来曹永静和孙蓓一起去帮我办了窗帘，我没做具体指定，由她俩自主采办，到底是女生，买的猩红色，和我当初买的碎花蓝布风格迥异。晚上灯光一照，布帘甚至有些透明，人员走动看得很清楚。木已成舟，布已成帘，将就着呗，花了我 20 多元钱。

初三开学没几天，得讯再去东进林场食堂吃饭每月需要增加 20 元代伙费，我抽空过去买了 20 元饭菜票，为的是不失面子，不要被人背后议论说一加代伙费就不来了。不过，交过费之后，我大都不会再去了。随着条件的改善，电饭锅、煤气灶到位了，也不经常停电了，收入也渐次涨了，于我而言，食堂的重要性在渐渐淡化。社会在发展，工资在上涨，食堂涨价，正常。

1996 年教师节之前，我在农行存了 1500 元，这是我的全部存款，捏着存单，说明手有余款，心里蛮愉快。不过学校经济拮据，今年教师节没有任何说法，而且传闻要拿出浮动工资来进行改革，也就是每人拿出一部分工资再分配，如此一来收入可能会下降，而且听说本月工资能否及时兑现还是一个问号。教师节当天，学校毫无表示，倒是各班学生给老师庆祝了一下，送了些礼物。化学李长才老师、外语魏孝琴老师等都得 1 张贺卡和 3 斤苹果（12 只）。班委干部已能全面办理好这些事务，我挺满意的。下午五点多召开初中班主任会议，教师节嘛，班主任嘛，我们都以为至少吃一顿的，谁知空空如也，只布置我们收费的任务。学校当时还有高中部，职业高中人数不多、专业有限，但毕竟有个级别的存在，算是"完中"，过节居然两手空空。

艰难的生活固然让人憋屈，但贫困磨砺着人的韧性，也是人生的一场修行。

四、装个电话

　　好消息还是有的，1996 年教师节期间，老师可以去电信局申请优惠装固定电话，约 1700 元，我也报了名。非教师装固定电话 2000 元，这 300 元差价就是教师节的福利。

　　转眼过了国庆节，一天晚上开教职工会议，校长证实优惠装电话后，又传达一个新任务——迎接九年制义务教育国家教委检查（以下简称"九义国检"）。这次"九义国检"，代表江苏省的办学水平，苏南、苏中、苏北各拿一个市作代表，各市拿一个县作代表，各县拿一个学校作代表，也就是三个学校代表着全省接受检查，所以说意义重大。会上校长做了一些前期部署，还宣布了其他消息：句容河二期工程预定每人扣工资 200 元，暂缓；以后还要扣一个月的工资作为黑色路面款。摊派是那个时代的特色，修水利工程扣钱，铺柏油马路扣钱，建新世纪广场扣钱，造大圣塔扣钱。大圣塔扣钱后，还给我们老师发了一张优惠卡，说是可以免费登塔。新塔造好后，由于种种原因，每周仅开放两个小时，所有人可以免费登高一望。大圣塔九层，很高，估计是"危楼高百尺"，成了"危楼"后，就不给人上去了，以致好多人从未上过塔。那张卡我至今保存着，做个见证和纪念吧。

　　这个时候，有人给我介绍了对象，就是现在的夫人。我就需要经常往县城跑。某天得空，跟她去中街转转，马上感觉到自己的穿着实在有些寒酸了，又买了一点儿小东西，吃个快餐，一共花去 50 元，在书店想买《学生辞源》（1992 年版，海洋出版社），37 元，没舍得，又去庆丰果品市场看看，也没舍得买点水果吃，只是顺便缅怀了一下高中毕业贩卖苹果的旧事。晚上回校自己核账，扣去电话装机费用，自己目前又欠账 395 元，我怀疑是算错了，左算右算，还是如此，只能一声叹息。欣慰的是，电话装机涨价了，现在又涨了 500，达到 2500 元了，交了 1700 元的教师，不变，甚悦。讨到便宜就开心，人性大抵如此吧。

在南京函授 10 多天结束，我回到学校，感觉分外亲切，心情也愉快许多。电话线已经装进了宿舍，留得长长的，我剪了一大截下来，做晾衣绳之类的他用，很好使，有韧性，有强度。装电话这事由工会主席毕老师主持，他知道我和孙老师关系密切，就让孙替我接待了一下工人师傅，孙也闹不清我布设电话线的设计走向，干脆让工人留了长长的电线。毕老师出面，大家合资请邮电局工人吃了一顿，我不在家，同样摊到 30 元。据说这两天就可以装起来，大家翘首以待。

转眼周末，我回老家看看妈妈，等到回校，其他人电话都装好了，只有我的依旧空着，怪只怪我周末不在学校，落单的感觉很寂寞。

1996 年的最后一天，夏工来给我装电话，我前后逢迎，热情接待，甚至有点巴结，单独塞了两包红塔山香烟给他。我也是有电话一族啦！装是装了，不过还不能通话，没信号，听说大家都没通，我也就坦然了。

1997 年 1 月 2 日中午，电话通了！大家奔走相告，都跑回去拎起电话听电流声，兴奋得不得了。一时却不知道各家的电话是什么号码，楼上楼下就分配了那么几个电话，还是连号，我就试着让同楼上的邻居彭常照老师拨号加以测试。他家在我隔壁，长廊式的封闭阳台联通着四户人家，方便走动，却不够私密，所以电话声音也传得远。电话毕竟是新装的，大家的兴致也高，都帮我测试，反正只听铃声不提话筒，不会收费，叮铃铃，叮铃铃……让欢快的铃声响一会儿。经过测试，我的号码是 7828539，"吃吧？饿吧？吴筛友。"吴筛友是曹永静的舅舅，在一起吃过几次饭，就用他的名字来帮我记住电话号码吧。

下午放学后，赶紧烧饭吃饭，锅碗不洗，就先坐下来打电话，第一个就打给函授同学——金湖县的李道新，打到他家里，估计他刚下班，我怀着激动和兴奋，聊了几分钟，告知电话号码。后来，沈健、曹霞也来打电话玩，新鲜事物，吸引力强。大家正玩得开心，孙老师回来了，他住在我隔壁，过来找我说"号码和姓名搞反了"，这"吴筛友"的号码是他的，我的应该是 540，接到他家去了。唉，装一个电话也这样不顺利，好吧好吧，你要"吴筛友"，我就要"五十铃"，车比人跑得快，一样一样的，都好记。

次日晚上，孙老师通知我说他到邮局要回了 539 号码，还说替我向邮局要个五六几的号，我说不必，540 蛮好。

1 月 7 日中午，我查明了确切号码，就是 540，"五十铃""我是人""我死人"都行，爱怎么说怎么说，只要能方便记住就行。讲究的人不肯将就，将就的人不爱讲究。我再次给李道新打去电话，修正一下，告知新号。

从教师节报名申请，到装机成功，再到知晓号码，前后忙了四个月，好事多磨，终于完成。

五、拾金不昧叹煎熬

第一次去县城相亲返程的路上，从句容车站坐车，途经后白到茅山终点站，当时脚疾发作，我最后一个下车，发现有人在车上遗失了一个钱包，打开一看，有 100 多元钱，还有印有"后白中学"字样的饭菜票，这显然是后白中学的学生丢失的。回到学校后，我给他们校长写了一封信，让查到失主后找我认领。1997 年 10 月 20 日，星期日，晚上，我从家返校，孙老师告诉我，后白中学有人来领丢失的钱包，可是我不在学校。考虑到学生周末才有空过来，而我不一定在校，就委托牛老师下次代我归还，牛老师夫妻是双职工，天天住在学校。10 月 28 日，后白中学茅西籍学生郑海青前来茅山中学，认领走了上次我所捡的钱包。当时我已经去了南京继续函授学习，所以也没能见到这位同学，名字还是牛老师告诉我的。在我过得那么艰难的时候，我能拾金不昧，必须给自己点个赞。不知道这位郑同学能不能看到这本书，能不能读到这段文字。

1996 年 12 月 2 日下午，我爸给我送了点油米。因我上次回家说钱不够用，他们为我这个长子操心，就去卖了些粮食，800 多元，先被扣去 500 多元的上交款（也就是几千年的"皇粮国税"），只剩 317 元，还要给次子 300 元生活费。他们只好从我小叔处借了 500 元，要给我用，我叫他退给小叔，毕竟还没有到非借不可的时候，何况我在学校这边人脉还好，办法比他们多。

1996 年 12 月 28 日，我和对象坐车到了春城集镇，手头拮据，就先去菜场向做鱼贩子的好同学王长玉商借 20 元钱，以便买点菜回家，毕竟是招待女朋友嘛，他硬塞给我 40 元。当着女朋友的面向别人借钱买菜招待她，我也是没话可说了。人穷，要不起脸啊。正好遇见另一个好同学戚保乾，我又请他用摩托车把我和女友送到村上。一个月之后，我去找王长玉，偿还他借给我的 40 元钱。我说来年春天可能结婚，他答应届时借给我 2000 元。

1997 年 3 月，发工资，涨到 455.5 元了，这个月暂时没有扣房租。之前自己住了新宿舍就不用再交房租了。可是，为了结婚，为了我能依附女方在县城岳父家主房边上附接一间小屋子，我只好把新宿舍转给了别的老师，条件是转让费 6000 元（包括电话机），另外借给我 4000 元。最后这位江老师只能借给我 3000 元，实在拿不出 1 万元现金。老师们普遍穷酸哦。这 9000 元都投入了我在县城的那一间"蜗居"。房已转让，我又退居老宿舍，自然要再次交房租啦。

4 月结婚，看着借款清单，1 万多元，心情黯淡。我跑去句容血站问问，说是献血 400 毫升，给 160 元，太廉价了，跟我的期望值差距太大，看来通过这种方法得钱不够现实了。某次，我去同学范勇家玩，与其父说到这个事，我语含悲凉，老伯夫妇劝导我、安慰我，让我倍感温暖。范家前后对我多有帮助，我从高中时代就曾多次去过他家，吃饭、留宿。范伯对我印象很好，可是我除了去看看他，陪他聊聊天，实在没有过什么报答。其实，我这一生所受恩惠又何止一个范家，欠的人情真的太多了。

结婚欠账中，还有银行贷款，5 月领工资，按照国家财务制度，之前上调过一点工资，累加到本月发放，一共 536 元。工资到手，马上提个整数，去找徐晓军先偿还部分贷款，毕竟一年到期利息要好几十元呢。小额贷款，利息不低。不久又借钱还贷，结清贷款，前后四五十天，分三次还款，总利息 41.8 元。贷款的心理压力远远超过借款压力，早还早轻松。

婚后一个月，老婆来茅山，带来她的工资，帮我还了熊文辉家长的 800 元。老婆在棉纺厂上班，月工资比我们老师高，一结婚就帮我还债。当时，句容城里有几个女子被杀，传说是外地来的杀人狂，扬言要杀 100 人，搞得当地女人人人自危。我乘车赶去句容告知老婆，让她小心点。此行囊中羞涩，就倒出储蓄罐的硬币，凑足路费，跑一趟。

6月中旬，中考完了，我去改了中考试卷，回校等着学期结束，等着中考分数揭晓，也等着拿点阅卷费。经济压力，一刻不停。

6月下旬，我带着老婆去镇江中学看望小弟，给了他100元，交流交流高考报名之事，我也没有什么好建议，只能说"你自己选报学校和专业吧"。长期幽居茅山脚下，我整天和初中生打交道，视野所限，实在没有前瞻性。虽然结了婚，有了自己的小家庭，但还是要顾及兄弟的。

6月月底，大弟面临毕业，遇到了麻烦。他们几个同学是当初后白政府的委培生，学费本应由政府支付，可是录取的人员中没能包含进预期的某个生源，所以政府不肯跟进，大学已经录取又不能"退货"，于是先拖着再说。毕业是个关口，问题必须解决。几轮博弈下来，谈成一个协议：家长自己交钱清账拿毕业证，政府放弃学生毕业必须去后白就业的限制约束条款。一句话，花钱买自由。可是，1万元的委托培养费用不是小数，毕业证又不能不要，没辙，先设法拿回毕业证要紧。家里紧急动员起来，多方筹借，我负责通过同学徐晓军贷款5000元，这是我能贷到的极限了。前贷刚清，又来新贷，我是不是优质客户啊？当时，银根收紧，放贷减少，但徐同学还是设法给我贷款5000元，名义是扶助老区农民的农业经营项目。没两天，大弟就赶回来拿钱办事去了。现在来看，1997年亚洲金融危机造成金融系统紧张起来，压缩贷款规模以应付危机，但是当时的我们都浑然不觉。手续烦琐，材料又多，感谢徐同学不厌其烦，多次帮忙。

6月份工资，直到月底才发，还扣了几十元养老金、医疗金。又听说下月还要扣工资一个月，句容河二期工程，之前说过暂缓，看来这次快了。屋漏偏逢连夜雨，越觎越吃盐。

我向熊文斌借500元，又从学校预支500元。应吴筛美的提议，我又去向她借款1000元，结婚时已借过她1000元，我主动给她一张借条，写明2000元，尽管她一直说不需要打借条。这2000元，我单独凑成整数，暂时不动，计划另用。吴的此举，证实了她当初不因孩子毕业就怠慢老师的预告。她还告诉我，包括赵国芳在内都说我的教书、为人挺好。得到别人的好评，心里总是愉快和温暖的。晚饭后，提了一斤赵正波家长送的茶叶（他爸老早就认得我爸，老同事哦，这次送了我一斤），我本想送给董小梅老师的，感谢她对我这个小老乡的照顾，可是董老师不在家。返途顺访赵国芳时，他又说包括吴筛美在内对我评价很高。大家呼应着给我好评，我竟然有点飘。

前面说过，备用了 2000 元，到了 1997 年 7 月 1 日这天我有个想法，去银行存个单子，1997.71 元，五年期，这应该是很有纪念意义的；将来也不取这笔钱，只是转让或者拍卖这张存单。可惜，结婚后债务沉重，常常感到经济压力，哪有闲钱来操作呢？总不能借钱存款吧？算了吧，设想不错，操作难成，还是先还债吧。投资活动，属于有钱人的游戏。

存钱不成，就带作文小组同学搞了最后一次活动，参见本书有关"茅竹文学社"的篇章。

每到学期结束，大家背后都对费用议论纷纷，消息从会计室传出来，说是学校财务困难，上学期所拖欠的补课费还是发不出来，何况是本学期。校长心情不好，火气也大，班主任一个个也很不高兴，互相都没有好脸色。过了两天，校长开会宣布，7 月 15 日尽量发放上学期所欠老师们的各种费用，会场气氛顿时活跃起来，人们的脸色也生动了起来，笑声从各个角落生起。有奶就是娘，发钱才是好校长。

到了 7 月 15 日，我骑车赶去学校，听说只能发放当月工资，上次所说的补课费还是发不出来，背后自然少不了骂娘的人。我抬腿就去了句容的"蜗居"，趴在饭桌上写好调动申请，然后去教育局，找到人事科，把申请递交上去。此处不发钱，我且去他处。

带上 500 多元的工资，我去杨塘岗归还了拖拉机师傅戴宗庆的费用，又顺便送他半斤茶叶表示感谢。寒假期间建造"蜗居"，全凭他给我拖拉建材，还欠他 390 元呢。戴氏，正是我当初在杨塘岗上补习学校时候的房东，多年相处，关系不错，曾经是木匠，如今开了拖拉机，帮人运输。我曾几次路过杨塘岗，特地看望过其父母。老头老太当年对我们这些租客学生多有照顾。我感觉自己所过之处都能被人温暖以待，感谢这个世界。

成了小家，就不大回老家，暑假我多住在句容，给上班的老婆做做生活后勤。8 月中旬，小弟路过，告知情况，说他骑车去韦岗铁矿厂给爸爸送点油米。捎信人说，我爸半个月才用去 4 元钱，烟也不抽了，酒也不敢喝了，听得我们这些做儿子的心里痛痛的，所以小弟特地去看看。这个时候，经济转型，很多企业都在下岗，"40后""50后"很多人下岗，作为小矿山工人的父亲也被迫停薪留职，自谋生路，自交养老保险，井下爆破工又没有地方可去，只能去工地搬红砖、抬楼板、和水泥。这边，我刚结婚背着债务，大弟毕业要交1万多元去赎毕业证，小弟刚考上大学，肯定要交学费，另外还有住宿费、生活费，日子过得太艰难了，好在看到亮光了。没两天，小弟就收到南京化工大学（今南京工业大学）的录取通知书，交费4230元。也就是说，很快就要开学了，必须尽快筹足5000元。

这天晚上，带老婆出去逛逛，暑假天热，两人都想吃点冷饮。可是结婚之后今非昔比，身上无钱，老婆也几乎戒了零食。为了生活，为了债务，最后两人抠了两毛钱合吃了一支冰棒。我的眼泪转了几圈，好在天黑，老婆没在意。这生活够惨的。一边逛街，一边聊还债问题，两人决定要加大赚钱力度，否则会拖得很久很久。妻子给我提及想要一个孩子的想法，我让她打住，债务没有解决，生孩子的事想都不要想。

8月中旬，再次骑车去茅山中学领取薪水，反正不赶时间，来回好歹可以省下10元路费。那时发工资，都是在会计室领现金，自己签字确认。每月到了14号，身上就剩下几块钱，总是在拮据的泥淖中挣扎。此次骑行一个来回，花了100分钟。这次用了小弟转送我的一辆公路跑车，还是外国货呢，旧是旧了点，但是很发路（就是各部件协调，骑者省力而车速较快的意思）。他有个同学的父亲，得到一辆欧洲进口的比赛用的公路自行车（那时我们没见识过，叫不出名字，就说是"变形自行车"），父亲送给儿子，儿子骑了几年转送给我的小弟，小弟上大学了，就送给了我。我原来骑的"二八大杠"就给母亲拿去贩卖芝麻、棉花用了。这跑车超级好骑，骑时俯身，调好变速，上坡不愁，下坡冲锋，爽得飞起。后来我又骑了6年，各种修理，没有配件后，就"休克疗法"，电焊都用上了，但最终报废。

骑车到了学校，校长阴着脸，据说他的妻女都去了句容。这次，还是仅有工资，发不出补课费。470元工资，还要扣房租28元、电费33.6元。本想偿还掉一笔债务的，奈何，实在太少，只好暂时作罢。

回到开头来看，能费心费力联系后白中学的失主来取走那近200元现金和一些饭菜票，我还是蛮佩服自己的。人可以穷点，但格局还是要有的。

六、种菜

2016 年，中国航天员太空种菜惊动世界，中国人对种菜这么热爱！又比如，这年南海岛礁建设繁忙，建好后就立马种上新鲜蔬菜，改善守岛官兵的食材结构。前几年，中国家长在哈佛校园种菜，虽评论不一，但反映的正是种菜的事实。若干年前，南京儿童医院的医护人员因半夜手机"偷菜"而耽误了一个孩子的救治，造成医疗纠纷。可见，国人对种菜的热忱。现在的一些安置小区，绿化地往往没有菜地多。马路边上有个小旮旯儿，也会冒几棵青菜，排两行大蒜或者栽几把小葱呢。

种菜这事，20 多年前，咱也干过嘞。

1994 年 11 月月初，吴凤祥老师约我一道种点菜蔬，我觉得这是个好主意，马上答应了。学校围墙是用不规则的大片砌成，大片（即大小不够规整的岩石片块）之间用水泥砂浆勾缝，围墙也就宽厚笃实，考虑到成本因素，围墙一般都不高，水泥砂浆覆盖一下墙顶使之平整，在顶部水泥未收干前，插上一些碎玻璃片，碎片尖锐，防止人们翻越。顺着围墙内侧，学校栽种了不少水杉树，校园内甚至有小树林。当时的校长是方寿根，他特别爱种树。后来，他创建句容三中，依旧热衷栽树。我到了句容三中，发现校园内绿化一流，见缝插针，安排了几片小树林呢。有座厕所就掩映在树林边上，因为绿化太好，就有男生聚集过去抽烟、打架，老师还不容易发现，后来干脆改建成厕所，改装成了体育组用房。他调离三中后，树林日渐单薄，由稠密变得稀疏，有树无林了。茅山中学内的水杉栽得很整齐，树行之间可以起垄点种。我的屋子临靠围墙，东侧就是小片水杉林，门前有个公用自来水池，废水流经屋前的排水沟而东去。事后看来，在这片杉树林种菜有两个麻烦。一是容易滋生一种虫子，这种虫子体积不大，两排腿脚，数量不少，爬起来贼快，一旦受惊，就缩成球状，绿豆大小，笤帚一扫，骨碌碌滚出去好远，我们叫它"老母猪虫"。尤其是在梅雨天气，阴暗潮湿，钻到屋里的这种虫子奇多，让人恨得牙痒痒，用脚去踩踏，听得吱吱声，挪脚一看，地上几点水渍痕迹。这里还有一个麻烦，就是水杉树落叶多而细，散成无数的细针，一两厘米长，粘住菜叶，钻到菜心，清洗起来异常麻烦，等到吃菜时往往还能在碗里打捞出漏拣的树叶，影响食欲。

种菜需要农具和菜种，我哪有？学生从家里带来钉耙和菜苗，我和吴翻土松土碎土，起垄打穴栽苗，浇水覆土成行，转眼绿色在望，别有一番乐趣在心头。收工，披上事先脱下的外套，抠摸掌心磨亮的茧子，搓搓黏在手背的泥点，荷锄而归，快乐之情荡漾在眉宇之间，笑谈之声飞扬在屋顶树梢。

诚然，感受过程就能开心，享用成果才会幸福，否则就是失望、沮丧。第二天，我俩结伴，就像农场主一样，怀着喜悦，背着双手，踱着慢步，去视察我们的领地。然而，然而，菜叶的绿色不再，白光的茎秆犹存！赶紧上前，仔细观察，推断缘由，顿时明了：菜叶全被鸡子的尖喙给啄光！追查凶手？凶手就在旁边大摇大摆地偏着头对着我们张望，好奇地打量着我们，嘴里咯咯的碎声。那是隔壁董老师家的鸡，好几个啦，芦花鸡、红毛鸡、小黑鸡……鸡，可以得罪，鸡背后的董老师，不可以得罪。董老师为人敦厚热情，还是老乡，对我们还多有帮助，给我联系过食堂，给我介绍过对象。唉，对这几个贪嘴的鸡子发声怒吼，把鸡吓飞，然后走人！

又有热心的学生带来菜苗，让我补种。想想还是算了吧，甭栽了，栽了也白栽，干脆我把菜苗洗洗干净，扔锅里做盘炒青菜。

得知情况后，董老师笑了，领着我，指指点点，让了一块现成的菜地给我，菜地正长着青菜和大蒜，青枝绿叶的，很喜感。啊呀，得来全不费功夫，于是我立马就有了自己的菜和菜地，有了自己的小地盘。

董老师的老公是东进林场的工人，分得林场统一规划的一块宅基地，家里正在造房子，典型的别墅装，只是还缺一点红瓦。之前，学校新建了一座校舍，还剩有一些红瓦，堆在围墙边上。董老师向王校长申请成功，便宜着把瓦买回自家砌房子用。她请求我出人力帮忙，我利用某个中午，派出近20名男生帮着将红瓦送到工地上，人手几片。人海战术，煞是灵光，一趟搞定，难怪毛主席说"人多力量大"。学生也喜欢这种集体性的活动，抱瓦步行，边走边看，边说边笑，出了校门，蹚过街道，送到工地，回程疯跑。

我和吴老师混得很熟，可惜他很快结了婚并调走了。后来在茅山中学和我一起种菜的就是同事孙老师，也是我的高中同学。方寿根校长当初主持茅山中学的时候，除了栽了很多树，还在校园挖有两口池塘，一个比较偏僻，另外一个小塘就在进大门的左手边，水泥砌围，也不知其深浅。池中种的莲藕，不是凤莲，而是农村种卖的那种，荷叶圆挺，高大壮硕，很粗犷的样子，一如方校长的风格，有着典型的农民思维，讲究瓷实，不讲花哨。数枝莲花绽放池中，在池边是长不住的，塘边的荷叶也被小孩们掐去做了遮阳帽，只剩下光秃秃的茎秆矗立水中，顶端是锈黑色的伤痕，俨然寂寞的光棍。塘边有个公用水池，废水天天排入池中，所以池塘一直不曾干涸，也未清淤起藕。据说公用水池流进去的水太脏，莲藕有毒。池塘北侧新盖了个两层小楼，8户住家，每家一间，是当时学校最高档的宿舍楼，坐北朝南，后高前低，面对池塘。从风水看，后有靠，前有照，居高临下，俯视大门，绝对是宝地、福地。孙老师有福气，住在楼上，享受贵族待遇。等我调走两年后重访茅山中学时，池塘已经被填实。一个校长一个爱好，一个领导一个风貌，这就是一个注脚。每个新来的领导，总要弄出点新东西，以示继往开来、除旧布新。

1996年秋季，开学不久，某个上午，我和孙选了片看似撂荒的地，布进蒜头，栽下香葱。中午，化学老师王金定的夫人过去看到了（原来这是王的老菜地，又是他亲手割的草、翻的地），讲了几句较为难听的话。后来我出面去打了招呼，谁知老王头挺爽快地宣称送给我，并教我如何伺候这块地。王老师是退休老师，住在学校，曾和我是邻居。由于王家小儿子和我同庚，而我热情开朗、嘴甜健谈，所以王家老夫妇很喜欢我，经常照顾我，多次给我送吃的，还关心过我的婚事。记得他家还有一个小女儿，但不曾接触过。行文至此，我内心滚起一股温暖，想到他们，想起王老师浓浓的眉毛，尤其是几根寿眉，很长，一副坚毅的样子。王师娘和蔼又慈祥。可惜那时我还年轻，只顾贪玩，竟没有陪他们好好聊过天，如今回忆起来，乏"事"可陈，不知道他们现在如何了，如果健在，他也应该八九十岁了。印象中，他家走廊檐口下，挂着毛竹笋衣或者是用过的粽叶，因为她曾送过应时的粽子给我吃，所以记得那些檐下的悬挂物是用细麻绳扎着的。既然王老师如此慷慨，我就接受下来，买些蒜头补密，又亲自给它上了肥（厕所不远），真正地感受到了劳动的愉快。我让学生临时带个粪勺给我，因为没有粪桶，我只好一勺一勺地舀粪、端运、浇灌，一趟一趟，腿都跑肿了。火上浇油的是，到了10月中旬，我脚上脓包鼓胀起来，晶莹状。由于护痛，我走路的样子像个跛子，真难受。

半个月后，烧菜的时候就可以配吃自家的蒜苗叶子啦，一分耕耘，一分收获，收获很有成就感。之后，我还要多多上肥，侍弄得更好。国庆节休假结束，我又大规模地全面施一轮肥，那个时候竟然一点也不嫌脏嫌臭，今天来写作回忆，我都无法想象自己当时劳作的形象，真正是不失农民子弟之本色。之所以如此卖力，其实还含有和孙老师竞赛的潜意识，看看谁种的菜漂亮。好胜心伴我一生，给我很多动力，也给我带来一些灾祸，以后有机会可能还会写到。

没几天，我又买了点香菜籽撒撒，希望以后能吃上香菜；大蒜长势良好，很中我的意。我每天都去转一转，就像领导巡视地方，我能理解官员视察时候的心理，微妙而奇妙。很快就发现撒的香菜开始萌芽了，一点小绿，绿色遥看近却无。之前还有一片大蒜一直未出芽，现在已发育得整整齐齐的了，可能是学生供应的大蒜品种不同所致，就像人一样，有的性急，有的磨叽。

学校北围墙外侧有片坡地，高度向外递减，坡度明显，一片荒地，土层浅薄，土质贫瘠，没人稀罕。学校就想征用，征用难度并不大，难的是没钱，毕竟砌筑一个大围墙也要一笔费用呢，所以从征地到施工等了好几个月。我和孙老师已经翘首期待，相约垦荒。

1996年10月中旬，学校终于开始打围墙了。出于校园管理考虑，需要外侧完整圈上新围墙，才能扒掉内侧老围墙，这需要一个过程。每天去看施工，成了我们的必修课，也是打发无聊时光的一个方法。除旧迎新，总是给人以期待。

盼望着，盼望着，10月月底，学校一下子扩大了好几亩地，这种时候都是先下手为强，谁抢谁得。我蓄谋已久，等待心切，围墙一扒，当天中午，几个学生就带来农具帮我开了一片荒地。面积很不小，点上蚕豆，以示占领，对外宣示此地已然有主。这种抢占速度，我具有极大优势，早早规划，即刻动手，动用学生，圈地运动，是不是有点"殖民地"的意思？人家插个国旗就敢宣示领地，我戳把锄头就表示占领，爽！其实，凭我个人，根本吃不了多少菜，王、董两个老师给我的菜地已经够了，现在又弄一大片，纯粹就是人性的贪婪而已，或者说就是赤裸裸的占有欲。

隔天我就组织学生分头带着青菜来栽，众人合作，事情很好解决，只是栽下的菜苗品种不一，大小各异。我又用条播的方式撒下菜籽，抢地的速度更快。一人异动，惊扰众人，其他老师纷纷来开荒拓垦。古代有军屯，难道我们是校屯？

我让学生带来一个粪勺，特地去给菜地施肥，大粪浇灌。厕所的粪坑就在菜地不远处。选址之初，就考虑过取肥方便。在茅山中学，未结婚的小年轻而能如此不怕脏不怕臭的种菜者，除我之外，别无他人了，能做到如此，是因为能从中得到乐趣。

不过，兴趣这东西，有的会越来越浓，就像甘蔗的成熟，有的越来越淡，就像衣服的色泽。随着领地的扩大，耕种渐渐粗放，收获远超饮食所需，我对蔬菜的长势已经不太在意。东西多了不珍惜，凡事皆然。因为在乎，所以关注，我既然已经不在乎它们生长的态势和速度，也就渐渐懒得去巡视和光顾。1997年3月中旬的某天，我去看看马铃薯，一点儿都未出芽，大概是因为覆土太厚，也不知是否还能成活，如果全部闷死，那就可惜了。唉，可惜就可惜，随它去吧。我的精力已在筹备婚礼上。

等我请了婚假，连着在南京函授两周，再次回到校园，已经过去了20多天。我心想，蔬菜肯定干死很多了。谁知，有学生告诉我，他们有人一直为我去给菜浇水。班长丰荣，学生刘冬军甚至自发带来粪勺给地里加过肥料！听着他们雀跃的欣喜，我心里很慰藉，给他们以肯定，他们小脸上泛着红光，满是兴奋。然而，我因为已婚而有了调走之念，对于土地，对于蔬菜，也就没有当初的感情和激动，所以也就保持微笑，只是就地听他们说完，没有像从前那样带着这帮孩子前呼后拥，宛如帝王领着公卿一起去巡视我们的神圣领地。

傍晚时分，我独自去看看菜地，沟湮垄土塌，草盛豆苗稀，我便用手拔去几根杂草，算是"清君侧"。茫然四顾，拔不胜拔，遂怅然而归。第二天中午，带了几个学生，清除掉菜地的杂草，栽些辣椒秧苗，期待开花结果挂红椒。

五四青年节这天，我第一次尝到了自己年前种的蚕豆。蚕豆做法简单，基本水煮，但吃来亲切，自家孩子自家亲，一点不错。5月月底，芒种前，气温陡升，日照强烈，正是换茬的当口，某天中午，我让几个学生带来钉耙，从12:30刨到13:30才弄好一半面积，撒上芝麻。一个小时的暴晒，明显感到脸上和胳膊有些疼，弱不禁风雨呀，那些孩子们更够呛。与其说是我在种菜，不如说我带了一个小队在种菜，都是土生土长的娃娃，挥汗如雨，脸上沾土，糊作粉泥，却笑声时起，没有抱怨，没有投诉，和30多年后今天的教育教学生态判若两世。今天说来，很多人都无法相信，然而这是真事。

蚕豆长得太多，嫩豆根本吃不过来，在豆荚中逐渐长老，变硬，可以收获了。蚕豆秸秆东倒西歪，很不上眼。本来想弃之不顾，后经我爸劝说，我才下决心收获一下。不收不知道，一收还不少，只是兴趣已经没有种的时候浓了。种植时还在谈对象，收获时已为他人夫，盘算的是为家庭计，筹划调离茅山了。

随着我在暑假离开茅山中学，那些芝麻再没有迎来主人的收割，那些领土再没有等到君王的巡幸，那些杂草再没有碰过学生的小手。后来，其他老师把我的菜地一抢而光，还发生过争夺，想请我仲裁，听闻之下，我一笑置之。又过几年，教育布局调整，部分学校合并，茅山中学完成了她的历史使命，送走最后一批学生后，化作了房地产，迎来了开发商，除了原来教学楼前面的两棵硕大雪松依旧静默自守，问青天，抚白云，其他旧迹早已荡然无存矣。松下无童子，老师云散去；悠哉茅山中，菜根无觅处。

别了，我的几片菜地，别了，我的单身岁月，别了，我的种菜情结。

七、恼人的收费

今天来写这篇回忆性散文，看看往日的记录，简直匪夷所思、恍若隔世，然而这都是历史事实，且容我来说说。反正时光荏苒，倏忽之间，已经 30 多年，很多当事人已经老去，甚至过世，也不必有太多的思想负担，那就"曾经多少事，尽付笑谈中"吧。

那个年代，日子艰难，主要就是因为一个"钱"字。

1995 年 11 月 16 日下午 5 点，学校召开全体班主任会议，布置了收费工作，这是最令大家头疼的问题。开学以来，收费就没有停止过，当时简直就是一个变本加厉的节奏，比如学生每人辅导费 40 元、自行车保管费 8 元、体检 10 元、人身保险 18 元，以及即将收取养老保险 200元、书本费预收 250 元，星期天补课费标准暂时还没定。所谓养老保险，是说学生交了之后等到他们 60 岁退休的时候就可以享受养老金，这绝对是超级的前瞻性！今天来看，这就是一个黑色幽默。我当时要是没有记录下来，这事早就化为尘埃，吸进了历史的黑洞。散会之后，大家纷纷牢骚满腹，何堪重负？听说杂交稻才 65 元一担啊！学校还限令11 月 20 日前完成，否则就增加罚款。今冬明春，句容河水利工程又要上马，农民还要出工出力挑土方。农民啊农民，始终是"穷苦"的代名词。但是，我们班主任的工作又不能不做，那就狠狠心宣布下去，把钱硬收上来呗！

1996年1月30日下午开教职工会议，其中有一项涉及收费，总数加起来最起码要交930元。农民家里还另有负担，哪里上得起学啊！所以，每到开学季，老师都要去动员，辍学的孩子真不少。不怕收入高，就怕两个背书包！

日子再难，时间照过，转眼来到1996年10月7日晚上，学校通知开教职工会议，布置迎接"九义国检"的工作，看来又要忙上一个阶段。据说其意义关系到全省，为此布置一些准备工作。关于这事，还有一些传闻，江苏作为经济发达省份率先接受检查，检查工作名义上是针对全省，实际上是苏南、苏中、苏北各检查一个市作为代表，然后各市再推出一个县，各县推出一个学校作为检查对象，也就是说，最后接受检查的三个学校，就代表着江苏省的九年制义务教育情况。所以各级领导非常重视，上下一体，统筹资源，校校联动。我校是备检学校，于是从其他学校临时调拨图书充实我们的图书馆，借来一些整洁美观的课桌凳装点我们的教室，忙得热火朝天，宛如过年。教育局领导坐镇指挥，居中协调，保障检查工作万无一失。为了顺利通过验收，县局和乡镇政府甚至允许和帮助相关学校贷款运作。

面对检查，学校层面能做和要做的事，就是组织全面大扫除，干干净净迎接领导。临近检查，镇领导、句容领导、镇江领导甚至省领导都不断打前站，学校也就扫个不停，等待迎接。10月11日下午，我去上课时，发现杨杰已指挥同学又搞了一遍卫生，我表扬了全班，突出表扬了杨杰，也准备将班级许多工作转交给杨杰去做，让丰荣集中精力考县中。但因为用水漫灌冲洗教学楼，影响了其他班级和地方，我个人也受到了上面的批评。其他老师倒是夸我班学生劳动较积极。

10月19日，星期六，晴。迎接检查工作做最后的冲刺，早上我们教师都被分配了一些劳动任务，我用洋镐刨跑道内线的砖头，砖头死埋在土里，刨挖比较费力，手上起了水泡，又被磨破，毕竟手不提篮、肩不担担是老师的真实写照。

盼望着，盼望着，领导们的脚步近了。等待着，等待着，检查团来了。21日，学校在早上第一节课即召开全校师生紧急会议，通知说中央来检查的人明天下午到我校，这次重点检查春城中学，之后来我校，因此一上午全部停课搞卫生。经过近来的努力，学校里确实干净整洁得多，洒扫迎客，这是中国人的礼数。22日上午，大家忙得热火朝天的，都进入了临战的兴奋状态，彼此讲话都打着响鼻似的。我们全体坚守各自岗位，只是后来听说，检查团下午四点到茅山镇，先去了茅山一趟，下山后只是在学校一楼转了一圈，然后留了几个字的题词就走了，于是一切风平浪静。大家心里说不出来的失望和惆怅，几个胆大的学生向老师打听情况，也被老师没好气地一顿熊骂。

　　检查结束了，工作完成了，也就是说戏唱完了，戏台要拆了，要进行财务核算了，临时应急所借的钱要还了。1996年12月30日，学校急需还贷，催要预收款项很急。上周五，我全面动员，今晨又采取严厉手段，上午就交了6900元。王校长坐在总务处等钱，为了激发班主任的积极性，学校规定完成百分之八十的收费，可以获得100元奖励。我班级的这第一笔收费远远超过别的班级。校长说"你班特困生最多，而交钱却最积极"，其中颇有赞许的口气。我顺势恭维他几句，然后掏出函授报销的票据请他签字，这次他看都不看，大笔一挥，同意！倒是会计左看右看，觉得我的住宿费有点问题，可是我仗着校长已经签字，让他马上给我报销。因为报销住宿费用是有规定标准的，我们只能报销八人间的费用档次，而我这次带回来的票据是四人间的，当然要高一些啦！多报销52元，不错，共166元！贴了相关票据，拿钱走人，神清气爽！

　　又过去好几天。本来我是不会用强力手段来收费的，看到学生哇啦哇啦地叫，我也于心不忍，可是一旦松口，任务就完不成，不仅没有100元奖金，而且还要挨批，只能辣手摧花。形势逼人呀，校长也没办法，做个穷领导也挺闹心的。某老师自认为高明，对我的行为不以为然，认为我办事不妥，他的收费力度很轻，交费也就很少。结果，下午学校就问他要钱，严令第二天就要达到若干，搞得他相当被动，只好停课动员二次收费，原来的那种从容淡定的样子没有了，有的只是狼狈和仓促。重赏之下必有勇夫，有的班主任把学生搞得哇哇直哭；重赏之下也有智谋，我来了另一番操作。总额乘以系数，就是达标拿钱的标准，班上有困难学生是事实，暂时收不到钱也是肯定的，但班上也有家庭富裕的。镇上的学生家庭经济条件大多较好，我把他们的百分之百收上来填补缺额，先完成任务再说。任务完成，校长批准，直接去会计室领取100元辛苦费。也有极端情况出现，就是所差无几而又没完成的，班主任就自己垫付一下，达标领钱再说。反正，八仙过海各显神通，学校借助预收费用，寅吃卯粮，吃上再说。对于富家来说，早交迟交无所谓，对于穷家来说，缓交就是帮忙。曹永静、吴健、李刚、潘林园等学生的家长，简直就是我的恩人。

1997年元旦刚过去，我已经清醒又悲哀地意识到，因为征收书本费之事，我走了"上层路线"，努力去让领导满意，却损害了学生层面的群众基础。在学生的心目中和眼神里，我不再有往日的威信了，以至于自己也困惑起来，到底该怎么取舍，做人真难。

学期快结束了，大家都在谈论今年的经济形势太困难，处处都能看出紧张来。学校晚上开会，王校长虽然声音依旧铿锵，却是眉头紧锁，对大家关心的福利安排进行预告。往年惯例，过年福利是10斤肉、10斤鱼，今年只能杀了学校食堂养的猪，多少分点猪肉，买鱼发放就没指望咯。

又过两天的会议上，学校宣布给每个老师增发两条毛巾作为福利，然后在接下来的班主任会议上又是催要费用。校长已经暗示我班交钱不多，毕竟别的班级都动起来了，交上来的钱就多起来了，而我班出了一次风头后就"停摆"了。对班主任而言，最难最耗精力的事情，就是收费问题。一些行业经济不景气，市场清淡，农民粮食卖不出去，钱就收不上来。我个人的日子也是过得栖栖惶惶，核算下来，我已经欠了学校四五百元，令我愁眉不展。

1月20日，由于学校福利几无，近来教师情绪较重。听说学校杀猪后下水分给了四个领导，其中就有总务处，老师背后恨恨的，又没人出面找领导抗议，见了领导还是摆出一副笑脸，都期望别人冲上去找校长理论几句。

1月24日发生了一件事，我大骂自己"二五""十三点"。上次报销住宿费、车费，我报了166元，当时还自鸣得意过。会计找到我说，我在报销发票的合计金额大写处，将"壹"写成了"贰"，会计始终咬定给了我266元。这事扯不清，又没有旁证，只好怪自己不小心，退还100元当作学费。自己本来经济就很窘迫，这些报销之类的账目早就算过几遍了，甚至在函授还没有结束时就盘算着报销的事情了，哪里会弄错？真要是想报销266元，我的票据也会跟上的呀！真亏，打碎牙齿和血吞！上次还在为超标多报 52 元而满心欢喜呢，如今，倒贴！

各人有各人的烦恼。头儿们也难，急得团团转，年关在即，要债的人接二连三，都没有好脸色。学校清理一切费用，严厉催缴，包括代伙费、自行车停车费，甚至团费、少先队队费。王校长的眼睛整天都是红的，甚至有着血丝，总务主任告状说，几乎所有班级都没能结清所有费用。校长暴怒，亲自发力，把班主任临时挪用的费用全部挤压交出来。人怕狠的，鬼怕恶的，各路诸侯纷纷铩羽而归，筹措资金交去会计室，我也从别处临时借来 500 元，赶紧跟学校清账。

饶是如此挖潜，依旧杯水车薪无济于事，无法弥补资金缺口。校长向政府求告，政府也没钱，但可以给政策开口子，特批学校可以向学生收取一笔专项费用。没几天，有个初三家长跑到政府去吵，反映收费吃不消。官员无奈地安抚家长说，迎接"九义国检"花钱太多，这次特批收费 100 元，请大家理解和支持。家长说，不是 100 元，而是 185 元！领导肺都气炸了，一个电话摇给校长，责令火速调查情况，及时汇报，解释清楚，一有违规，严厉处分。

校长对副校长说，"政府批准 100 元，学校加了 50 元，严肃查查那 35 元怎么回事"。副校长分管初三，马上找到我们这 4 个班主任询问，我们说 30 元是通过资料贩子买了江苏若干大市的中考试卷，这事是经过副校长本人同意的，而后一直没有机会收钱，这次顺便一道收了。副校长顿时无语，稍停，他问那 5 元又是怎么回事，我们三人表示没收。另外一个班主任说，开学时忘记布置收取 5 元班费了（班费是允许收的，标准 5 元），后来学校收费就没有停过，没机会补收，这不学期都快结束了，就搭车收了一下。你看，没有一项是老师个人瞎收乱搞的哎！这事没了下文，也不知道校长怎么给领导汇报，反正一想到这事我就要笑。

1 月 26 日，最新消息，过年的鱼不发了，每人补 50 元钱。所有的补课费、辅导费都发不出来，只发本月工资。教师工资规定是在 15 日发放，如今拖延迟发十天半个月已是常态，再后来的岁月里，拖上个把月都是常事，或者只发部分工资，校长的工作重点变成了坐乡政府索要工资。当然，这是后话，在后面的文章里会写到这些。这就是所谓的"教师工资乡镇统筹"，经济的紧张真是超过我们的想象。这些拖欠的费用后来在我 8 月份调出茅山中学之时才经过校长特批单独给我先发，其他人依旧挂账，他们羡慕地看着我发烟告辞走人，他们的挂账费用还不知要等到猴年马月才能拿到呢。

5 月 12 日，初三班主任会议，只提了收费和体育考试动员问题。学校之前已经布置了这项工作，经过努力，我班收费问题已经是大头朝下。现在每次收费，全无所谓辛苦费了。借着体育加试，校长反复强调收费问题，并责骂初三班主任工作不力。而学校欠我们的钱却一直拖着不发，老师的收费也就不积极。5 月 14 日上午，体育加试费全部结清，这次力度特别大，校长骂得很凶，所以收得最齐，连朱德江也不能例外。其母哭哭啼啼、悲悲戚戚的，总算打动了王校长，同意免去其他款项，体育加试费用断不能少，把闸彻底关死，滴水不漏。

1997 年暑假前，学生毕业，我也离开了茅山中学，直到今天，因收费而苦恼的印象还深刻铭记在我的脑海，苦哉！

在茅山教学的整整四年，收费工作一直都是沉重的负担，可能一则老区山区经济很弱，本身就穷；二则重男轻女思想太重，计划生育抓得不好，二胎人家很多；三则乱收费乱罚款现象委实让农民不堪重负。

收费之难延续到我转去行香中学教书的第五年，等到 2002 年去了句容三中，居然吃惊地发现收费工作再没有像当年那样恼人过。

国家明显发展，农民渐次富裕，收费自然不再艰难。教育终于别开生面，走向未来，对"义务教育"的解读，也从强调"家长送学"的义务转为"政府办学"的义务。

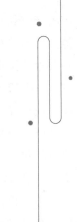

八、丢书

书非借不能读也，好书丢了真可惜。

1995年4月月底，有学生来找我报告说，我上次借给曹永静的一本书，在她转借给刘永芳之后，又被赵国芬在班上搞丢了，急得我心慌，气得我够呛。我稳定好情绪，站在讲台上对学生宣讲，爱看书是好事，看完了就悄悄还到曹的抽屉里去。这样过去两天，我在焦虑中期待这本书能神奇地出现。可是，没有，没有出现。我就有点气急败坏，在班上大发雷霆，动静很大，却又查不出所以然，于是全班噤若寒蝉。

丢了的这本书叫《世界幽默集锦》，是我的最爱之一，至今还在遗憾之中，恨不能再次见到它。某次，我到镇江去办事，时间上还有些富余。当初教师工资普遍很低，我没钱逛商场，就去逛大市口附近的新华书店，一家超大书店，进去看看翻翻。在那里徜徉书海、闻嗅墨香，没有一点儿压迫感，心灵自在，精神自由。曾经跟随大学同学丹阳吴某去过大市口的一家大商场，商场地处黄金地段，那些物价标牌辣我的眼睛，严重摧残了我的自信心，所以我尽量不去大商场，省得体悟深沉的压迫感。书店柜台上躺着很多书刊，我像检阅部队的将军，一路走过去，本来是想信手翻翻，打发打发时间，然而《世界幽默集锦》马上吸引了我的目光。全书充满智慧，可读性很强，幽默的智慧总是富有吸引力，看着看着就放不下了，时间也不多了，我决定买回去慢慢欣赏。售货员收了钱，在封底的定价处盖上一个蓝色印戳，现在已经记不清印戳上的所有文字内容了，只记得有个翻开的书本的造型，加上"新华书店"四个字，算是"验明正身"，可以合法持有，在一楼出口处可以堂而皇之离店而去。

宕开一笔，说说我和这书店的渊源，我在这个书店还买过VCD。调到句容三中后，我看到每个教室都配备了大电视机，开家长会的时候可以看校领导直播视频讲话，感觉这设备真是高大上。我结婚的时候，妻子陪嫁了CD机，只能播放音频，后来请人给CD加了一块芯板，升级改造成了可以播放视频的VCD。我曾偶然在书店的音像区买得一张碟片《中华历代名篇名家朗诵系列》（第二辑），我最爱其中的《归去来兮辞》，是由李默然老师朗诵的（其他朗诵的老师还有孙道临、瞿弦和、李法曽、曹灿、谢芳等）。这些名家的作品由江西电视台在庐山风景区摄制，诗文脍炙人口，画面美轮美奂，音乐和谐协调，出镜朗诵的老师气度不凡，气韵华章，绝对的精品，是我的至爱。我多次自带VCD和碟片去教室播放，信号线不够长，每次还要叠架两个方凳，让碟机靠近电视。优美的朗诵作品深深陶冶着莘莘学子，我也多次模仿李默然老师的节奏来诵读《归去来兮辞》，熟读成诵。我出版第一本书的时候，马上敲定书名为《归去来兮》，其中就有着这一份情结。我一直希望获得第一辑而未得，甚至写过一封信去江西电视台求购，最终石沉大海。后来时过境迁，也就算了，不再心心念念，毕竟随着网络的发展，教学资源极大丰富了。科技发展到2020年，CD、VCD早已失去市场，无影无踪。

回到学校，我清洗手掌，擦拭干净，怀着读书人的珍爱和愉悦，一篇一篇，慢慢地读，细嚼慢咽，犹如嗜酒之人慢慢咂摸，还密密麻麻加写了不少文字批注，工工整整，端端正正，或者注解，或者联想，或者评论。那个时段，我常常带着它，校内校外游走，所谓手不释卷是也。揣着这本书，我去曹家，曹父帮过我一些忙，我又多次在曹家吃饭，所以曹父求借，我只好同意了，自己虽然还没有看完，但当即把书给他了。他很快看完，便让曹永静带还给我。她本人又开口向我借阅，学生喜欢读书，自然受老师认可和嘉奖，我也就没有断然收回。曹看完后，在我不知情的情况下，又借给她的好友刘永芳，刘看完后，又借给赵国芬同学，可是辗转之间，这本书突然就没了，找不到了！曹知道我钟爱此书，设法找书店去买，未果，拖延几天，在我的一再追问之下，只好无奈汇报实情，于是发生了之前的咆哮课堂的一幕。我的心脏都要炸了，暴怒、焦虑、无奈、遗憾、思念交织在一起。这事造成的后果之一，就是从此之后我定下一条规矩：凡我钟爱之书，概不外借！

我钟爱的书，还有一本是《春秋史话》。这是上师专的时候，某次夜晚在一个地摊上淘买的旧书，才五角钱，简装版，字号也小，但内容丰富，脉络清晰，把复杂的春秋历史说得条理分明，众多的历史掌故和智慧故事滋润着一个文史爱好者的心田。这本书我前后读过几遍，有讲课需要的时候，它就是一本很好的教材。读小学的儿子某次对外捐赠图书，在书橱中看到这本破旧的书本，就拿去凑了个数。改天吃饭的桌上，听他一说，我简直是失魂荡魄，饭也吃不下了，马上指令他下午就给我要回来！等他当真要回来的时候，我双手摩挲着这本书，长吁一口气，眼神充满无限柔情，仿佛一个心爱的孩子失而复得。

1995年4月月底，刘永芳怀着歉疚之情交给我一张纸条，说是请我相信她没有拿那本书，并原谅她的过失。唉，我是相信你的，因为你也看完了，没必要偷藏起来。但，我的书的确不在了啊。

2016年国庆节，潘胜英同学通过她的日记查到了我当初的原话："其实这本书也不值钱，去年买的，大概是4元7角钱，可上面我写的一些东西很重要。"查问无果后，我宣布从次日起不再供应班级开水，以示集体惩罚！以前，我都一直在食堂里打来开水供他们饮用。

现在，时隔近30年，我仍然在想念那本书，希望通过这篇文章能得到它的线索，并有人能"完璧归赵"。丢书这事绝对不是一个幽默，写到此，我曾搜索淘宝，没有原版可售，只有影印件，我想想也就算了。毕竟，我所看重的就是我的亲笔批注，我所怀念的就是那段青春的记忆。

九、各色学生若干人

孙 蓓

1995年春，我的经济实在困顿，用钱比较艰难。有点工资就想攒起来，给两个弟弟上学用，如此一来不困顿才怪，那就必须另外想办法，用农村话来说就是"找点活食吃吃"。孙蓓家住红庙村，所谓红庙，是说当初这里建有庙宇，后因建水库而拆掉，部分砖瓦用来建了茅山中学，部分砖瓦被村民移至坡上建村。红庙村民都在香期摆摊卖小旅游品挣钱，据说收入不菲，我也想试试。

在周末，趁着香客、游客比较多，我也挣点小钱花花。由于没把握，所以与孙蓓、刘池俊、赵俊俊联系了一下，跟孙蓓家长事先有约，商定由孙家供货，我来摆摊，刘、赵二人协助出售，都是一些小旅游品，也不存在什么变质之类的问题。次日，孙蓓家长带信过来，取消了承诺，他们本来同意我们卖剩的物品可以退还给他们，可现在说是生意不太好，我拿他家的货就不能退。这让我举棋不定、犹豫不决，毕竟自己财力有限，经不起任何风险和折腾，最后也就悻悻地取消了摆摊的计划。

孙蓓家里人口多、负担重，孙母赶着奔赴附近四里八乡的交流会摆摊做生意。孙本人淳朴厚道，一条粗黑的长辫子给我留下了极深印象。

2014年暑假，孙来我家玩了一天，我才知道其情况。孙后来在常州某厂上班，为了安全，不至于辫子绞进机器，剪成了短发。后来她认识了荷兰工程师马丁，马丁长她10岁（和我同龄），两人结为夫妇，起初生了女儿，在上海待了几年，后又生了儿子，为了孩子的教育，遂合家回了荷兰。这次，他们全家四个人来我家，七八岁的女儿能讲汉语但不会写汉字，小儿子根本不会说汉语。两个混血孩子都长得很漂亮，小儿子好动又可爱，在我家沙发上爬上爬下，玩得不亦乐乎。其实马丁懂汉语，能交流，我让读高中的儿子跟他说英文，借此来锻炼锻炼儿子的口语。

那时，我正痴迷骑行，谁知马丁也很感兴趣，当晚我们骑行队就带上了他。夜骑赤山湖大桥回来后，我请一干人吃烧烤。马丁很能适应，几乎什么都能吃，唯独炒螺蛳受不了，坚决不敢吃，看他那囧样，我们得了很大的乐趣。他说，荷兰多雾少阳光，每年夏天很多人都会出国休假晒晒太阳，我才知道白种人热衷阳光浴的原因。我和孙蓓一家约定，来年再来玩玩，欢迎这对混血小孩。然而，后来各自都忙，不常联系，只在新冠疫情期间相互交流过一些近况，他们再没有来过我家。

孙蓓同学，你们现在过得还好吗？

文　武（化名）

在四班，刘、赵两人犹如"死党"，一向关系密切。某天，他俩又带着孙茂林、文武在我处吃了午饭。我备菜本就不多，小伙子又能吃，我说自己去买点菜回来，文武挥挥他的"熊掌"说由他去弄。话还没有说完，他就一溜烟儿跑了。文同学，矮、黑、壮，过一会拎了好几种蔬菜过来，数量多少不一。我检视一下，说某样菜较少，起不了锅，文马上表示要再去菜场，被我赶紧拦住。原来，他跑去菜场，直接以其父的名义跟菜贩子说，家里来客人了，他父亲叫他来"添"点菜。所谓"添"，其实就是白拿。文父在工商所任职，负责管理菜场，征收摊位费。所谓靠山吃山，这就是。我们师生几个，一边吃，一边聊，听文吹嘘他父亲的种种，又是好笑，又是摇头。不知道是因为蔬菜免费呢，还是因为师生聚餐，这顿饭大家吃得很愉快。

其时，茅山脚下，有福建人来开发建了一个单体建筑，取名"幽乐城"，俗称"鬼城"。我还没有去，但文等人已经去过，他们极力撺掇我去玩玩。饭后，我就随他们去了幽乐城。在一个幽闭的空间，用暗淡的灯光暧昧的猩红，可以渲染出毛骨悚然的氛围，不定地传来各种古怪恐怖的声音，规划了固定的路线，布设了根据各种鬼怪故事制作的机关，走着走着突然跳起来一个僵尸，伸着老长的血红的舌头，吓得游客尖叫，带动其他人的恐惧。现在，我只记得两个项目了。其一是西施，因为西施是古代四大美女之一嘛，谁不喜欢美女呢？她本是浣衣女子，在这里做成换衣女子，你投币一次的话，她就脱一件，围观群众啧啧有声。毕竟，我带着四个男生，鉴于老师个人形象，不便多看，就催他们往下一个项目去了。有钱能使鬼推磨，纸扎的小鬼在推杆上，面前有盒子，盒子有投币口，设有感应装置，一投币它就推磨给大家看，左三圈右三圈，十几秒钟结束。看来，钱能通灵大神，也能使唤小鬼，钱真是个好东西。文趁人不备，把事先备好的纸片塞进去冒充纸币，然后我等看各种表演。在小鬼推磨投币的时候，他技术掌握不好，纸片卡在投币口下不去，把个小鬼不停顿地磨啊磨，磨累死了。看看情势不对，我等赶紧离开。

后来，由于当地人的各种捉弄、挤兑和压榨，这几个福建老板铩羽而归，亏得一塌糊涂。人家出来艰苦创业，我们"宰"他没商量，怎么撑得下去呢？项目刚开张，就被文武等人截胡，能不折本吗？

就在茅山镇建设幽乐城的差不多时段，金坛那边也在想着开发茅山的旅游资源。茅山山脉是句容和金坛的分水岭，主峰在句容一侧，原南京军区司令员许世友曾命人在此建有盘山公路，故而句容占据了极大的优势。金坛领导脑洞大开，独辟蹊径，在山底的一块谷底修一条索道直指顶峰。当时的金坛县领导带着乡镇领导、各部委办局，一起实地踏勘，现场办公，规划好索道及配套公路。领导大手一挥，指定乡镇或单位，在公路两边按照统一规划，自筹资金，在指定的地块各建楼栋，众筹建成小集镇；又大手一挥，限期林业局办好手续，砍树，让路！很快就有了上山索道和索道底端的金牛洞景区。

是句容茅山，还是金坛茅山？两家争了好多年。

一群帮手

严国凤和纪卫香是同村，小学同班，初中同班，还一起住校，又都是茅竹文社成员，和我走动也就多了些。

1994 年春天，蚕豆正上市，我周末从家背了好些到学校，打算做汤之类的食物，但需要剥开。周一中午，一批学生帮我剥蚕豆，人多热闹，说说笑笑，劳动竞赛似的，动作就快，大家并不以为苦，很快剥好，然后晾晒起来。家里田地不少，我周末经常回家干农活，返校后再整理东西调理生活。这次周末，收割油菜忙得灰眉土脸，满身灰尘，身上脏自己洗，衣服脏找学生帮忙洗。其他学生在剥蚕豆，严国凤和纪卫香则一边帮我洗衣服，酷嗤酷嗤，哗啦哗啦，一边跟其他同学逗笑。

春末夏初，气温快速上升，又来四个女生帮我洗棉衣——纪卫香、严永琴、许庭燕、薛成燕。

学期结束，事务就多，需要填写各种表册。某天下午，我找来曹永静、刘永芳帮我打扫卫生、誊抄材料。这种事自然少不了严国凤，她上午就来帮忙了，还没写完，身为住校生的她下午要回家去了，就抓不到她啦。这几个人中，刘永芳写字最好看，端庄清秀，整洁大方。

暑假后开学报到，严国凤接受了我一个秘密指令，要经常去看看某实习女老师，陪着说说话，莫使她感到寂寞，也别忘了向她祝贺教师节快乐，且对外不得透露这是我的安排。人说“精诚所至，金石为开”，我认为未必，至少我对她的一番真诚追求就一无所获，弄得我很是尴尬，最后渴望调离茅山中学。

1996 年深秋某日，我患了感冒，学校所在的这条线路又停电，连开水也喝不成，我去熊文斌老师家蹭了饭。某老师到我宿舍找我，看到严国凤、刘永芳在我宿舍把门边的洼地倒得湿漉漉的吓了一跳，以为有人跑到我宿舍洗澡去了，原来是二人在帮我洗衣服。他追到熊家，我正病恹恹地斜坐着呢。我不在宿舍，她们照样给我安排得好好的。

又某个中午，刘永芳、吕欢、严国凤三个女生来帮我洗衣服，三个女生一台戏，一边洗衣服，一边泼水玩，看她们闹腾，我也很开心，她们看到我笑，就更闹了。小姑娘们银铃般的笑声很有穿透力，邻居伸头来看动静，我让她们小声点，看她们一个个嘘嘴吹气的样子，忍不住好笑。今天写到此处，读到此段，想起这曾经的师生关系，我的嘴角不禁又浮起一片笑意。

我不经意说周末想去爬茅山玩，时间安排在一个周六，学校放假。

那天等我八点半起身，严永琴和王丹丹已经等在门口，很快又有许燕和严国凤，四个女生都是四班的，只要有热闹，就有严国凤。这倒令我有些许尴尬，本来没说要带她们玩，但又不能扫了她们的兴致，就老马识途，带她们走走茅竹文社"3·12行动"的路线。饭后，我领四人到东门牌坊处，现场正在施工，切剩好些大理石细条，她们各自捡了点纹路好看的留作纪念。然后跟我从小路下山，走到金坛索道南端，去看镇山神牛。刘池俊带我去过一次，我还记得路线，到了金牛洞，才发现一些景观受损。玩得正尽兴，大家忽然发现严永琴走失了，我急得上上下下跑了会儿，一无所获，一筹莫展。过了好长时间，我决计归校，我们愤愤地走了一小段，拐了一道梁，就远远看见严正在路上等候。我很生气，不理她，她一个劲儿讲好话，原来是闲得无聊，看我们玩得不想走就先走了，想想又不妥，干脆就在这必经之路坐等。架不住她笑着说好话，我脸色也收起来，教育她几句作罢，反正不出事就好了。返校途中，鉴于严国凤成绩老是上不去，我了解了一些基本情况，尤其询问了思想方面的问题。看来她与某同学的矛盾并不太影响成绩，我指出另一点，即男女同学之间的关系也会影响学习，她默默地听，后来突然问假如有这种事情（所谓单相思吧）如何来脱身，我分析几种情况及处理方式，给她讲了一下，早恋和暗恋是这个年龄阶段最神圣的秘密。看来，她虽然个头不大，但是心智发育不慢。

有一期函授培训，近两周，时间比较长。我去南京之前，必须做好诸多准备，各方面都尽量安顿妥当。下午还利用一节课让学生娱乐一下，也是对我的送行吧。各方面都认真交代了，如果中途回校看看反而不美了。班主任不在校，有时候反而更能激发孩子们好好表现。另外，我准备把宿舍交给吕欢和严国凤照应，目前她们是我最注重培养的两个人。关照了吕欢一些生活之事后，又特地给她和成诗伟划定了语文复习的范围，要他们到时按序排列出来，以迎接月考。成诗伟是四班的语文课代表，他们办事我放心。等我函授回来看看宿舍，吕欢、严国凤已经给我打扫了卫生，晾晒了衣被。

吕是我较为满意的课代表，只是愁烦她能否考上高中。她说，如果成绩不理想，家里可能让她初中毕业就去学手艺或打工。

1996年7月月初，拿到集资的新宿舍后，我欢天喜地，找个中午，叫了几个学生来帮着参考怎么整理偌大的宿舍，布局简陋的家具。吕欢和严国凤来帮着晾晒棉衣，洗涤脏物，后来曹永静也来帮了忙。还有万方俊、祁平、胡小银三个男生帮忙搬床、晒书等，做了许多杂务。因为房子面积过大，所以布局比以前零碎，新屋子新气象，空旷、洁净、凉快，真爽。几乎忙了一个中午，我都没能午休，累并快乐着，乔迁之喜，莫过如此。

这年12月，又快函授了，头天晚上，严国凤就与我约好，次日中午她和王干芸一起来看我，算是送行。我问："上次熊老师也出门函授，你们怎么不送送呢？"严顿了顿说："熊老师和你不同。"我好奇追问"有何不同"，严说"熊老师有人送，他成家了"。一个学生对老师敬爱到这么细致的程度，让我感到幸福而满足。

1997年5月下旬，我忽然发现教材中间夹了王世俊、严永琴给我的生日贺卡，心中感谢她们能记住这个日子。1996年的生日，学校广播站开播，晚上她俩还特地为我点歌。1995年，学生送我生日蛋糕、烛光晚会，我从在董小梅老师家的相亲现场赶回来领受学生的祝福。时间过得真快，这是我在茅山中学过的最后一个生日。赵丰华跑来送我一个贺卡，说："不算迟吧？"祝贺的人中，自然也少不了严国凤。她们对我的要求，以严永琴的留言最为典型，具有代表性："愿你我永远是好朋友，但你更是我的好老师。"这个"好"字，让我顿生惭愧，因为我在茅山中学的教学后期，尤其是最后一个学期，苦于奔波，忙于婚事，累于拮据，已经失去了挥斥方遒的倜傥，淡薄了与学生之间的融融情意。新婚燕尔，精力不再全部维系在学生身上，远不如从前对他们的用心啰。

其后多年，直至今日，严是唯二能记得我生日的学生，另一个就是"小猪"王世俊。

王世俊

王世俊上学较早，是同期学生中年龄最小的，她和我虽是师生关系，却相处融洽，一直保持联系，因为我俩都属猪，我戏谑地喊她"小猪"，私下聊天时她都厚着脸皮喊我"大猪"，我笑而不恼，这成为我俩之间的一个梗。

她初三上学期期末的时候已到了1997年头上，某次检查学生默写，她自信默写无误，找我打赌，被我查出错处，输给我两块泡泡糖，我得意又嗫瑟说："小猪，怎样？"改天，她又来默写，把赌额翻一倍，想用全对的战绩扳回去，结果又被我查出一个小错误。我狂笑，坏笑，得意地大笑，笑了好一会儿，她也只好跟着嘿嘿地傻笑。看她那么可爱，赌资就免了。她问我是否还记得"7·1"之约，我说肯定记得。她说"你要抓紧了，恐怕你的计划实现不了了"，我默然无以应，说不出的滋味。我当初曾在心愿瓶中写过"可能已有了孩子"，如今连个对象都没有。唉，真是哪壶不开提哪壶，直往我心窝里戳啊。刚才的笑，顿时云散烟消。

王世俊、刘池俊、严永琴三人都是四班的学生，多次来帮我批改试卷，前两者见面就拌嘴，一边斗嘴，一边改卷。多年之后，即使是同学聚会，他们拌嘴依旧。两人关系不错，都是小学时候的升旗手，号称"金童玉女"。听他俩拌嘴特别有趣，严永琴和我在一旁听着，不时被逗笑。严性格外向，声音悦耳，清脆如铃，笑起来花枝乱颤。我则喜欢闷着头憋着嘴笑。我俩越笑，他俩越欢，语言讥诮，急智迭出，宛如个人辩论赛，有了观众和评委，更能激发才情。

刘池俊

两个班级的学生，人数一百出点头，和我私交最好的非刘池俊莫属。

他带给我两瓶洗发香波，说是他父亲厂里生产的，据说出厂价还15.1元1瓶呢。对我来说，这算是奢侈品了。我心里对他的评价是：这小家伙机灵得很，善解人意，将来必有出息。

初一寒假后开学不久，天气还比较寒冷。傍晚放学，我骑车跟着刘池俊去他家里，俗称"84厂"。"84厂"就如很多以数字命名的厂子一样，带有神秘色彩，前身往往是军工企业，不方便标明，故而常用数字代码，等到转为民营后，才有了具体名称，比如熊猫电器的前身就是南京老军工"714厂"。"84厂"选址在茅山脚下金坛一侧，隐蔽而幽静，生产炸药用的。这个时候，很多军工企业或改为民用，或开发新品补贴利润，"84厂"生产洗发香波，就是利用本厂的化工优势开发出来的产品。

涉及炸药，非常严肃，门卫很紧，闲人免进。我跟着刘池俊，他爸爸是厂长，所以出入无碍。当然，也只能去往住宿区，不能去往生产区，生产区再有一道院子和门卫把守。进入厂区，才发现面积不小。他先带我去厂部洗澡，全是淋浴，这才是我此行的目的。茅山镇上洗澡条件不行，收费还贵。印象中，曾和一位老师去过镇上私人开的小浴室，也就是腾出一间偏房，用白色厚塑料布蒙起来聚气，地上设两个澡盆，可以灌排热水，对外号称可以"鸳鸯浴"，这条件在今天会把人笑死。在茅山中学的后期，我购买了新式产品，简易型的沐浴塑料挂帐，洗澡问题就基本解决了，方便省事，经济快捷，也不用再跑去"84厂"了。

"84厂"的洗澡条件留给我很深的印象，不是花洒淋浴，而是直通通地冲浴，好多水龙头，只要拧开，那就飞流直下。当时人少，水压还大，冲在身上甚至有点轻微的砸疼，我真心觉得浪费。刘池俊哈哈一笑，他的笑容一向甜美，很招女生喜欢的那种。他说这是从工厂生产车间出来的余热，用不用最后都要消耗掉，不必心疼节省，我才放了心，贪婪地多洗一会儿。

刘家毕竟是厂长家，住一栋宿舍小楼里面，然而套房毕竟面积有限，两儿两女，全家六口，住得还是拥挤。幸而长子已经工作，跑供销，经常在外奔波，很少住家。

那时，我和刘池俊经常在一起玩，不像师生，更像兄弟，主要玩两样，下象棋和打乒乓球。当晚和他下棋到凌晨三点，师生俩才挤在一张床上睡觉。我棋技比他高，每次都虐他，他心态不错，把赢棋的希望寄托在"下一盘"，而我当时却不懂得让让他，保护一颗上进的心灵。刘家父母也没说啥，估计是把孩子交给老师比较放心，哈哈。刘池俊排行最小，家人都疼爱他，他又讨人喜，走哪儿都吃得开。

刘家知道我喜欢写写文章，没几天刘池俊向我讨要些我的文章，说他大姐想看看，我说有空再去他家住两天，到时候带过去。其实我倒更希望是他小姐姐要看我的文章，刘家小姐姐跟我岁数差不多。那时，自己手头也没几篇像样的文章，也吸引不了谁。

某天下午第一节课是体育课，当时学校的体育课往往都这样安排。我和刘池俊打了打乒乓球，水泥砌的桌子，红砖做的隔网，条件太差，但大家玩得开心。一边打球，一边聊天，听他的口气，他对他班没有多大感情，班级凝聚力也不强。他还反映了较多存在的一种现象：学生渐渐长大，开始萌生了一些朦胧的情感。我给予了正面的教育和引导，并希望他加强自控力。学生能将这等事情告诉老师，那可不是一般的信任哦。

当然，我们对他也很信任。那个年代对新教师有考核，所谓"一三五工程""青蓝工程"，名目不少。"一年入门，三年过关，五年胜任"，需要交很多材料，都是手工抄写，工作量很大，也很麻烦。我向来会找学生帮忙，刘写字很大气，也飘逸，全然不像学生笔迹。我让他帮我转抄其他语文老师的听课笔记的内容，写到我的听课笔记上，效果很好。熊老师也在忙材料，就让小刘如法炮制，最后出了一个大纰漏，还正好被领导检查出来，闹出了自己听自己课的笑话。原来，别的数学老师的听课笔记写着开课老师是熊老师，刘在转抄时直接抄写，也不知道变通。为此，小刘被熊老师责备了几句。学生毕竟是学生，孩子毕竟是孩子，哪能想到那么细致？我在好笑之余，心疼这个刘宝宝几分钟。

农历十月初三，周五，是茅山的年度最后一次庙会，盛况空前，也是当年最热闹的一次庙会，现在已经被取消不少年了。我在街上转转，也没看中什么，就临时约刘池俊晚上跟他去"84 厂"洗洗澡。在他家吃了饭后，去看了单位职工的卡拉 OK 比赛。刘父还是老样子，吃饭的时候才回来一趟，大家一起说说话。这次遇到了刘兄，他身材敦实，虽然和我同年，却明显比我老到。晚上刘池俊告诉我，以前单位报销出差费有限制，刘兄就跟别人拼房间，结果某晚被人下药蒙睡，第二天醒来两手空空而无法继续行程，电话告急。厂里马上派人开车赶着去接，之后规定出差一律住单间。这让我这个天天闷在学校和学生疯玩的小老师感到匪夷所思，所以记忆特别深刻。刘兄后来一直跟炸药有缘，向很多矿山供应民用炸药，经常跟公安局打交道，业务都有登记。这个时候，刘兄就比我更加成熟了。

次日，周六上午，刘池俊带我去金牛洞索道的底站看看。这个索道一路都有钢铁立柱，立柱之间贯穿钢索，钢索上咬合吊杆，杆下挂着露天的座椅，用保险绳固定，可坐两人。座椅离地面总体不高，我和刘池俊甚至伸手就可以够到，我俩当然不敢这样造次，就在下面跟着走了一会儿。金牛洞有着神奇的传说，给我印象最深的，是陈毅元帅曾经在此栖身，还架设过电台呢。茅山作为抗日战争山地根据地，处处都有红色传奇。

初三寒假前，我再次骑车去刘池俊家，去"84 厂"洗澡。骑车走的是小径山路，以前的樵夫开辟出来的，好多地方是单行道，两边密林。刘同学在小学期间每天上学都是穿梭而过，放在今天，想都不敢想。他说看到过很多动物，当然会害怕，后来见多了，也习惯了，山上已经没了狼，自然性命无虞。那些羊肠小道，如今我估计都已湮灭在榛荆荒草里了吧，毕竟现在的交通都是快捷的汽车了，多绕点路而已。茫茫林海山有窝，少年刘郎曾走过。

晚上和他下下棋，又天南海北地吹吹，还就学校班级的事情聊聊。他的洞察力很强，能看出老师之间的矛盾或者芥蒂，这一点为许多学生所不及，精于世道的他真的是块好材料。他后来业务做得很大，甚至到印度办厂，挣钱不少，还是很有能力的。我儿子大学暑假，还去他的南京分部实习打工，体验一线工人的艰苦和忙碌。刘给安排好住宿，工资也和正式工一样的标准发放。没有关系的话，人家才不要暑假工呢。

年后不久，中考在望，刘父来茅山中学请校领导吃饭打招呼，说是刘将转学去华罗庚中学，这样才能顺利入读常州的高中。他们刘家，户籍地在常州哦。他的转学让学校不悦，走了一个尖子生，中考成绩肯定受损。

其后近 30 年，我都没有再进过金牛洞，没有踏足"84 厂"。金牛洞早成了热门景点，不知道附近的"84 厂"是如何安排的。

教刘池俊三年，跟他保持一生友谊。

胡定海

胡定海初中毕业之前不久，我获悉他为他的舅舅担保贷款 5000 元，为此我惊诧不已。虽然后来出了点纠纷，但毕竟他才 17 岁，就弄出这么大动静，有本事，有本事！联想到我校一位赵老师的妻子跟着她师父做裁缝多年，后来自己想开店，为了能贷款两三千元而大费周章头疼不已，而这胡定海平时根本就不被大家看重，这次真的不简单呢。因为体型较胖，大家都喊他外号——冬瓜。对外号他也不恼，而且一喊几十年，最后外号的名头盖过了真名。

前几年，在句容的几个学生组织饭局都叫上我，饭局上经常有他。他很好酒，一喝多就哩哩啦啦地述说自己曾经的辉煌，带工程队做得怎样怎样，结果年终一结账，几乎没啥结余进项。因为喝酒太过费钱，手下人看他喝醉不来监工就纷纷偷懒怠工，如此这般，能不亏本？

唯一的收获，就是把自己肚子喝大，更像一个冬瓜了。

王小莉

"冬瓜"之外，班上还有小巧玲珑的女生王小莉，其成绩中上游，当时坐第一排，给她配坐了一个成绩相当的男生，我也不会担心他们早恋。

1996 年年底，王小莉给我捎来一条小狗，几乎通体全黑，只在脚趾间有一点儿白，以及脖子下有一小缕白毛，胖乎乎的，可爱至极。我给它取名为"黑豹"，买包子、喂鱼给它吃，一天就混熟了，打算再买些骨头喂给它吃。当晚，可能是一下子不能适应孤单，小狗吵得很凶，叽叽哇哇的，影响我休息，也影响别人。我又不能对这个"毛孩子"发火，只能想法安抚。改天中午烧点肉给它吃，收买狗心，请勿吵闹。之后又想给它安顿一个小窝，也就是狗窝，让它安居，与之愉快相处。学校毕竟不是养狗之处，后来送去女朋友家了事。

有一次，王同学身体不舒服，我亲自骑单车把她送回家。放在今天，肯定是一个电话叫家长来接。那个时代，人际关系真好，很温暖。

赵正波

赵正波不愧是我的劳动委员，做事不少，动手能力比较强，还曾来帮我收拾过狗窝呢。

大学毕业后，他在常州日资企业上班，班上同学喜欢喊他"日本鬼子""假洋鬼子"，他也不恼，呵呵一笑，好同学往往都是损友。他后来做到中层管理，负责考核员工和发放年终奖金。他曾经告诉我，年终分配款项的时候，特别注意员工在公益劳动中的表现，不会因为某人多巴结自己而多发奖金。赵同学特别注意观察在换班的时候哪些人能主动搞搞卫生，表现自觉而优秀，在分发年终奖时自会给以优待，但他从不言明。

他说，这个理念受我的教育影响很深。那个时候，打扫班级卫生作为公益劳动，是一种荣誉，是一种认同，表现差的同学直接被排除在劳动之外，犯错的同学会被短期剥夺劳动资格。

成诗平

赵同学有个得力好伙伴——成诗平，两人平时形影不离，就像亲兄弟。

学校围墙很高，再高也挡不住外面的嘈杂。紧贴着学校围墙，乡镇树了一个有线广播，喇叭口朝着学校，每天定时播放，音量很大。尤其是晚自习时间，它有时还"喋喋不休"，让师生心烦意乱。

1996年冬，有天我在王校长家吃饭时，曾谈到喇叭影响学生学习一事。他也很烦恼，说自己多次向乡里反映过，可是没能解决问题。我说："干脆敲掉它，可行？"他说："你这一说，我还能讲吗？"我说："你不是啥也没有听见吗？"

隔天中午，我把这个重要的任务布置给了成诗平，晚自习期间他就让广播"消声"了。第二天，递给我一个物件——一块圆形磁石，说是用老虎钳剪掉喇叭芯子后拽下来的，蛮大的一个。好家伙！

喇叭闷声了一个月又重新响起来，不过喇叭口已经不再朝着学校，噪声影响就小多了。

刘冬军

就在成诗平整理广播喇叭的那阵子，我和一个女子基本确定了对象关系，她住县城，我就经常乘车跑去句容。来去之间，总要找点借口，于是我把"黑豹"送到句容去了。不久，听说学生刘冬军家的狗狗功夫了得，能拿住刺猬，叼回家里，这让我很好奇。一经打听，刘同学带我去他家看看，功勋狗狗长相也一般。我很难想象，狗子是如何咬着硬刺而不被扎嘴的。刘同学把家里的两个刺猬送给我，我带回宿舍养着玩，根据刘的说法，我给两个刺猬备了些蔬菜。野味就是野味，毕竟不是宠物，两三天我就厌烦了，屋里的土腥味太重了，它们白天躲在我床下面，晚上出来溜达，到处拉屎，搞得臭气冲天。我无法忍受，干脆送去对象家，我把它杀了吃了。过程比较残忍，刺入我记忆深处。

后来，我终生再不弄刺猬。在茅山采风，在赤山湖湿地公园夜徒，都捉到过刺猬，也只是逗玩一番，就把缩成团的刺球移到一旁，任由它们自去。这位对象就是我现在的妻子，当年为了讨好她，我也是想了很多办法，包括"黑豹"和刺猬。感谢刘冬军给我资源。

刘同学的天分是跑步，可参见《体育老师和运动会》一章。

李秋柏（化名）

初三上学期中途，学生李秋柏又有两三天没来上学了，我腾出空来，晚上赶去他家动员。

他对我还是比较信任的，这一天他第一次以实情相告，原来是某主科老师因他只考了 36 分，打了他 24 下，加起来 60，及格。这个老师打人怪凶的，让李同学有点害怕，所以躲在家里不来上学。其时，家家忙着收稻，李家也是。晚饭，承蒙他家客气待承，请我坐了尊位，帮着收稻的亲友围坐一桌，帮着劝学。我看人多菜少，所以基本上也就只吃点花生米，以致饿着肚子回了学校。动员工作大概做通，李家父母表示支持孩子上学，李也答应了，我心里轻松下来。家长找个"三机"，把我的自行车挂在车厢后帮上，连夜送回学校。

次日上午，我将情况汇报给王校长，他听完汇报，点点头，不置可否。中午，李父来了一下，告诉我说李秋柏同学仍不愿上学，正好又遇到了校长本人，李父如此这般再说一遍。又过了两个星期，我决定再做最后一次努力，又用某个晚上，二次前往李家动员。可能是在家太久而空虚无聊，可能是父母唠叨太多而内心烦躁，这次工作极为顺利，没费啥气力，他就一口应允。当晚他的小舅舅开着"三机"将我送回学校。

第二天早上，李同学就出现在班上，已经撤去的课桌也搬回了教室。

朱通海（化名）

初一年级，我接班不久，对班上特殊学生已经有所了解，朱通海就是其一。他家住北镇街，路远，住校。朱母开学的时候来找过我，说了一下家庭的困难情况，又去找校长请求减免学杂费，所以我就印象很深。周末返校，骑车路过北镇街，心里一动，顺路去他家看看。两层楼的主体，还是毛坯，没有粉刷，没有安装窗户，用竹子绷紧塑料布箍撑着以遮风挡雨，红色砖块经过风雨，部分发黑，表明时间之久。从这个景况看，这户人家曾经很阔过，后来突然衰败。朱母一说话就带哭腔，讲着讲着就会一把眼泪一把鼻涕，让我受不了。大概是说，朱父曾经和外地人合伙在茅山一带农户家收购生猪，拉出去售卖后，再来支付猪钱。生意做大了，挣钱也可观，所以开始造房子，在村上算是走在前面的。跟农村人打交道，看的是信誉，所以生意越大，赊欠越多。忽一日，合伙人卷款跑了，四里八乡的养殖户自然来找朱父要钱。朱父无法应付，被告诈骗，判八年徒刑，家境陡崩，所以现在连个窗户都没有。朱母没法，让女儿早早辍学，而想供儿子读书来改变命运。他们家境惨淡，但孩子比较懂事，较坚强，还是可以培养培养的。曾经有其他茅山人跟我说到朱家遭遇，他没有一点同情，甚至还恨恨地，说朱父就是个骗子，骗过他家的猪，至今要不到钱，并劝我不要管朱家的事。我想，朱父是不是骗子不是我要去论证调查的事情，但朱通海是我班上的学生，这个是事实，我且做好自己的事情吧。

初一下学期报到，新年刚过去，朱通海和其母来校，精神明显愉快，一扫之前的阴霾脸色。原来，他们寒假去监狱住了八九天，朱父正在劳改，表现良好，获得减刑，年内将出狱。因为我平时对孩子多有关心，朱父一再真诚地表示感谢。我又去找校长陈情，校长是本地人，也大略知道情况，而且当时又在年头上，大笔一挥，批准给朱通海免去110元。

朱母曾跟我私聊过，为了能探监，为了能减刑，他们不知道去找过多少次监管人员，每次都不能空手，家里穷得实在拿不出手，就带点花生之类的农副产品。那时我还是个小年轻，对这些也不感兴趣，耐着性子听她讲了一会儿，心里厌烦，就把她打发走，继续去找学生疯，毕竟还是跟学生一起好玩。所以，今天来回忆朱母曾经的絮叨，竟很苍白很单薄。

转眼暑假，去领七月份工资。我一路骑车，信马由缰，便去朱家看看。朱父刚回来几天，极其瘦削，坐卧在椅子里，说话声音也低沉无力，说是提前8个月释放。朱母陪坐，说朱父刚出来，身体不好，打算先养养身体，再从长计议。朱家坚持留饭，说啥也不让我走。念其盛情，我在他家吃了饭，还喝了酒，互相聊聊情况。鉴于朱父已经回家，朱母又生一念，感觉亏欠女儿太多，想让她复学，我答应帮忙问问。后来我问周勤主任可否，她让我开学时再找她一下。印象中，复学之议好像没有了下文。朱父身体一直没有恢复，好像在孩子初中毕业前就过世了，朱母渴盼朱家能重新崛起，终究没有实现。

已是初二年级，一个秋夜，我找来朱通海，了解他近来情况。由于他父亲出狱，这学期我对他也就没有以前那样接触频繁。我教育他不应该再祈求获得老师的特别关心和同情，应该像其他普通同学一样去生活和学习，否则不利于他的成长，他的思想疙瘩才解开一些，我已经觉察到他对我的感情和态度有了微妙的变化，所以才找他聊聊。事实上，老师的教育资源是个定量，短时间多分一些给某个学生是可以的，长期如此，就影响到对其他人的投入了。然而，有些学生往往会产生心理落差，以为老师对自己没有以前好了。这就像对病人，可以多些照顾，你病好了，总不能还要一直照顾呀，是不是？又像一些"吃低保"的人家，一旦经济条件有所缓解，被取消低保后，他心里还会产生一些怨愤之情。人的工作很难做，人的思想工作更难做，特殊人群的思想工作最难做。

转眼又是年后上班，回家途中，路过北镇街再次顺便去朱家家访，得到他们的信任及热情接待。他们告诉我，外界有较多的学生反映，说我还是比较好的一位老师。我心里窃喜，总算是得到了一些慰藉。临走时，朱母一定让我带些桃酥给我妈吃，她说只有女人才能懂得女人的苦，我颇为感动，接受了她的这番情意。朱父还是坐在椅子里养着身体起不来，一问，朱父苦笑一下，朱母脸上马上黯淡失落，说是恢复不够理想。

过了半年，到了8月20日，准初三年级学生提前补课了。朱母又一次站在我的眼前，脸色灰暗，声音也没有从前的激越高亢，语速都缓了许多，说是朱父双腿已完全瘫痪，日子更为愁苦。朱母自己去找王校长，获得诸多免费，这家人也实在是遭了难。

第二天中午，我带着朱通海，在吴健、李刚、潘林圆的跟随下，去街上吴健家的服装店为朱买了一件汗衫、一双袜子。吴母不在家，吴父不了解价格，所以先拿走，事后再结账；又去另外一家店里买了一双凉鞋（28元）。这钱，都由我来支付。放学后，又集中本班团员，号召他们每人每月捐1元给朱通海，我自己则每月捐10元，达到每周捐助5

元。这钱作为专项基金，由吴健同学负责收取。晚饭后，我去吴健家玩，顺便结个账，谁知恰好是他姐的 20 岁生日，吴母硬塞些馒头和两个鸡蛋给我，说是农村风俗。

一周后，我再次路过北镇街，特地去了朱家，他家硬留我吃了饭，只是其家近期在一片愁苦艰难之下，这饭吃得也很累。

正式开学，报到第一天，我就动员部分学生献爱心，向朱通海同学伸出援助之手，我带头捐了 15 元，不少学生捐了 5 元，大家伸手，给他温暖。

学期中途的一次例会上，王校长表扬我校老师好几条，其中说了一句话："有的老师虽然自己还没有成家，却热爱学生，就像个父亲一样，给孩子买衣服买鞋子。"虽然没有点名，我心里知道这是在表扬我，也不知道王校长怎么就知道了我扶助朱通海的事情。

初三国庆节前几天，是我脚疾发作最厉害的时段。中秋节的中午，朱同学送些糯米饼和芝麻糖来，说是他妈妈自己做的，让带给我吃的。那时来照顾我的生活的，就数他和吕欢作用最大。考虑到他俩是小学同学，我让他们在学习上互相帮助。当晚，部分住校生回家过节，我班留在学校自习的最多，于是我叫"财务部长"熊文辉马上去街上小店买了一些月饼和苹果，住校生每人一块、一只，走读生来夜学的每人一只（苹果），以示本班高于别班，朱、吕二人也正好都在校。订购的一批语文教辅资料到了，批发零售有点差额，我决定让朱通海负责销售，每本书的一点点利润由他收取，作为自己的辛苦费，来清抵自己的资料费。光靠别人捐款，低声下气，看人脸色总不是事，得自己想办法挣点钱才成。

中考之前，学校经费非常紧张，校长抓狂，强烈要求结清体育加试费。这次力度很大，在我三四年的收费记忆中，这次收费是最齐整的，没有一个可以例外或者减免，包括朱通海。朱母哭哭啼啼、悲悲戚戚的，王校长心一软，宣布免除其他收费款项，但体育加试费专款专用，学校总不能贴钱，所以必须交。

中考后，我就再没有见过朱通海。调离茅山后，有次路过我再次踏访，朱母对我依旧不失热情，但神情很平静，或者说已经略显麻木，告以朱通海的近况，他们过得并不幸福，让我唏嘘不已。

可惜，我的尽力，终没能把朱通海同学推到安适的彼岸。

潘家豪（化名）

初一开学，班上 50 几个学生，潘家豪是其一，他是邓老师的外甥。潘家豪的父亲是乡镇小厂的干部，忙于业务和酒桌，顾不上孩子，就把孩子托付给邓老师，包括吃住。邓老师对这个大头外甥那是相当尽心尽力，给孩子规划好人生蓝图，就从眼前抓起，所以一开学就给我施加压力，让我抓紧，把潘家豪的成绩提到中上游，然后逐步爬升。压力传导之下，晚上我专门找了潘家豪谈话，先做思想政治工作，再谈语文学习。

不过，潘家豪并没能让我们省心省事。某日，他因为讲义气，帮助同学抄写作业，而那作业是被老师惩罚抄写的。这事被邓老师知道后，他脸上挂不住，气不打一处来，把潘家豪赶出了自己的宿舍，但他又放心不下，八点多钟跟赵老师又追出去看看，生怕出啥事。赵老师家也寄住着一个外甥，他成绩好，人乖巧，很自然地就给了邓老师一个对照标杆。

罚抄多来自英语学科，根据我个人的感受和观察，英语是比较低效的学科，也是学生普遍甚至绝大多数人反感的学科。一下课，办公室全是默写英语的学生，其他老师往往赶紧到走廊上走走，透透气。罚抄单词或者课文，那是太正常不过的操作，前者居多，起步就是 10 遍。变相体罚，能抄 500 遍，这事还真有过。上有政策，下有对策，学生把五支笔用橡皮筋绑成一串，横着写一排，就出现了五行，效率明显提高。老师也装着不知道，随他怎么去抄，交上来就行。有时学生一次罚抄，就能写完一本练习本。老师真敢罚，学生真能抄。老师不细查，也就有了潘家豪这样的"助人为乐"现象。顺便问一下亲爱的读者："请问有多少人在学习英语中获得过乐趣？"

近来，潘家豪经常挨打受训，我看了都不忍，有些事只能保密，不能告诉邓老师，否则潘会更惨。

很快期中考试了，潘家豪数学 86 分，英语 47 分，语文在放宽标准后才 61 分，让他舅舅大为失望，一再让我帮忙，再帮帮忙。他的成绩难以提升，愈加让他舅舅着急。潘家豪上着初一，邓老师教着初三，使不上劲。下学期期中考试，他数学考了 76 分，让教数学的邓老师大为光火，自然对潘家豪不会客气，一顿狠揍是跑不了的；毕竟平时没有少给潘辅导数学。因为这次 76 分，所以王振元从此喊潘家豪"76 号"，喊了很多年。

毕竟不是我的外甥，我对潘家豪没有施加这么大压力，师生关系还不错。某个周日，我决定不回家了，准备在学校看看书，备考函授入门考试，直接叫潘家豪带点米来给我煮饭吃。

有一个晚自习下课，潘家豪来我宿舍，受邓老师指派来向我道歉，因为潘前一天（星期日）晚上没有来校到班自习。他一副可怜兮兮的样子，于是我与他放开来好好谈了谈，从外围闲聊开始，把对他的教育和要求分散在谈话中。可以看出来，他挺怕邓老师的，不过邓也实在是恨铁不成钢。潘家豪的饮食起居都是邓来照顾的。说真的，一个舅舅，大男人，照顾外甥三年的生活，这工作量就不得了的，真难为了邓老师，问题是往往还不落好。

看着看着，初一就要结束了，潘家豪成绩不见起色。某天中午，邓老师来找我，向我施加压力，说我对潘家豪抓得不紧，有点对不起他。这话我听来当然不舒服了，我说"我对不起的人多呢，对不起你的地方多呢"，他见我恼了才作罢。潘家豪的学习问题，影响了邓老师与许多老师的关系。

到了初二，邓老师为了这个外甥，教完初三后，主动要求来这个年级做班主任，把潘家豪调走，去了他班上。于他而言，可以直接管理教育，于我而言，立马解脱，无比轻松。邓老师有时出门，就安排潘家豪来我处吃饭，潘家豪倒成了我的客人，自然没了那种压迫感。

初二国庆节后的一天，学校开完例会，时间还早，我就找了一些学生谈谈话，鼓励他们要上进。瞅个空档，我找来潘家豪谈谈心，语重心长地教育他。他趁邓老师不在家，用这个舅舅的钱去街上看录像，这事性质不同，必须严肃批评。

不在一个班，时间久了也就很少有交集。某次，我去邓老师屋里吃饭，他很拿手做糖醋藕片，喜欢用铝锅烹制，说是藕片不变色。我一时兴起，自吹也能炒藕片。两人都年轻，一较劲，就说各做各的，看看谁做得好吃。两碟藕片端上饭桌，到底谁行，需要裁判，那必须是唯一的食客——潘家豪。这个碟子夹一片，又到那个碟子叉两片，潘一时沉吟不语，我和邓老师都眼巴巴地盯着他，期待答案。一个是敬畏的舅舅，一个是敬爱的老师，说谁好呢？他说，两个都很好吃，各有各的味道！我和邓老师彼此一笑，端起碗来吃饭。

初二暑假，我经常赤脚下田劳作，感染了毒气。开学不久，我的脚疾发作，不能走路，去不了班上，只能窝在宿舍。一天中午，正饿着，幸好潘家豪端送来一碗饭。我让他马上去叫来熊文辉、朱德江、丰荣，帮着做一些杂事，比如清理玻璃药瓶的渣子之类，也顺便了解班上情况，并找某某同学来宿舍训话，指责他不为班级荣誉、班主任的伤病考虑，有碍于班级纪律。据我的日记记载，那个阶段，我常常躺在宿舍，采取躺着的姿态，脚疾才好受些。潘家豪弄给我好几顿吃的，看来教他一年还算不错，也指导他发表过一篇文章。

1996年国庆节放假期间，我家抽水灌溉稻田，顺便清塘，我脚疾稍好，已能下塘逮鱼。我带着木质澡盆，蹚着淤泥，在池塘锅底捞鱼，烂脚还没痊愈，但并没妨碍我逮鱼的兴致。说真的，捞鱼太开心了，当然在黑泥中挣扎也特别累人。鱼真不少，起初还大鱼小鱼一起要，天色将晚，人也疲劳，小鱼就算了，最后捞上来一条大胖头鲢鱼。次日，我剁了鱼，鱼身留给家人，鱼头带去学校，一到学校就开始煮鱼头汤，把那大鱼头烧个稀烂。晚饭时分，朱通海应约来我处，带了自己在食堂打的饭。丰荣也跟了来，直接吃我煮的饭。丰在初三开始担任班长，跟我走得近，中午还带给我半斤自家做的茶叶。他二人来吃晚饭，我又烧了点茄子。用今天的眼光来看，茄子进鱼锅，更好吃哎，当然那时也没啥厨艺可言。因邓老师外出培训，潘家豪赶过来，这样一来，我们师生四人共用晚餐，边吃边聊，大有其乐融融之意。这份师生和乐图，离开茅山中学后，几乎就再也没有过了。

那时候，师生相处愉悦，老师不摆架子，学生没有恐惧敬而远之，多么值得留恋和回忆啊。

史国宏

吴老师教职高，家电专业，他有个得意弟子叫史国宏，高而瘦，经常骑个摩托车，烧汽油的，一拉油门，就昂昂昂的，排量50，当时叫轻骑，玉河牌的，排气管声音不小，很拉风，相当于后来所见的"炸街"的鬼火少年的派头。这个配置，很多老师都是羡慕而感叹的。

作为班主任，吴老师没少享用，或者国宏载他出入，或者自己借用骑行去高庙中学会朋友。其他人一般借不来这个玉河轻骑，由于我和吴老师关系密切，几乎天天在一起，所以也就和这位同学熟悉，加上本家渊源，他也就肯借给我试试。某天中午，我怀着兴奋和紧张，跨上坐垫，拉动油门，在操场上兜圈子，起先慢慢腾腾，他俩从旁指点，几圈下来，手感越来越好，速度越来越快，一共跑了几十圈，感觉很爽，刺激劲爆，下车的时候双腿都因为紧张而有点木木的。多年后，看电影《速度与激情》，我就很容易理解了，速度触发激情，激情提升速度。

还有一次，我要去南京函授学习，想带辆自行车过去使用，有个单车，在南京出行也就方便很多。这就需要大客车托运，运费不贵，经济实惠。客车体型硕大，能装五十几号客人。车尾中部加装着扶梯，供人们从地下逐级爬到车顶，车顶有铁杆栅栏圈围出一定容积量的空间，可以码放行李，为防止行李脱落，在上面还备有软网，以便遮蔽固定。自行车上车顶，一般需要两个人合作。下面的人尽量平举单车往上递送，另一人已先爬上一半扶梯，左手抓牢扶手，尽量俯下身子，伸长右手去够自行车的单杠，用力抓紧，提升车身，取得平衡后，再左手攀爬，逐步登顶，把车子横放铁篮里面。史同学就起个大早，帮我把车拎上车顶。那个时代的学生，一般总是愿意给老师帮忙的，虽然他不是我的嫡系学生，却也有热心肠，小伙子不错。

牛大辰和蒋晓松（化名）

说到其他班上学生，跟我有较好关系的还有一班的两个男生——牛大辰和蒋晓松。他们班主任刘老师已经四五十岁，上有老下有小，精力分散。我才20出头，无牵无挂，整天泡在学生堆里做着"孩子王"，也就对这些调皮的小男生很有吸引力。

某次，我以友好的姿态、和缓亲切的语调和牛同学谈心。他临走时背过身用袖子抹了一下眼睛，也许我是唯一跟他这样谈心的老师吧。记得他家境比较特殊，到底怎样特殊，我是完全忘记了。又有一次，他被我喊来，正在交流时，刘池俊、赵俊俊来玩，牛大辰也因此看到我的文章和学生的作品，对我更加崇拜起来。但他的班主任背后告诉我，这个同学问题比较多，身材瘦削灵活，曾从油印室窗户的横铁栏杆里钻进去偷拿考试试卷。

蒋晓松当时根本未发育，玲珑矮小，很是机灵，经常到我面前凑近乎，很早就熟识了。他主动提出送我一个紫砂壶，见我没拒绝，过几天就给我拿了过来。如此之后，他是越来越赖着接近我。某次来我宿舍玩一小会儿，他居然还主动帮我将早上没来得及叠的被子弄好。他的情商这么高，长大之后肯定像其父一样吃得开。

蒋晓松又给我提供线索，说牛大辰同学手里有大额钞票，有孙中山头像的那种。我向牛搞来两张纸币，一是1947年版1000元纸币，一是1949年版500元纸币，对照每月三四百的工资，这钞票的面额果然巨大。我在烛光下细细欣赏这不多见的"钱"，一边问牛这些钱的来历。

如果记得不错的话，他很羡慕我的那个用于锻炼手指力量的抓石，也就是五指礅，我应该是回赠给了他。抓石的来历，请见拙著《清风徐来》。

那个时代经常停电，晚自习就要点蜡烛。他俩曾带来蜡烛，茅山庙里的供烛，块头大，颜色红，很有分量感，可是灯芯粗，燃烧快，需要屡次剪烛，黑烟滚滚，有点呛人，过会儿一抠鼻孔，就是一坨黑泥，同学们普遍反感，我叫停了这种污染性很大的蜡烛。

那种细细的白烛，苗条而坚忍，青烟袅袅，默默陪着莘莘学子，到深夜，到毕业，直到天荒地老。

十、逃学风波

　　初三下学期，临近初中毕业。每到这个时节，各个学校都琢磨着积极补课。3月9日，是个周日，上午、下午各安排了两节课。学生的意愿往往和学校相悖，学生根本不想在周末补课，学习时自然不在状态，这也影响到了我的情绪，下午赶走8人后才上课。这种苗头很不正常，班风涣散，学风衰颓，而且整个初三年级也是一派萧条之景，莫名其妙地暗流汹涌，很是危险。

　　3月15日，李甲木（化名）的父亲过来找我，说起孩子近两天经常与家长顶嘴之事，这是从来没有过的现象，他们夫妇因此愁得不行。然而，其时我正忙于筹备自己的婚礼，也实在没有多少精力来深度了解和干预。等到他们再次跟我当面反映情况的时候，已经是我结婚一个多月以后了。经过这个阶段，问题更严重了。

　　4月27日一早，我被李甲木母亲叫醒。李甲木在前一天未补课而外出，直至下课时间才回家，被他爸训斥一番，揍打一顿，跑出去后直至凌晨方归，家长为此着急上火，管又不行，不管也不行。我到教学楼去查看，来补课的学生本就不多，也没有老师来上课，我就干脆把学生都放回家了。

　　次日下午，初三教师开会，因为我前一天把学生放了，王校长不点名地批评了我好几句，我也未做回应。结了婚，人的心态也有了变化，周末我就是不想补课，就想回家，怎么啦？

之前，学习松懈的情况还只是在周末放假。到了5月9日下午，这天周五，李甲木、潘丙火、季庚金三人都不曾来上课，我大怒，便让学生撤掉他们的课桌，重新调整班级座位。现在本班的这个小集团大有后来居上越来越亢的味儿。

晚饭后，我通知李甲木家长过来，他们夫妇也是束手无策，就请我带着他们去找校长求助。校长正在徐某某老师家打扑克，节奏受了打扰，所以不太高兴，说是家长教育方式不对，叫我们矛盾不要上交，自己先处理。我们三人站在牌桌旁接受训话，颇为尴尬，很是别扭，站也不好，走又不好。后来我说："王校长，你见多识广，经验丰富，是我的最后依靠，我是黔驴技穷了，才向你求援的。"校长一心可二用，抓牌结束，铿锵发声："一对8！"右手甩出弧线，遒劲地把牌掼到桌上，然后缓缓语气，表示星期一他来找逃学的学生谈话教育教育。得到学校的最高指示，我和家长忙不迭说着谢谢，满怀歉意地告辞了。

据李母说，茅山著名的看相师傅老沈看过李甲木的相，称他将有什么什么之灾，要到19岁以后才能好起来。人到难时，就会信"命"。目前，该生正第二次陷入"五人小圈子"。李母叹息说，大师讲得极准。我们三人辞别"牌趣盎然"的校长，我又陪他们夫妇俩回家等候李甲木，到晚上9：40，他仍然未归。我遂又赶去茅山小工具厂找潘丙火，天黑乎乎的，狂风大作，幸而我胆子大，也能吃得苦。潘已经睡了，被其父叫醒，先是抵赖，后来才承认三人是在一起玩的。这也让潘父对孩子有了清醒的认识。忙得再累，孩子滑膛，也就毫无意义。茅山镇太小了，学校的任何事情很快就会在镇上传开，社会舆论比较凶，都说学校风气不好。

5月10日早上，季庚金母亲来找我通报情况。原来其子和李甲木打听到我撤掉他们的课桌后，各留一张纸条，说是出去两天再回来，也不知道他们去哪里了。次日中午，雨下得很大很大，雨烟清晰地一浪接着一浪，浪浪相陈，让人倍感阴郁。下午补课，我匆匆赶回学校，李甲木父亲正在等我，说昨天下午李和季两人就回来了。他们只是在红庙村一带玩玩而已，没出啥事，让我别担心。接着潘母又找来，说教育了儿子，儿子也写好了决心书，她又把潘叫到我面前，让我现场教育一番。

潘母感觉不过意，月黑风高之夜，夜深人静之时，我却在为学生奔波，她叫我明晚过去吃晚饭，我没肯；她又塞了100元钱给我，我坚辞。是的，我目前确实是缺钱花，但我绝对不要这种钱。我声称，如果家长能理解老师的辛苦，老师也就心满意足了。我还表示，如果其子有出息，能考上理想的学校，我愿意带队全体科任教师前往祝贺，而不希望家长用金钱使师生关系庸俗化。

5月12日，季庚金母亲带儿子来上课，向老师打招呼，述说情况；下午班会课，又是一番教育。这次逃学风波就此平定，班风有所恢复，我希望能顺利挨到他们毕业。

我在19日的班会课上搞了一个活动，进行"毕业之前大检举"，查出许多问题，甚至有10人抽过香烟。来来来，最快的办法，还是罚款，简单省事，粗暴实惠！

23日放学后，我把班上好歹还能排上名次的同学留下来教导一番，希望他们继续好好努力，能为班争光，能为自己的前途负责。我也不知能起多大作用，只是落个精神安慰：尽职了。

尽人力，顺天意，各人命运自珍惜。势比人强，逆势上扬多乖张，能咋样就咋样。

20世纪90年代，思潮汹涌，原本偏僻的山区小镇也出现了歌舞厅。卡拉OK流行起来，饭店也装备一套，电视、音箱、话筒、碟片成为标配，以此招徕顾客。坐在教室，每晚都能听到舞厅传来的音乐，大多是高亢的快节奏，显示着客人们的兴奋和狂欢，舞厅不是轻歌曼舞，曲调不是优雅和美，好像被一群狂躁的青年小子占据了。据反映，已经有学生时常光顾舞厅，人也明显"浪"了许多。茅山南镇街虽然偏僻，但毕竟不是真空的，各种时尚来袭之下，和融的风气明显变差，老区的淳朴也在淡化。这些场所往往汇集三教九流人物，街上的几个小痞子叼着香烟搂着女人跳得很欢，他们大多是从学校毕业不久的学生，曾经因为在校表现不好而被老师打过板子。某对教师夫妻都会跳舞，从保险角度考虑，互相约好不准跳舞，都说不担心自己，而担心对方被别人"勾去"，这样约定后，大家省心。听刘邦友老师转述，为了争夺舞女，街上一批人还大打出手，舞厅的保护人也换成了茅山的大痞子，每月收取上千元的保护费。传闻终究是传闻，也没人能给以证实，大家感慨一番，摇摇头，各自散去，嘴里念叨着人心不古、风气不纯。

茅山脚下，集镇不大，人头易熟，舞厅里的小痞子以前多是学校的"问题学生"，为老师们所熟悉，现在舞厅成了他们的集散地和欢乐场。在这样的风气渐染之下，几个学生正值叛逆时期，弄出点逃学风波，家长焦虑、无能为力，也就不奇怪了。

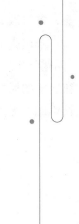

十一、小组是怎样炼成的

　　现在，我的课堂教学模式基本是小组合作制，长期以来，小组合作模式很受学生欢迎。这种制度，其实我已经创建和实践近 30 年了，从 1994 年的初一学生身上开始试验，他们成了我的小白鼠。且听我来说说当年的情形。

　　初一下学期，3 月 7 日，天气转暖，学生上完体育课，一个个口干舌燥，乡镇自来水供应也不能保持正常，连冷水都没得喝，于是我决定每天为学生供应四瓶开水，他们很高兴。学校食堂用茶水炉子烧开水，起初是为住校生准备的，冲水要用专门的水票。买水票要花钱，每瓶 1 角，我用班费开支。作为老师，时间自由一点，冲好水后，给他们备着，方便他们下课有水喝。

　　这天下午第三节课，在三班举行读书活动，气氛很热烈，学生情绪很高，我把学生分配成几人一个小组，这极大地调动了学生的积极性。另外，从四班请来王世俊、纪卫香、严永琴、刘池俊、成诗伟、赵俊俊等 6 人任评委，他们都是茅竹文社的社员，各自打分评出等级后，由专人给各个小组汇总分数，决出高下。我想，好活动要推广，来日下午不妨在四班复制一下这个活动。

　　次日下午，在四班搞了一次读书演讲竞赛会，我事先联系了毕老师，请他做了旁听。整个课堂气氛活跃，甚至喧器，学生像是打了鸡血，明显亢奋，尤其是组长级别的同学，几乎都是脱稿演讲，情绪激动，语速就快，各个小组自然都是为自己欢呼鼓掌，带起一波又一波节奏。能有如此表现，对于初一学生来说，确实是很不错了，学生们得到的锻炼效果也是很好的。课后，毕对我的探索精神三言两语做了肯定，然而仅仅如此，对于具体内容不置可否。我知道，以他的修养和资历，这是对我礼貌地加以否定，所以吝于多说。说心里话，我是希望得到他这个老教务主任的肯定的，所以才在自以为三班表现不俗之后，主动邀请他听课的。不过我也能理解他，对老一辈教师来说，教学的概念就是我讲你听、我写你抄，亦步亦趋，老师工整的课文教案，学生厚实的课堂笔记，按照顺序：标题含义、作者介绍、创作背景、字词教学、课文分段、中心思想、重点句子，有条不紊，按部就班。他们就是课堂的绝对主体，是总司令，一板一眼，自带威严。课堂的纷扰和嘻哈，那简直就是胡闹，他没辣花花地批评我就算不错了。四班整体的学习素养的确高于三班，今天的课上表现让我满意，那我就顾不上毕老师的评判了。

老师都有一个感受，自己带班主任的主班与只进行教学而不带班主任的客班之间，无论个人威慑力还是课堂控制力，都是有明显区别的。县官不如现管，历来如此。3月11日上午，我安排了一场特殊的考试，试点无人监考，四班表现较差，而我班表现优秀，于是我在黑板上隆重题词，来表扬全班同学，提升他们的荣誉感，加强他们的凝聚力。分数改出来，我班优于四班。目前，我班已基本可谓"班风正，学风浓"了，班级建设正处于上升时期，这让我满心欢喜。

小组制，说到现在，我来给大家说说我是怎么来安排小组的。每个班级通常四五十人，每四个人自由组合成一个小组，自选组长，或者由老师任命。当年初中生都是小把戏，能听话，好打发，由我主导，主要按学习成绩和能力进行分配组合，尽力使各个小组之间同质化，平均、平衡后运行一个阶段进行考核，奖优罚劣，促使小组进入老师希望的轨道上来。因为同质，大家愿赌服输，自无怨言。正所谓三流企业做产品，二流企业做管理，一流企业做标准，我深以为然。老师也可以制定规则和标准，然后做裁判，事务管理琐碎多，事必躬亲未必佳。分组的时候往往有余数，这是一个很好的教育资源。人是社会动物，有心理依赖，谁也不愿意被团队遗弃，我就让他们挂单，作为编外和候补，分配给部分小组，进行委托管理。其他在编的小组成员则受到我的告诫，如果表现不够好，组长可以申请换人，候补的眼巴巴希望转正呢，大家就好好表现，服从组长管理吧。当然，如果三个组员都反对组长，那就废掉组长，不过，运行近30年，我还没有换过组长，毕竟有的规定条文的作用也就是一个表象威慑和形式完整。从实践来看，管理初中生要容易得多，到了高中阶段，尤其是高三，学生一个个都有了自己的个性，不同家庭培养出来的孩子的三观自然也有不同，个人的驾驭能力也有差距，所以这个阶段更多的是自愿组合，推举组长。强扭的瓜不甜，强推的头不服众。

班会课上，我组织得很好，以"我和初一（3）"为主题，让他们上台演讲，以此鼓舞学生的信心，自认为效果斐然。这种锻炼下，也就有对我持感激态度者。比如严永琴同学反映称，本来没有任何老师重视她、培养她，后来却大有进步，皆因我对其关心教导之故。看到她的这段话，我在她本子上当即写下批语，表扬了她的进步，并提醒她不要有思想负担，一心学习就好。

任何一种制度都不可能一蹴而就、一劳永逸，都会产生新的问题，需要加以调整和解决，所谓与时俱进、与势俱进，我利用班会课力推学生上讲台，上台演讲就给加分。一些同学不求有功，但求无过，既不积极发言为本组争分，也不担心犯错被扣分，安然端坐。前面说过，最好的管理就是制定标准、调整政策，我宣布改规则：不发言者扣分。小组加减分，其实带有"连坐"性质，"连坐"确实是狠，使个人屈服于集体，三个人红着眼睛盯着你，咋整？上呗！事实上，很多学生是平生第一次接触这种制度，他们没有否决制度的能量和资格，那就乖乖服从和执行。我又预先布置下周班会讨论题目——"批评和自我批评"，届时将主要顾及这些缺少训练的学生。由于我不断强调时间紧张、机会有限的概念，教室里时常发生学生抢着上台互不相让的场面，挺有意思，要的就是这个效果！能将一个本来表现平平、毫无活跃气氛的班级引导到如今这种程度，真可谓强将手下无弱兵了，我心甚慰。放学后，组织学生教唱歌曲，此情此景，又让我想起大学时班干部陆艳华同学不厌其烦教我们唱歌的情景。班上近来气氛是相当不错了，但月考成绩才是真正的试金石，分数到底如何呢？

武术套路，两人对打，任何招数都不能用得太老，需要常换常新。小组成员在一起时间长了，就没了新鲜感，容易懈怠和沉闷。我重新调整班级小组，从指定分配制改为合作制，组长选队员，队员认组长，实行供需双方的互相交流和团结协作的形式。许多学生心理经历了一次冲击，这样有利于以后的工作。四班班主任看着我的制度新鲜，也仿效我搞起了小组制。

多年后，学生吴健曾跟我说起他做小组组长的一件事，我却忘记了，现在根据他的描述，我来写写。某次小组考核，他组总分倒数第一，倒数第一常常被笑称为乌龟，因为乌龟才落在后面。我找了一个同学，用铅笔在白纸上画了不小的乌龟，由吴健同学带领全组双手举着白纸，画面朝前，在几排座位之间的过道中排队走一圈，接受其他同学的嘲笑。他红着脸，坚强地走完，之后带着小组发愤图强，励精图治，终于没有再次举图巡游。看来，人是需要刺激的，刺激出来的能量是巨大的。

那时候，中午放学后有着长长的一段休息时间，一些学生甚至饭后去打篮球，学校要求班主任加强管控，老师也常常受命值班去操场驱赶学生回班。老师一走，他们又从各个角落冒出来继续打球，老师不堪其累，也就睁一只眼闭一只眼应付一下校长了事，学生照样玩得风生水起。如今，中午时间只有半个小时甚至 20 分钟，也就正好吃个饭的时间，都不用老师多管，操场上自然就没有一个学生了。那个时代时间抓得远远没有现在这样紧张。利用中午时间，我脖子上挂着傻瓜相机，领着三班学生出去拍照，地点选择在红庙学生孙蓓家的桃林，路程不远，风景颇佳，其时正是"桃之夭夭，灼灼其华"。这次拍照，也与小组制度有关。根据积分进行排序，最优胜的小组是刘永芳组。我上午找她谈话，给以鼓励，她挺自豪，也很自信。她的组织能力和工作能力都是很强的，而且自身正，有威信，能树立好榜样。中午拍照时我对他们组更是大力倾斜，给以优待，免费拍照。排序前三的小组的同学当仁不让，挨挨挤挤，叽叽喳喳，轮流抢着拍照。排序靠后的组，拍照是可以的，但必须缴纳胶卷费、冲洗费。刚开始拍的时候，大家你推我我推你，情绪热烈，等拍到四十多张的时候，我感觉有问题，毕竟一桶胶卷一般来说只能拍 36 张照片。打开机盖一看，却是齿轮口没有咬紧胶卷边孔，无力拉动胶卷转动。哎呀妈呀，一张都没拍呢。重新装好胶卷后，大家更来了精神，都抢着要拍，欢声雷动。主要的背景就是孙蓓家的桃园，竹外桃花一大片，少男少女乐蹁跹。自有热情的学生主动帮助，我也被照了两张。这次活动无疑给各组打了兴奋剂，增加了小组的内部凝聚力。最后，大家粘着花粉，攒着劲头，春风两里，满载而归。后来，很多同学还保存着这次活动的照片，那是快乐的模样，是青春的飞扬。中午一番折腾后，我又累又困，下午剩下的时间，安排语文考试，还是实行无人监考，非常成功，也不需要太多的措施和讲话，班级表现令我非常满意，能打造出如此优秀的班风，让我很有成就感。

那时候，洗照片条件还比较差，我把胶卷从相机中取出，装进专用胶卷盒，送到照相馆，师傅集中一批胶卷后坐车赶去南京，根据客户数量和尺寸的需求冲洗完毕，再带回集镇，由客户分头交费取回。过了十天，我们拿到了照片，傻瓜相机就是好，什么都能照，拍摄的效果总体还行，仔细辨认一下后，男女生还是能分清楚的。成片的桃园，粉色的桃花，风光尽现，更美的是孩子们的笑脸，有夸张，不矫情。钱是硬通货，谁也不能免俗，分完照片就是按小组等次收费，经过核算，这次花销近40元，比预计的要少一些，我通知劳动委员熊文辉从班费里面列支，班费花在班上。

学校第一次公布了班级各项指标的得分，好久之后我才知道这就是所谓的量化考核，校长推行的新的管理模式。每次考核我都倍感受歧视和不公，我的缺点是从来不去争辩，而是默默练内功，所以尽力把班级搞得风生水起，用过硬的实力来提升量化分数，有的项目还分解到小组。经过学生的努力，我班依旧能够咬在全校第三名的位置上。学风班纪项目由校长亲自打分，一言九鼎，只有孙老师的二班和我的三班一直最低，因为我俩都是最年轻的班主任。下午放学后，校长喜欢打打篮球，锻炼身体，场上欢声雷动，球员汗流浃背，打到擦黑，尽兴而罢，冷水擦洗一下，眼巴巴地望着校长。大家都是好兄弟，陪校长打球误了饭点，怎么弄呢？王校长是个豪爽的人，大手一挥，说"那就到香满楼饭店吃个便餐吧"。大家一阵欢呼，前呼后拥，王校长更加精神了。主任知道校长口味而直接照单点几个菜，校长多才多艺照例唱两首歌，菜肴备齐，酒杯斟满，"不醉不罢休"。校长酒后总是红脸，喝酒之后回到学校，常常被人背后讽刺。这好像成了一种文化，我经历和听说过的每个学校都是这样。一旦真的迎面遇到校长，马上热情打招呼，忙不迭地掏出香烟奉上，慌慌张张地摸出打火机凑到校长面前，恭恭敬敬抖抖霍霍地点上。有时候校长嫌对方配合动作不利索，也会直接抢过打火机，一脸嫌弃说"我自己来"。等到校长点着了烟，猛吸一大口，面部表情凝固不动，很专注的样子，直到终于一口浓烟快乐地冲出校长的鼻孔，那个老师也跟着快乐起来。校长吐了一口气，老师松了一口气，谄笑有型，嗫嚅无声。毕业不久的我还是个"孩子王"，跟这些顽劣不堪的初中生厮混在一起，对社会人情世故毫无所察，凡事都是找自己的不足。虽然校长给我的学风班纪这项明显打低分，但我其他工作其他分数常常领先，班级总分仍然在前面。全校 14 个班级，我排不到第一第二，照样能排第三！而且，事实上，本来分班就不均，四班相对集中了较好的生源，就是当时学校里疯传的所谓的教师子女班。

量化考核项目很多，想拿高分是要动脑筋的，重点是各种卫生值日，很难搞好。要说学校没有欺生、欺小、欺弱现象，鬼都不信。很多学生都骑自行车，停车处的保洁就是一个难点，停满车怎么打扫？总务处主任华丽丽地把停车处完全划给我班管理，也就是把难题扔给我解答，让我非常无奈，头疼不已。我不像有些老师那样去找领导吵架，连申诉委屈都不是我的风格，怎么办？琢磨，再琢磨，办法总比困难多。经过思考和摸索，我给学生重新分工：住校生晚自习之后打扫保洁区，车去场空，空空荡荡大扫帚就能舞起烟，痛快酣畅；中午代伙生饭后简单打扫，加以保洁；路近的集镇学生下午放学后打扫教室，即使放学较迟，也不影响他们回家；路远的同学则利用白天时间打扫走廊。这样分工较为合情合理。实践操作，才能积累经验，思考创新，才能解决问题。

思路没有肠梗阻，改革就没有休止符。4 月 24 日的班会课上，我重新调整了座位，按等级分座，形成一种新的竞争机制，褒奖优秀，激励一般，知耻而后勇。再后来，给小组配置对手，互相挑战，写下文书，整个为荣誉而战，风雷激荡，沸腾每个学生的热血。学生积极投入小组，共同提升班级，生龙活虎，朝气蓬勃。前文说到吴健举画乌龟巡游班级之事，估计就是某次挑战失败后得到的待遇。

教育教学本质上就是管理，小组运作就是一种管理模式，我施行这一制度后，运行至今越来越完善，越来越得心应手，看着同行们挥汗如雨勤奋讲课而声嘶力竭，我就笑笑，然后看看自己班上为某个选项而争论得面红耳赤的小组成员，手掌一挥：继续讨论！

　　小组怎样炼成的？老师用心酿成的！

十二、体罚

"教"这个字是怎么写的呢？从甲骨文字形我们可以看出，它的右边是一只手（"又"）拿着一根教鞭（攴）；左下方是一个"子"字，表示人；整个字形"教"是会意一个人手持教鞭在教育人。所以，教育从一开始就离不开一个打字，也就是体罚。古训，棍棒底下出孝子。对于孩童的顽劣不堪，古人也没有那么多时间、耐心、物力来循序渐进因材施教启发引导，父母一顿胖揍，简单粗暴有效。然后，天地君亲师，教不严师之惰，老师拿着戒尺（俗称板子）上场了，戒尺成为旧时私塾先生的标配。到了今天，体罚被否定，体罚和变相体罚成了"高压线"，一旦出事，舆论汹涌，形成事件。

20 世纪 90 年代，我从教的当口，体罚之风犹盛，我们都是经历者、参与者。

1995 年 5 月 21 日，这天学校组织月考，感觉学生一点儿紧张气氛都没有。中午，丰荣和朱通海来汇报了班上近来一些松散拖沓等不良的状况，引起了我的忧虑。我马上出动，现场抓人，六七个男生在操场边上看别人打乒乓球而不在教室看书。我一挥手，一个示意，他们惊惧而无奈地走到我的宿舍门口，然后鱼贯而入，排成一溜。我两眼喷火，面色凶狠，语气高亢，训斥犀利，突然下令："鼻子靠墙！"

反思当初，体罚学生不是没有原因的。除了父亲对我的"家教"的影响，除了茅山中学的风气，我的实习经历对我也是颇有影响的。

二圣中学是镇江师专的实习基地，我在那儿初站讲台，完成了从一个优雅从容和蔼可亲的大学生向一个"凶残暴虐"的老师的转变。二圣中学从校长开始就没有好脾气，动辄打骂学生，连我们这些实习生也深受其害。据说，二圣中学以实习基地的名义狮子大开口，向镇江师专索要好多物资，遭到了拒绝，遂心生不满。我们20多个实习生坐中巴进的校门，没有看到任何欢迎标识，没有老师来接洽。带队老师自己去找校长，找了半天总务处才来了人领我们去宿舍。住集体宿舍很正常，但不正常的是屋里一塌糊涂，前面住的人搬走后，根本没任何打扫。我们这些实习的也没多大讲究，自己动手打扫卫生，灰尘弥漫，衣服落灰，连鼻孔里都是黑泥，无语。洒点清水，只能稍微降尘，于事无补。在那儿，中学老师看待学生完全没有今天的和蔼耐心，简直就是"敌我矛盾"。实习生和学生之间关系走得近，所以很受学生欢迎。某次化学考试，科任老师监考偷懒，让我顶上。还有十分钟结束，有些学生还没有写完，着急焦虑，班上有某种躁动，说不清楚看不明白，没人说话但有声音，没人偷看但有动作，我看压制不住，随口说了一句："还有五分钟，大家抓紧点。"我的话一下子点爆了氛围，全班开抄！太恐怖了！一旦失控，就是崩溃！受此一吓，我赶紧向其他老师看齐，对学生越来越凶狠，只有这样才能维持秩序。松一松，学生攻一攻；紧一紧，学生停一停。我开始摆谱，端出正式老师的架子来拿捏学生。某次，班上两个男生刚进校门，每人拿着一支冷饮，这是被学校禁止的。我老远看见，装作没在意，招呼他俩过来，他俩赶紧把冷饮揣裤子口袋里，我有一搭没一搭地问东问西，活生生地看到他俩裤子插袋湿了一片，然后若无其事地一扬手，放他俩走脱。事后和其他实习老师交流，惹得大家哈哈大笑。

师生一旦对立，就会出现冲突，有的明着反抗，有的暗中筹算。有一次晚饭后，我推着自行车从镇上往学校走，要经过一座桥，我慢慢悠悠兴致很好。快走到桥头时，对面过来两个女实习生，问我怎么有车也不骑？我想想也是，就一跳跨上车，她俩已在我后面，又互相笑一声，说这人真怪。受不了她俩的嘲笑，我站立着踩踏骑行，速度飞快赶到学校。两天后，有学生私下告诉我，那天桥头有班上的几个学生打算伏击我，没想到我突然骑车发力跑了，他们徒步没追上！好险！

体罚的原因也多种多样。初一开学才两个月，有三个住校学生在午休后被子没有叠好，被总务处许主任查到。他登记在册，公布扣分，并通知班主任整改。我一时火大，命令他们叠好被子，然后抱起，排成一队，走到操场。三个人列队立正，我喝令一声："扔！"他们求饶地向我看看，我又一声厉喝，他们只好无奈地把自己的被子轻轻放到地上，并没有如我的命令那样果决地扔下！然后，我踱步离开，任由他们排队站立，以示惩罚。后来有个姓陈的副校长路过现场，问明情况，感觉有碍观瞻，让他们把被子拿回宿舍。此事影响不小，晚上教职工会议上，王桃根校长在肯定我管理认真之后，提出了批评，说如果有领导正好来巡视的话，就糟大了。今天，我推算了一下，当时他们上初一，才是十二三岁的小孩子，能料理个啥？现在的同龄孩子正疯得起劲，手机游戏玩得溜熟，又有几个会整理内务？

扔被子过后不久，又生一事。高年级有个周某俊同学，我去年教过他初一，他学习成绩不好，老挨他的班主任批评，比较厌学，经常被罚停课，所以经常陪我打乒乓球。他妹妹在我班上读初一。不知何故，他跑来要打我班朱通海，我及时出手干预，此事未遂。第二天，朱居然还是被他寻机打了一顿，我感觉拂了面子，很是恼火，迁怒其妹，责令她不得住校，改为走读，勒令把被子抱回家，家长来讲情，本人未允。隔了一两天，家长托人去校长处求情，想让我将他女儿继续留宿学校。毕竟他们都是茅山人，互相一扯，彼此都熟。陈副校长资格很老，声望也高，前来找我，火气很大。我年轻气盛，根本没有买账，我的班级我做主。两人争吵一番，无果，他根本不了解我曾经的刺头经历，一旦认死理，根本架不住。据王振元、朱通海反映，学生说我狠，而四班学生很乐意与我说话，认为我为人和蔼，容易套近乎。此话不假，在其位谋其政，我不做他们班主任，就没有必要那么严厉，凡事留一线，以后好相见。当老师做学生的都知道，同一件事，比如上课偷看小说之类违规的事，班主任和科任老师的处理方式和力度完全不一样，人之常情。

老师也会互相交流经验，获得启发，从而创新出体罚方式。王校长三令五申不许体罚，我们就揣摩出一个整治学生的方法，把学生带到办公室，责令他们双手前并举，未经允许禁止放下，一则回避直接体罚的禁令，二则也有一点惩戒效果。此举一出，学生大为头疼。这动作看似简单，时间一长，相当吃力，疲惫不堪，真是文明的惩罚，惩罚的样板。

平时都好，母慈子孝，一写作业，鸡飞狗跳。大家都这样，成绩揭晓，考得不好就要有人遭殃。12月月考下来，二班、三班都比四班差不少呢，让我沮丧，我带的三班，同时教四班。我不是满意于四班语文考得不错而愉悦，而是沉湎于三班考得不好而羞恼。可怜之人自有可恨之处，烦恼都是自找的。心态不好，怎么着都是郁闷和烦躁，这是病，得治。

1995年4月19日下午，在四班分发试卷后，因为分数不理想，每个人"过堂"，我连王世俊也未饶过，用板子打其手心。体罚之后，全班可谓哀鸿遍野，一片泣声，好在一碗水端得比较平，宁毛一村不毛一人，所以大家心理还比较平衡，毕竟都挨打了，又不是自己一人。之后，我找了三个挨打的组长来安抚，不过他们很快就理解了我的心情。不理解也不行啊，你受了领导给的委屈，还能当着领导的面承认有情绪？老师是人，也会发脾气，但大概率都是在考试后，尤其是在学生考得差的时候，用惩罚学生来掩饰自己的无能，我就是其中一个。

过了两天我得到消息，这次体罚覆盖全班，受伤的除了他们的小手之外，还把严国凤的手表盖打碎了。我提出要给她处理一下，她说不用，我坚持要为她重换一只，跑到街上，找到表匠，更换表盖。那个时候每个镇上还都有一个修表匠，现在连手表都快被淘汰了，哪里还能看到戴着特制眼镜觑着右眼的匠人？虽只花了2.5元，但我相信此举给学生的印象肯定不一样，打完了人，总有点尴尬，赔偿一下也能疏解内心，蛮好。

1995年8月31日一早，新学期报到，有学生跑到我宿舍说，副班长丰荣迟到，班级门锁打不开。老式挂锁，环扣住木门和立柱上的铁圈，所谓铁将军把门。班级一共领有两把钥匙，住校生一把，走读生一把，丰荣是副班长，又是走读生，所以他掌管一把钥匙，随身带着。另外一把我记不得为什么不在了。学生簇拥着我，我亲自砸门，准确来说是砸锁，就是找来砖块狠砸铁锁的"U"形环和锁体的结合部，运用暴力使之分离，致使铁锁身上砖渍斑斑，而我自己的右手虎口也是伤痕累累。旁边学生不敢出声，生怕我一时迁怒。等丰荣到校，其他学生已经坐好听我训话，我当即叫他鼻子靠墙，"杀猴吓鸡"，形成一种严厉的心理氛围，以保障初二阶段的教学实效。我又马上检查报到需要上交的各项资料，发现居然还有未完成暑假作业者，宣布暂时不予发书，补好作业再说。成诗平等人因为胡乱应付，被我训得大汗淋漓，战战兢兢，不敢作声。凡事有得必有失，我失去了与学生彼此交流和平等合作的心态，师生距离不得不拉大，得到的是事情的效率，一个上午我就基本上完成了班级报到的一应事务。

第二天，算是正式开学第一天，尽管早上没有我的课，我还是到班较早，又抓了两个迟到的人，鼻子靠墙，整顿纪律。那个阶段，我似乎比较中意于鼻子靠墙这一处罚。要求学生身体站直，鼻尖贴在教室后面的黑板上。靠墙太近，鼻子会受到压迫，眼睛因为不能远望而胀得慌，呼出的气息含有水分，冷却后液化，均匀铺在黑板上，像心形或扇形，那块颜色显得更黑，不知道是什么样的物理原理。刚开学，纪律必须紧，这是老班主任的共识。

1996 年 7 月 8 日，初二的期末考试已经结束，暑假还没正式开始。早上去查早读，兼查作业，手上抓着成绩册和学生奖状。查到有些学生作业未做，包括几个成绩很好的学生，我当场把他们的"三好学生"奖状撕掉几张，以示惩罚。事后感觉不妥，又找来安抚安抚。这事我一直印象深刻，因为逞自己一时之意气，就毁弃学生引以为傲的"三好学生"奖状，会对学生造成多大的精神损失和心理伤害啊！虽不是普通意义上的体罚，不也一样造成心理创伤？那时的自己真的很暴戾啊。

说着说着就到了初三上学期期末的一个周末，我在刘池俊家睡到上午 10 点，吃点东西，骑上单车，匆匆回校。在石墩头的牌坊附近，见到本班两个学生，王某和崔某伟，就跟着他们分别去两家稍坐一会，算是顺道家访。王父硬包了一斤茶叶给我，他们家承包了茶园。提到王某，我记得他顽劣不堪，淘气不停，调皮不止，成绩不佳，是我打得最多的学生。打过王某那么多次手心，家长没有一次抗议，甚至还热情地硬塞给我一斤茶叶，老区人民真是淳朴！崔某伟虽然成绩也差，但憨厚实在，不调皮，不花哨，我倒是很少打他。时过境迁，我颇多反思，随着结婚生子、父性萌生，制度舆论逐步收紧，而且教龄增长阅历增加，自己的性情渐趋平稳安静，体罚的次数和力度都在递减。到了今天，如果考虑将在讲台上对学生训话，那么是需要提前酝酿情绪，切换到发火模式，不过往往很快心平气和，就像好不容易吹胀的气球，轻轻地就泄了气。

如果能够再次遇到王同学，我一定给他道个歉，从而释然地把那段时光的册页合上。

说两句题外话。教育孩子，过重体罚固然不好，但惩戒也断不可少。如今，事情正走向另一个极端，很多老师生怕惹祸上身，不愿批评学生，不敢惩戒学生，放任甚至放纵，滋生出新的教育问题，引起普遍性的社会忧虑，才有了惩戒规范化的文件的讨论和公示。

毕竟，没有惩戒的教育是不完整的教育。

十三、望母山上的纪念碑

大茅峰是茅山主峰，高 372.5 米，西北近侧有座小山头，很矮，算是小丘，叫作望母山，这个名称有一个历史传说。

元朝末年，政权割据，经济凋敝，那时常遇春还是个青少年，据说他曾在茅山垦荒耕种，土地面积 4.8 亩，"四亩八"的地名遂沿用至今。常遇春膀大腰圆，臂力过人，劳作辛苦，常常饿着肚子。每近中午，他就爬上这座小山头眺望，等着母亲送饭来。一次，常母赶路甚急，不慎跌倒，饭食洒落，急忙用手抓捧，饭粒里夹进很多沙子。常遇春饥饿难耐，狼吞虎咽，哪里还管什么沙子？他告诉母亲，这顿饭特别饱肚子，让她以后都这样做饭。常母遂由羞愧转而安慰，每次都在饭里掺进沙子给儿子食用，常遇春的力气也越来越大。一次，为逃避抓壮丁，他躲在望母山的一处陡崖，身子紧靠着石壁，愣是在石壁上挤出一个人形的凹陷，不是很深，俗称靠背石。据说，腰酸背疼的人去影壁里靠一靠就会缓解许多。可惜 1993 年我去茅山中学工作的时候，这块石头已经不见，原因不详。

山不在高，有仙则名。常遇春虽没成仙，此山却因之传名。

学校就在此山西麓。学校围墙之外，就是山坡，三班学生曹永静、四班学生李蒙就住在学校围墙之外，两人还是邻居。围墙不高，原石垒砌，墙宽而厚，一人来高，顶部涂抹水泥，上插碎玻璃，尖利而狰狞，防止有人翻墙。为了进出方便，好多玻璃都被人捣毁，李曹两人，一男一女，常常翻墙而入，直奔教室，能省好几分钟。家长站在墙外，掇条板凳，学生踩上板凳，双手一扒，已经上墙，再轻轻一跳，已落校内。家长再把板凳扛在肩上，自回。

望母山是我们学生经常活动的地点。山北低洼处就是进香古道，山谷有庙，据说因为红砖砌墙，故称红庙。新中国成立后，人们拆了红庙，运走砖瓦造了学校，原址筑了水坝，名叫东进水库。水库相当深，山泉汇聚，性寒冷冽，淹死过人。库水很清，甚至发绿，透明度好，一级水源。水至清则无鱼，水库养鱼不行，除了黑鱼外，都是越养越瘦，去年扔下去一斤，今年捞上来七两，明显头大，肋刺清晰，营养不良。茅山集镇自来水就长期在此汲取水源。

1994年年中出现干旱，将近一年之久，集镇限时供水，我和吴凤祥老师经常带了红桶去拎水，舀取一桶，到家剩半。取水需要下到水库底部，残水蜷缩在几条深沟里。水库底部居然没有什么淤泥，可以放步奔跑，难怪养不好鱼。

1995年是抗战胜利50周年，重要的节点，当有隆重的纪念。既然是纪念，设计上就有一些讲究。镇江地区所有党员交了一笔特殊党费，在望母山顶上建成了一座纪念碑，由时任国防部部长的张爱萍将军题写碑名"苏南抗战胜利纪念碑"，31.3米的高度象征镇江31.3万共产党员，317级台阶分为6组，底下每50级台阶为一组，纪念50周年，最后17级为一组，纪念"弯弓射日到江南""脱手斩得小楼兰"的韦岗战斗的6月17日。

建造纪念碑需要很多材料，怎样才能把那么多的钢材、水泥、面砖运上去？这是我的疑惑，也是后来观瞻纪念碑的游客们好奇的问题。好在我全程观摩过建造过程，甚至还多次实地踏访，所以了解得非常清楚。现在我给大家说说。

山头虽然不算高，毕竟汽车无法直接开上去，专门修一条路实在是浪费，事后还要毁弃，划不来。在山的东侧，有一条盘山公路绕过，盘旋通往茅山主峰，答案就在这里。公路边竖起一座垂直脚手架，升到一定的高度，和纪念碑底座等高，然后在脚手架和碑底之间架设横向脚手架，构成横廊，根据落差不同调整横廊脚下钢管的高度，脚手架上铺设毛竹片编制的模板或者直接铺木板。这样就形成了一个长长的横平走廊，从底座延伸到公路边上，再加上一个垂立的竖直管井，简称"一横一竖"。建材运到马路边，装上小推车，用卷扬机提升到横廊高度，工人师傅拉住，再人力平推至底座。我写这篇文章的时候又猜想，如果提升的高度略大于底座，横廊有个小的角度倾斜，让工人基本以小小下坡的姿态运送小推车，岂不更加省力？当时，没有想过这点，也就没有在意是否有这个细节，只觉得施工者能想出这个横平竖直的方法已经让我超级震撼了。我和孙老师，以及牛老师，都曾在晚饭之后，黄昏之际，利用工人下班之机，步行走过横廊，踩着毛竹片，听着"唧唧复唧唧"的声音，沐浴着凉爽偏寒的山林野风，兴致勃勃，期盼纪念碑早点建成，成为茅山镇的新地标。

盼望着，盼望着，暑假快要过去了，纪念碑建成了。8月15日，日本宣布投降的日子，纪念碑已经巍峨耸立，宛如一把利剑，直指苍穹。当时据说要在9月2日（日本签署投降书的日子）举行剪彩仪式。

1995年9月1日，开学第一天，天气还很热，太阳也很晒。第二节课后我才得知纪念碑是在当天而不是在第二天举行剪彩典礼，毕竟省委领导都是"大官"，他们的确切行踪百姓是不知道的。等到获知了消息，领导的前锋已经到了望母山下，好在中学就在附近，步行两分钟就到了。我邀请蒋祖瑞老师一道赶往望母山，当然只能站立在大路两边，远远地做一个背景。这是我第一次有机会看到大官——省委书记陈焕友，是我现场看到的级别最高的官员——省部级，至今都是。省里来了不少人，我和李学军老师顶着热浪，趁着人多，混进了来宾行列，一路跟上去，往纪念碑拢近，所以也就有机会近距离观看了全程。宽阔的台阶通道，来宾如潮水般往前向上涌动。本地群众站在台阶两边的斜坡上，观者如堵，不惧酷暑。现场还放飞了一只航模（那时还没有无人机之说），飘下一些花纸，五彩缤纷，飘飘洒洒，轻盈地在空中不断旋着身子，最后柔柔落地。现场前后打了六发信号弹，场面很是壮观。晚上，我们特地挤到几个老师宿舍，因为有电视的老师不多，大家专门静静等待，收看了新闻节目。电视镜头上，陈书记用手帕擦汗，今天26-36℃，天气真热。

这样的气温大大动摇了我执行"92计划"的意志。所谓"92计划"，就是我预先布置学生各自设法，或者自己动手，或者请人帮忙，每人准备一朵折纸小白花，9月2日那天，我组织带领他们一道去纪念碑献花。行动人员：初二三班全体学生，四班中的茅竹文社社员。

下午第一节课之前，学校临时通知我说，教育局来人检查开学工作，要听我的课，我稍作推辞就接受了。我提前五分钟跑到四班，动员了一下学生，自己迅速考虑课堂教学内容，设计上课步骤和过渡衔接，决定以"读书收获之交流汇报"为主题，学生讲，老师评，精心指点，多作鼓励。课上，尤其是作文小组的同学，不负我培养之恩，发言积极，水平也高。我发挥也较充分，教态自然，点评精当。校长听得不时微笑，频频点头。而且今天早上校长特地把学校唯一的一幅标语让我班挂起来，指定我负责办公室的美化整洁，并建议我最好自己动手。不知他近来为何对我如此看重。得到校长看重，自己感觉美好，美好的感觉本身就是激励和动员，我遂决定将"92计划"付诸实施。

9月2日，周六。学生在班上集中，都带了纸花，大小不一，形态各异，繁简有别，全是白色。然后整队行进，直达纪念碑下。纸花或系于松柏枝上，或献放于碑座之上，全体列队致敬，由学生代表刘永芳和汪想忠发言。我勉励同学们要纪念过去的胜利，迎接未来的胜利。师生沐浴着山林之清风，身为之一爽，也沐浴着民族之忠风，心为之一振。献花后再次整队，体现出我们的组织性。之后拉到班上，我让他们自愿分为两组进行辩论：一方认为这钱花得值；一方认为我国经济文化还比较落后，钱不如投资于生产生活，毕竟烈士的愿望是希望后代能过上幸福的日子。双方辩论得很激烈，效果很好，达到了政治引导和语文训练的目的。这才是生动活泼的语文教学，是素质教育，可惜当时很少有人能认识到这一点，然而有一个学生家长是例外，他积极评价和高度赞赏我的教育方式，给我年轻的教学生涯以动力，他就是我的"双料"学生家长赵国芳，后面会专门写一下他。

前文说到学生李蒙家住在望母山下，就在这年的除夕，他父亲燃放鞭炮，偶闻回音，惊诧莫名，惶惑之余，邀集邻众，连放齐听，"嘟哒哒嘀嘀哒"，纪念碑前竟有铿锵之声，众人连连称奇。老教师毕步青遂写成一文在《句容日报》发表，提炼了两句——"纪念碑下放鞭炮，纪念碑中响军号"。消息不胫而走，引得南京电视台的《大写真》栏目也赶来一试其真，他们的影响力更大，传播更广，最后浓缩为"碑前放鞭炮，山下响军号"的说法，以其神奇而成为茅山一绝，后被收入大上海吉尼斯世界纪录。曾有司号员来听过，说是冲锋号之音，难怪冯小刚导演慕名带着《集结号》剧组来茅山吹响了集结号。传说新四军的一个小司号员在此战斗牺牲，英灵长在，为民族的独立富强而呐喊冲锋。无数游人来此验证音效奇观，无不流连而叹，啧啧而去。声学专家来了无数，反复研究，种种假设，终无定论。以鞭炮庆祝抗战胜利，再自然不过的事情。现在纪念碑前已经塑有两尊骑马的新四军铜像，指点江山，雄姿英发。茅山人民对传说的欣然接受，远远大于探讨回音形成原因的科学兴趣，这就是民心民意。

说个尾声。游客迷恋军号，店主热卖鞭炮，大家都喜气洋洋，然而，连绵不绝的响鞭巨炮，苦了住户，也苦了学校，住户因无法安睡而倍感焦躁，学生因无法听课而经常抱怨，矛盾很大。管理方想尽办法，有过限时，有过限量，却难以治本，十分头疼。好在，发展中的问题，可以通过发展来解决，学校撤并，住户搬迁，终于彻底解决。

力拔山兮，望母山；魂兮归来，纪念碑。

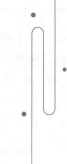

十四、乾元观之行

初一的时候，一个秋天的下午，体育老师胡久华利用体育课带我班学生爬山，我也欣然同往。他个子高、颜值高、情商也高，交际能力很强，还是校长的嫡系学生，所以在学校很吃得开，可以放胆做很多事。我们从乱草间直达山顶，一群学生玩得非常开心，事先我关照班委熊文辉用班费给胡老师买一包香烟，以示感谢。后来他带女生，我带男生，钻仙人洞，我还给孩子们讲了仙人洞的成因。学生学了不少知识，队伍也整得漂亮，我非常满意。

由于茅山中学就在山脚下，组织班级学生爬山是各班常有的活动，并不稀奇。我第一年教书的时候，大学刚刚毕业，在大学时同学们互相飙着锻炼身体，所以身体相当棒。带学生爬山的时候，我自己带个大号帆布袋，一边走一边收纳同学们嫌热脱下的衣服，扛着袋子，毫不吃力。第二年带学生爬山，身体素质下降，扛不动了，就不带袋子了，拿着自己的外套，呼哧呼哧地爬。第三年，直接把脱下来的衣服甩给学生帮我去拿。这三部曲，既是体力的衰减，也是教师角色的嬗变。

初三初冬，天气温暖。胡老师把一周的体育课调到一起，安排在一个下午组织班上学生去爬山玩。为便于管理，他邀请我一道，我又邀请我班生物教师朱晓勇。朱老师家住三茅峰下，熟悉附近地形，可以做向导。这样，三个男教师，带着 50 个学生行动，信心指数大一些，分组压力也小一点。全班学生时而一路纵队，时而两队并行，听从指挥，服从命令。体育老师长于队列整理，班主任亲临，便于约束，科任老师配合协调出谋划策，整了一个行军"三人团"。

关于胡老师的情况，请参看《体育老师和运动会》一文的介绍，学生很喜欢他。生物老师和我是高中同届校友，也是毕业不久，光棍一个，乐于参加各种活动，为人活泼，脸上常挂笑意，虽教副科，却也与学生关系良好。借这个文章，说他一件事。

朱老师曾经指导学生在学校附近采摘合适的树叶回来，然后架起他的煤油炉子，扣上一口锅，注满清水，让我和部分学生围观协助，把树叶没在水里，煮熟，煮烂，一直烂到叶肉（这是他教给我的生物术语）都化成汁水，初始翠绿，继而青蓝，最后成为浓酽发黑的羹，就像久沸的菠菜汤。叶肉褪尽，剩下的经脉开始清晰，朱老师指挥我们把所有的叶肉剔清，用筷子把这些叶脉从热汤里捡出来，投入另备的清水加以涮洗，然后晾干。这个时候，人们不由得惊叹，一枚叶脉就是一个精灵，纹路致密，勾连有序，薄如蝉翼，晶莹透光，主干富有弹性，细脉结成网状，再现出叶子的轮廓，叶脉的投影形体和树叶完全一致，毫无违和感，造物主真的了不起。晾干的叶脉，沉入红墨水或者蓝墨水浸泡一会，浸润着色。那时物质条件差，也没有其他缤纷的颜料可以涂抹上色。朱老师说，这就叫叶脉书签，如果有条件加个塑封，就是艺术品了。30多年过去了，我收藏的日记本中仍然夹着好几枚叶脉，这是历史的篇章，这是历史的书签。今天的学生，还有可能享受自制叶脉书签的发现和喜悦吗？老师还会带着学生搞这些与考试分数无关的活动吗？大家都被无穷无尽的考试磨尽了求学的兴趣和热情，以前上学是求知，所以快乐，现在上学是求分，所以无趣。

整队步行，走过一长段公路，再折进山路，放飞自然，学生开心，一路上叽叽喳喳，宛如一窝多嘴的麻雀，飞向三茅峰。我们三个老师，起初还有分工，队伍的头尾各配置一个，后来渐渐聚到队伍中间部分，边走边聊。老师本就话多，三个健谈的教师聚合一道，更是侃侃而谈，兴致勃发。学生中自有热情者，喜欢跟着老师行进，然后不时跑步去头尾处传达"三人团"的命令或指示，传达完毕又迅速回来汇报情况，然后因为得到我们一句表扬或者认可而满心欢喜，继续认真聆听老师们的谈天说地。我想，那些跑步传令的学生们，紧紧围绕权力核心，有着很强的领导意识，将来肯定混得不差。我带学生爬山溜涧已有多次，上一届学生就跟我出门捉了螃蟹油炸吃过，这事写在了《清风徐来》书里。由于野山远足，今天比以前更新奇，学生情绪很高，互相激荡，我心飞扬，嗷嗷地叫，就像《亮剑》中李云龙的队伍。老师也控制不住他们了，大手一指："三茅峰，上！"学生疯狂地冲、冲、冲，女生也不例外，哪有今天新衣的顾忌和体弱的娇气？

山上以前也有过道教宫观——仁佑观，抗战时期被日军烧毁。2008年，我曾经随了几个文友同赴此峰，再次寻访宫观遗址，捉放了一只淘气的小刺猬，采掐了几枚菊花脑的嫩头。昔盛今衰的感慨中，写了一篇文章《远上茅山石径行》，收录于拙著《归去来兮》一书。此番带学生过去时，有热闹无缅怀，有快乐无感慨，看景不仔细，行军更快意。不少住校生就是附近的山民，他们争先恐后地给我说这说那，神话传说和名人轶事都是代代相传、道听途说，难辨真假。带着学生搞集体活动，很容易增进彼此友谊，观景效果实在寥寥，回家之后，几无印象。

下山之后，天色尚早，有人感觉还未尽兴，提议说："乾元观就在不远处，里面有年轻的小道姑。"三个男教师一听，互相一商量，准奏，起驾，直奔乾元观。

乾元观曾是茅山三宫五观之一。抗战时期，住持慧心白道长深深感佩于陈毅元帅的民族气节和个人魅力，暗中给新四军传递情报、疗伤送药，最后被日军残忍杀害，巍峨的宫观庙宇也被付之一炬。这里正在恢复建设，筚路蓝缕，条件艰苦，道姑不多，可谓苦修。其中居然有一个是茅山中学刚刚毕业的学生，她略带羞涩，向住持尹道长做了汇报和介绍，然后领着我们去秦朝留下来的李明真人井旁，汲取井水，清冽凉爽，供我们师生饮用洗漱。

简单介绍一点道教知识。道教按照戒律制度可以分为全真派和正一派。前者素食独身束发正装，清规戒律较多，而后者可荤腥可成家可理发可便装。现在，茅山道院这边主要是正一派。乾元观和新建的三茅殿仁佑观是坤道，住的是道姑，属于全真派。发簪一支，青袍一袭，面容清秀，声音柔细，举手投足，儒雅文静，非常有气场。她们用民族乐器给我们演绎了一曲道乐，我第一次认识了阮这种乐器，也第一次试着敲了一下敞口铜磬，清脆悠扬，余音绕梁，最后袅袅消散在苍苍竹林和郁郁青山之中。

好几年之后，我曾陪三位远方道友再访乾元观，还住了一晚。尹住持用八道素菜盛情款待，其中有道著名的"大菜"——番茄炒鸡蛋。我随口发难，鸡蛋是荤还是素？住持不恼，只是平静地微笑，略作思考，她说："庙里养有几只母鸡，没有公鸡，这里的鸡蛋孵不出小鸡，是素菜，只有贵客来庙，我们才上这道菜。"人家视我等为贵客，我却给人家出难题，我为自己的唐突而羞赧。

冬天下午，太阳的脚步走得很快，我们匆匆回赶。去的时候不问西东，直趋宫观，路上还曾向一个老农打听过路；回程时，这里的山路已经超出了朱老师的认知，到处都是小山头，群山之间似乎都有小路盘绕，不知道选哪条。天黑得又早，夕阳西下，薄暮冥冥，人心焦急，更是忙中出错，多绕了一个小山包，耽误了时间。山风渐凉，人心渐躁，作为领导者，我们三个老师也心生忧虑，尤其是到了放学时间，学生回不了家，如何是好？几点才能到校？领导工作，平时看似轻松，关键时刻却要扛起责任，需要智慧和决断，压力也大。

大方向没错，尽管绕了路，最终还是找到了公路！公路，是那种有汽车通行的大路！脚踏公路，人心才定，毕竟不用再在山里兜圈子了，那多危险啊。只是长途跋涉，学生疲惫不堪，已经蔫了，没了队形，也没了言语，都是默默地走，拖着脚步坚持，队伍越拉越长。脚力好的学生早跟着体育老师跑远了。作为班主任，我肯定要在后面收队，朱老师也不知道去了哪个位置。天更加暗黑了，两米开外不相识。古人言"吉人自有天相"，又所谓"天无绝人之路"。这时候，镇江到茅山的最后一趟班车从背后过来了，那种大巴，可以装几十号人。早有学生提醒和汇报，我们齐齐站定，拦下班车，跟司机说好每人五角车费，然后蜂拥而上，落椅而坐，一个个庆幸不已，车内很快弥漫起愉快和轻松。司机很好说话，一路不断停车，拉上我们的小兵，这大巴简直就是我们的救星、学生的收容队，我们后队反而成了前队。

到了学校，已经有一些家长在等着了，多是集镇附近的，孩子没按时回家，所以来看看情况。还在车上的时候，我预先已有考虑，安排部分较远的走读生去跟住校生挤一晚，或者住在集镇附近同学家里，他们都接受安排。一下车，我就赶紧向等待的家长表示歉意，并请求他们的帮助。老区人民，很淳朴很热心，没有抱怨，给我安慰，提供帮助，让我倍感轻松温暖。那时候的家校关系真不错。都安顿下来后，我步行去红庙村，在孙蓓家借住的同学最多，我得去看看情况，关心学生是班主任的第一天职。孙蓓家长得知我忙到这个时候还没有吃晚饭，马上给我做了一碗面条，打了两个鸡蛋。吃下晚饭，我才觉得肚子充实、内心踏实。又后来，还有几个家长找到学校来，看到我把他们的子女安置到位，看到孩子们情绪兴奋，家长也就放心回家了，没有一个指责和批评。

再次来写这篇回忆的时候，女生赵丰景告诉我，妈妈和姐姐不放心，一路找到孙蓓家，不过自己不肯跟着妈妈回家，因为难得有机会住同学家，好玩，新奇，热闹。杨杰也回忆说自己是住在季永俊家的。其他人怎么安置、怎么住宿的，我就记不得了。

今天，假如再出了这样的状况，家长会不会投诉呢？我会不会胆敢带学生出行呢？校长会不会封闭校门呢？感谢那个时代人际关系的和谐融洽，感谢老区人民的淳朴善待，感谢同学的支持参与，感谢校长的宽松管理，才有了我们这一场经典的记忆。可以说，这事，班上每个同学都印象深刻，并且成为青春成长的一道印痕和风景。赵丰景，你的名字起得真好。

十五、茅竹文学社

一、缘　起

第一年教书，现在回忆起来，简直是误人子弟。"他还是个孩子"，说的就是我，我没有成熟，甚至没有摆正自己的教师位置，经常和学生们厮混在一起，"孩子王"一个，把班级带得喧嚣浮躁又豪气满怀，学生个个彰显个性，只服从我的管理。学校领导担心会出现乱班现象，赶紧在初二时候换上个稳重的 40 来岁的男数学老师来做班主任。谁知学生为我叫屈，心里不服，又无可奈何，就处处发难，班上大有啸聚山林之势，很难管理。我被留在初一，只能眼巴巴地看着这个班乱啊乱。等到他们初三的时候学校也没其他好办法，就把四个班重新分班对付一年，坚持到毕业，送走了事。所以那届同学聚会，往往是打通了四个班级的群英聚会，没有班级门户之偏见。

过去训导牛犊耕田，往往是左歪一犁右滑一犁，根本就耕不直，我就是那头牛犊。第二年教书，情况好了一点儿，贪玩之外，我开始琢磨教学的事情。语文教学成绩搞不好，就琢磨着另外的突破。1994 年 9 月，新的一届初一开始了。开学第一天，校领导会进班听课，来督促各位老师，争取一开学就能正常到位，高位运行。领导一般都是听年轻老师的课，毕竟让人不放心嘛。一般来说，老师也不愿意别人来听课，麻烦。资格老的自然会婉拒领导听课，年轻人必须欣然接受。第一天，上四班的语文课，上午第四节，最后一节课连着吃饭时间，领导通常会避开。然而，年级分管领导毕步青主任绝对兢兢业业，课前几分钟，他通知我说他会来听我的课，出乎我的意料。我临时发挥，改讲作文指导，效果还不错，得到他的好评。领导的好评往往会转化为老师的工作动力，我弄作文教学的劲头就这样上来了。

因为自己喜欢写日记，也就给学生布置了日记任务。抽空检查了两个班学生的日记，基本情况良好。那时我根据自身经验，想通过抓日记来促进写作。后来好多届学生都配有随笔本来练笔，现在的学生完全没了随笔本，因为每天固化的模式和统一推进的教学方案，已经剥夺了老师的个人才情，消灭了那一亩三分地，将课堂由个性化的演绎发挥强力推进为工业流水线的操作模式，强调统一性，说是为了让木桶多装水，要强化那块短板，是为"木桶理论"。有些理论听起来似乎有那么一点道理，云山雾罩，故作玄妙，其实根本经不起逻辑推敲。

我决定选几个作文写得好的学生组建一个作文兴趣小组来运行。经过努力，初步在四班收了3个——纪卫香、汪想中、赵俊俊，本班收了6个——刘永芳、曹永静、顾旭伟、成剑、李刚、王振元。我召集他们开会，探讨一些思路，决定自己也加进去，成为其中一员，以此促使自己练笔。主意一出，身先士卒，当天晚上我就拿出文章初稿。第一批组员中并没有王世俊同学，她是校长家的千金，我不会主动动员招纳。

9月13日中午，我把学生拉出去，兴趣小组共9人，在东进林场的毛竹林里交流文章，这里离学校三五分钟的步行距离，清幽雅致。毛竹自有特色，笔直刚健，竿茎干净，还可以倚靠借力。林中没有灌木枝丫，没有荆棘撩人，清爽而单一，地上落满竹叶，踩上去轻轻的沙沙声，富有听觉的享受，脚感也好，有的同学用脚拨动那些落叶，焕发出可爱的童心。按照事先规划和要求，他们掏出自己的文章来诵读，以期交流，毕竟是初一学生，文笔稚嫩，乏善可陈，只有个别同学写得还行。我带头写的范文《老爷车》，受到了大家的肯定。学校同事语文老师蒋祖瑞之前看过，也对此文作了肯定。自己不动笔久矣，让我伤心遗憾，决定把这个小组搞活跃一些，自己跟着恢复恢复笔力。

为什么久未动笔，这里想插说一下因由。我在小学和初中的时候，写的文章还是做过范文的，被老师在课上朗读过，虽说次数不算多，毕竟也有过几次。我刚进高二，语文老师陈晖正好从苏州大学毕业，到句容县中学（省句中前身）执教，我成了她的"开门大弟子"。开学不久，我的习作《菜园情趣》经她推荐，被当时的《作文之窗》刊载发表，成了我的处女作，旋即被《镇江日报》转载，发了3元稿费。学校拿出其中1.2元，买了一本笔记本，盖上学校公章，派人写了勉励辞，加上剩下的1.8元，由陈老师在课堂上隆重颁发给我。这个仪式感很重要，狠狠约束了一下我从小滋生的自卑感，青春期的我，就想好好地继续去写文章。我的喜悦和兴奋还没有消退结束，一位舍友Z某语带讥讽，说这文章还叫好啊，成语都没有两个，一点文采都没有。自卑的人特别敏感，我如堕冰窟，顿时泄气。再有谁夸我作文好的话，我就跟对方发急。记得当时物理老师朱永武的对象是个政治老师，学校有个什么学生征文活动，她通过陈晖老师找到我，让我来写，我怀着自己文章很差的定论断然拒绝了。我明显感觉到了她们的失望，而她们哪里知道我的内心呢？自卑的人，总是活在别人的评议里。

为了所谓文采，我开始走向古诗词的圈子。进了镇江师专后，我加入梦溪诗社，梦想妙笔生花、出口成章、锦绣文字、浓艳笔墨，最后啥也不是。今天来看，那时写的所谓诗词，真正是青年强说愁，不忍卒读。关于文采的定位，我一直困惑无解，辞藻华美和内容朴实之间如何取舍。直到快要师专毕业的时候，学校请来林非教授做讲座，在最后的互动时间，我写了纸条发问，他回答了我的问题。他说，写作有个螺旋上升的过程，起步阶段，文笔质朴稚嫩，也就渴望文采，写到一定程度，又会返璞归真，质地才是最主要的，并且以朱自清早期的《春》和后期的《背影》为例。从此我不再惶惑，懂得应该追求文章的内在本真。借这个地方，说这么多废话，其实是希望我的学生不要重复我曾经走过的路，误入歧途，彷徨无归。须知，司马迁的《史记》完全是用当时的口语写成的，却并不失其光辉。那位Z同学，可能只是随口戏谑之词，却伤我八年之久。

大家讨论，起个社名。我提议并经大家通过，拟用"茅竹文社"，然后让他们分头自拟笔名。我为自己拟定"茅山人"，一则师专时期同学给我起外号为"茅山"，二则"山人"是出家人自称，合在一起有"茅山道士（隐士）"的含义，还切合地名。我在一棵毛竹上刻了两道横线，上面尽量高划一横，下齐膝盖划一横，表示天地，然后让大家在天地之间刻写自己的笔名。我又刻"卅年之后，是为文物"字样，作为纪念。我跟学生介绍，下一篇文章我打算写一写学校的陈永洁师傅，一位清洁工人，很有奉献精神，之前也与他沟通过。他是临时工，真正的所谓底层的小人物。后来一直没有写过他，直到要写这本书，我才兑现当初的承诺，为他专门写了一章。

二、创 作

散会之后，我不断跟进，关注征求社员自拟的笔名。利用晚上的清静，我将自己的稿件誊抄清楚，工笔正楷，略加润色。那个时代，每个学校都印有两种稿纸：一种红色抬头，标注学校名称，上下都有公文式的红色分割线，中间每行之间有压痕，方便书写，这就是所谓的信纸；一种印有青绿色方格，就像学生的作文稿纸，标注"20×15＝300"字样，每行20字，每页15行，也就是300个方格，这就是所谓的稿纸。信纸、稿纸我用量都不小，信纸用来编《茅竹文社》的期刊，稿纸用来誊写文章，投稿发表。正值《句容报》复刊，文学青年还很有激情，我也经常投稿。那时没有复印技术，每次投稿都是手抄，我就常调用这些组员，帮我誊抄，顺便揣摩。

忙完自己的文章，然后审看刘永芳和顾旭伟的文章，感觉甚好，不负我望。又过了十天，刘池俊交来一篇文章，要求加入作文小组，我当即批准了他，笑着说他只能算是"黄埔二期"咯。

某个中午，我找来严永琴、王世俊、曹永静、刘永芳四人，让她们读了一下《再别康桥》和《雨巷》。毕竟他们只是初中生，情感把握、节奏控制都远远不如我大学同学贺利群，和大学生的水平明显不在一个档次上，别人的指导，也只能说是隔靴搔痒。

9月25日，周日，早上，按照事先的通知，小组成员刘永芳、曹永静、顾旭伟、成剑、李刚、汪想中、刘池俊到校。纪卫香、王振元因事提前请假而没来。赵俊俊则不知何故未到，我们也就不等他了。挎着相机，也就是我的那个傻瓜相机，我们一行8人麻利上山，山林很野，我们玩得也很野，笑声满天飞，途中大家还试着尝了尝一种叫毛栗子的野树果，外壳有刺，捏开见核，圆润清黄，并不好吃；那时的我还没有吃过板栗，对栗子没啥概念。

有人会说，活动不就是玩吗？其实不然。玩，是为了消遣、取乐；活动，是带着明确的目的，希望达到预期的效果：两者动机不一样。我教导他们，生活是创作的源泉，提醒他们注意观察，启发他们多多思考。他们的表现也都令我满意。

三、指　导

每年国庆节之前，学校几乎都会组织作文竞赛，今年也是如此，下午几个学生参加了校作文预选赛，包括王世俊和刘永芳。放学之后，她俩正结伴而行，我把她俩叫住，就着她们带来的草稿指点一番，她们都欣然认同，认真诚恳地接受，这个让我小感欣慰。

国庆节前一天，学校公布校作文竞赛预赛结果。因为我太年轻，无权参与评选过程，不知道经过了什么操作，结果是三班刘永芳出线，四班王世俊失去了资格。另外，我深为汪想中惋惜，于是去找语文组长陈情，他同意届时让教导主任王明龙老师多带一个学生过去参赛，临时加一个名额。

快到10月月底，语文组长通知刘永芳29号上午6点到校，参加作文竞赛。收到通知后，我花了点时间给她单独培训了一下，强调了立意的重要性。第二天早上又给她讲作文。考完后我了解到，刘永芳参加作文竞赛，发挥正常，我又认真看过她的作文草稿，不禁拍案，觉得必须好好加以培养。次日在四班上课时，我把刘永芳的竞赛作文给刘池俊、赵俊俊、汪想中、纪卫香等小组成员传阅，并给以指点。中午，我又决定为他们订阅一批语文方面的报纸杂志，以丰富阅读量。王世俊向我索看文稿，我说："可以给你看，因为你求知欲强；也可以不给你看，因为这是作文小组的文章，我们仅供内部交流。"鉴于她的诚意，最后还是给她阅览了。

有才的人往往也有脾气，刚过了一个星期，不知道怎么回事，刘永芳突然宣布要脱离作文小组，经过我的正面教育和曹永静的侧面劝说，她才同意留下来。我希望她能进一步提高作文水平，便把我自己写的《红烧肉》让她誊抄，以期实现水平迁移。好苗子，舍不得。在精心批阅了社员的几篇日记后，我用红笔在他们的本子上做了鼓励和指点，还指定刘永芳买个好本子，她自己挑选，班费报销，她喜出望外。她家姊妹多，经济条件不太好。

前面所说的汪想中同学，不知道是语文组长没有申请，还是教导主任没有同意，反正没能赴赛场表现自己的才华。

四、扩　编

9月27日上午，课间，王世俊来找我，问是否可以吸纳她加入小组。由于其父是现任校长，我暂时未予答应。她说，当初报名时是因为没有想好，还说本来星期天是想与我们一起出去的，被她妈妈阻止了。最后我说，等其父亲出差回来后再说吧。其他学生我能做主，校长千金我要看领导态度。10月4日晚饭后，我去校长家家访，他不太支持孩子参加作文小组。谈到我让学生坚持写日记，他认为抓得好，说他女儿也在坚持写着日记呢。过了十来天，四班学生李蒙家请老师吃饭，其母也就是茅山中学的徐老师，王校长也去了。喝酒中间，他开口同意其女参加小组活动，只是希望孩子的整体成绩不要再下降。老师都知道，带教师子女是很有压力的，何况是校长家的孩子呢。这样一来，王世俊终于成为小组的一员。

我对作文投入了极大精力和热情，小组活动也在一直进行。有记录表明，10月6日晚上，我给赵俊俊还有纪卫香面批日记。10月12日又利用午休时间组织学生当面批改作业，而且试用刘池俊帮着批改作文，效果还不错，让他通过批阅别人的作文来提高自己的水平。严永琴的日记里提到因为我的鼓励和教育而取得进步，对我表示由衷的感谢，为师的高兴莫过于此了。

兴趣是基础，活动是提升。11月13日周日下午，小组活动，聚集了一批人员，七巧（赵俊俊）、晨光（刘池俊）、鲁速（汪想忠）、雪锋（李刚）、续修（成剑）、月明（刘永芳）、张莹莹（曹永静）、智华（纪卫香）、王世俊（暂无笔名，后来起名金蔷薇），还有陈冬（同事董老师家的小公子），加上我共计11人参加辩论赛。第一场，男女生分开对阵，"近墨者黑和近墨者未必黑"，由于选题太难，未见成果；第二场，由我与他们辩"学习的天才论和勤奋论"，以激发他们的兴趣，锻炼他们的语言组织能力和口头表达能力，加深师生感情，还提醒他们学会竞争。意犹未尽之下，晚自习又进班级指点学生写日记，指导练字。那时的晚自习根本没有老师轮流坐班之说，无非领导自己巡视一番，维持一下纪律，责任心强的老师去转一转，自然也没有加班费之说。

独乐乐不如众乐乐，推广也是一种幸福。11月17日下午第二节课，组织两个班同学去东进水库"写生"，要求他们带着纸笔，排成一长溜坐在坝堤上，欣赏秀美的山水景色，对水中巍巍颤动的峰峦倒影加以细致的描绘，要求当场完成。回校后，我就安排四班学生进行互批，这种方式是我在一本教育书上看到的。学生批改比老师认真，有些人还一本正经地写上几句评语呢。通过批改，我发现了七八篇较好的作文，作文小组的五个人写得都不错。

批改日记可以及时把握学生心理。比如曹永静反映，说不清为什么，心中开始对母亲查看日记有点不愿意，这不就是自我觉醒、叛逆的开始吗？为此，我写了张纸条夹在本子中，"引导"一番，"教育"一下。

又一次中饭后，在办公室，我找来几个小组成员谈话，尤其对王振元、曹永静、朱德江、刘永芳谈的效果较好。曹永静大有赶超他人之势，11月月考，曹永静情况良好，作文30分，一分没扣，以示器重和欣赏。

五、见 报

曹永静家里也订有《句容报》，报上发表了我的文稿《老爷车》，曹看到后，把这事写在日记里，还称赞我谦虚，使用了"山人"的笔名。我提笔给她写了批语。我在给曹的批语中鼓励她争取投稿发表。王世俊与曹永静小学同学几年，关系很铁，自然很快看到了我的批语，也有点小兴奋，跃跃欲试。她是外向型性格，本身又比较要强。

根据曹永静提供的信息，我去学校查《句容报》，《老爷车》发在四版、副刊，只字未改，这是我毕业以后发表的第一篇文章。再查日记看看，原来是我在40天之前用稿纸誊写好《老爷车》和《红烧肉》一并寄出投稿的，现在终于有了下文。稿纸还是由会计孔晓树给我的呢，孔会计和我有点转折亲，干啥都需要点人脉和人缘。

耕耘是为了收获，辛苦付出的汗水也会水到渠成。师生互动互相激励，投稿发表进入旺盛期。

1995年元旦，大雪纷飞，玉树琼枝，银装素裹，离期末考试不远了。我发现四班成诗伟的一篇日记写得不错，写的是杀猪的场面，语言幽默，就抄来给我们三班学生参考和欣赏，张贴在教室后面的黑板上。同学们见老师隆重推荐，自然围观，彼此议论，笑语盈盈。猪多抢食，人多热闹，以后还要经常选登一些优秀文稿才好，这样可以激励作者本人，促使他人见贤思齐。美术老师王武在课间读到此文，特地跟我交流说，他特别欣赏里面的一个句子，大肥猪"第一次洗了个开水澡，洗得干干净净、白白胖胖"，神气，好玩。

成诗伟同学，标准的学霸，文理科都很强，长相帅气，肤色白嫩，为人稳重，性格敦厚，不骄不躁，语文成绩稳定而骄人，一次曾考到99.5分，包括作文，只因"蠹虫"的"蠹"实在没有学习过，看拼音写汉字没写出来。有时候晚自习放学了，他不管不顾，还在黑板上自己写数学运算，一步一步，一丝不苟，逻辑清晰，而且写字也好看。文理科都强的学生真的很少，这种自律自觉的学生更是少之又少。偶尔也有学生凑过去看看热闹，或讨教几句，做个点缀或衬托，而主角永远是他。

我布置成诗伟帮我誊抄文稿《旧书》。

曹永静的《小妹趣事》在《句容报》上刊登出来，这是她的处女作，也是所有学生投稿发表成功的第一篇。很快，我写的《红烧肉》也刊登了出来。于是我与曹永静相约，二人比赛一下。

某天中午，我又找来成诗伟帮忙誊抄《五毛钱的故事》，他本来有些不愿，毕竟手工抄写一篇千字文是需要花点时间的。在得知我发表了两篇文章之后，他顿时表示佩服，来了精神，乐意帮我誊抄。

再接再厉，很快我又写出《逼》一文，这次打算直接送去报社（以前都是邮寄投稿），一是感谢编辑，二是直接投稿。周五，安排好班级事务后，我乘车到句容报社，见到副刊编辑易宏彬，他与另外一个编辑叶爱华都夸《老爷车》写得不错。我又交付了两篇散文稿《旧书》《五毛钱的故事》，一篇杂文《逼》，还有一篇是宣传学校的小报道。谈到笔名"山人"的问题，易老师建议我直接用真名，说了几点理由，我觉得很有道理，从此我发表文章就用真名了。"老易"也成了我敬仰的兄长。

不知不觉，时间已晚，我就留宿在句容县城的一个同学家里。次日就是期末考试，我起得很早，却无班车，也就耽误了上午的监考。回校后，校长正要批评我，我赶紧解释说昨天是去报社送宣传我们学校的稿子去的。

下午监考后，参加流水阅卷，很快改完语文试卷，曹永静考了81分，20分的作文拿了19分，文采斐然，自然高分！

六、稿　费

寒假开始，我回春城过年，某天抽空跑了一趟，骑车去茅山中学。毕步青主任的妻子负责管理学校的图书室和学校的报刊，同时负责派发私人邮件。我和茅竹社员们所订阅的《中篇小说选刊》《语文报》《杂文报》《讽刺与幽默》等都是由她转发给我们的。她给我翻出一张邮局寄来的8元汇款单。我急于查找上次给学校写的那篇小报道，已经见报，署名"史祥 贾平"，这两天镇上的大喇叭也正在转播此文。中午时分，正好遇见王世俊，我让她把这事转告其父。这样，我兑现了上次的承诺。上次去句容报社送稿子，顺便拜访同学，耽误回校，次日早上没赶得及监考。事后，我告诉校长，我是去宣传报道学校的，校长对我望望，然后一挥手：行了，没事。如今，报纸有报道，广播有播报，可谓完美收官。这次句容之行，有老同学送我一枚猪年贺卡纪念币，我用纸袋封装起来，转手给了"小猪"王世俊，关照她等到大年三十晚上再拆开。她属猪的，比我小一轮，来年就是猪年，我们的本命年，那是我送她的新年礼物。校长归校长，学生归学生。

我当天没有去拿稿费，毕竟三个月之内都有效。新学期开学报到那天，我派刘永芳、曹永静帮我去拿来8元稿费，两个小丫头欢天喜地说说笑笑跑去了。有时候安排学生去做特定的事情，往往有更好的潜在效果。拿回稿费后，刘同学就很愉快地帮我誊抄《我为魏延叫屈》并寄往杂文报社。

开学第一天，《逼》文见报，叶爱华编辑。现在想想，编辑发文章还是有很多考量的，开学第一天，给我一个新年大礼包啊，既有名声，也有稿费！毕师娘是个热心的大喇叭，消息一经她的传播，现在几乎全校老师都知道我能写文章了。周勤主任和周连云老师夸我有点鲁迅杂文的风格，虽然明知是溢美之词，但我心里还是蛮受用的。

开学没几天，稍微安定下来，我就抽空来忙学生的日记和作文，先为刘池俊修改了一篇文章，分析细致而透彻，之后是其他人。我感觉学生的写作水平都在提高，尤其是几名优秀分子。改作文不仅要批阅文字，还想关心学生从文字中流露出来的思想。在批改四班严永琴的日记时，她反映出当前的苦恼，我很能理解，并批了许多鼓励性的话。对他们这几个学生，我可谓是呕心沥血、精心栽培了。为示亲近，我在拟写《胡子》，修改誊抄后，又让严永琴为我复抄一遍，一份留作底稿，一份寄出投稿。

七、投　瓶

1995 年 3 月 11 日中午，因作文小组成员未能在指定地点（林场的毛竹园）集合，我有些恼火，扬言要取消活动，解散小组，这引起他们的惊恐，一个个写信请我息怒。看到他们如此乖巧，之后我收回命令，宣布恢复明天的活动，征询了能来校参加活动的人员名单，并初步拟订了活动计划。选择在植树节搞活动更有意义，所谓十年树木、百年树人是也。

第二天，星期日，早晨八点过后，预定的学生 12 人陆续到齐，四班有刘池俊、赵俊俊、汪想忠、成诗伟、纪卫香、王世俊、严永琴，三班有曹永静、刘永芳、顾旭伟、李刚、朱德江。大家整理了一下物品，包括毛笔、墨汁，即行出发。绕道学校围墙外，顺着排水渠道走过东进水库坝堤，然后呼啸着发起冲锋，一群人直奔望母山顶。其时正值抗战胜利 50 周年，山顶正在筹建一纪念碑，据说有 31.3 米高，使用资金 80 万元，来自镇江市的特别党费。这个时候，山脚的水库也干涸到只有几条深沟还有半沟水的窘迫程度，裸露的库底多是青灰色的硬板土，略低的地方才有淤泥，收干水分，龟裂开坼，泥面可踩脚，裂缝可容掌。为了抗旱，据说将实施七道翻水站，把火炼培水库（现称茅山湖）之水抽到此处，以供全镇居民饮用。年初镇上还能限时供水，现在几乎不再供水，我和吴凤祥老师才会天天去水沟淘米洗菜，回头用红桶拎水回来用。茅山是典型的丘陵，丘陵怕旱不怕涝，山洪则是一江春水向西流，流去秦淮不回头。

在山顶，大家休息一会，为了助兴，李刚朗诵了一篇文章，王世俊清唱了一支歌曲，其他人伴着山风笑吟吟。不久，折入去往红庙村的小径，再翻山而上，从西北插入印宫，途中遇到合适的岩石，我们拿出笔墨，潇洒题词，任意泼墨，以增趣味，甚至还署写各自的笔名，仿古人之雅意，涂今人之乱鸦。印宫之处，未作他顾，再次歇息，由顾旭伟朗诵她原创的文章，选材较有意义，直指女儿不孝之事，我评点几句。

　　然后，我们制作两个漂流瓶以备启用。所谓漂流瓶，其实就是一个玻璃药瓶，不大，内空，半透明，把事先写好的纸片折叠塞入，再严密拧紧瓶盖，投入水中，任其漂流。或许总有一天有人在某处捡起，好奇开瓶，阅读纸片上的文字，揣测漂流的路径，估算流过的时间，说不定就可以演绎一段传奇。一个瓶中装入我写的纸条，所有人联署，说明我们在这一天，在句容茅山的仙人洞中，顺着地下小溪投下的漂流瓶，希望捡到者能跟我们联系。另一个瓶中则有我们全体的祝愿，预定1997年7月1日来启封，其时中考成绩还没有公布出来，大家的心情还没有或欢喜或忧愁，又是香港回归的大喜日子，届时我们来启封。同学们和我都静心思考一番，写下此刻自己期待的届时毕业升学的目标，这可真是美好的理想和愿望哦。

　　山上有个洞，名叫"仙人洞"。洞很原始，洞口扁狭，只能匍匐爬入。洞内闷黑，需要照明，自有头脑灵活的山民在洞外摆摊，售卖香烛、饮料、零食、小纪念品。我等聚集在洞口，购烛几支，钻仙人洞。王、曹、顾三人不入，余众逐一进洞，我和刘同学在前秉烛开道。或许是前几天下雨之故，洞中石壁甚湿，在倒悬的石锥上凝集成珠，不时滴到地上，汇聚成溪，水声潺潺，全无平时钻洞之便利，行不多远，只得复返。洞有多深，一直众说纷纭，甚至传说能通到苏州。我们只能把答案寄托在漂流瓶上，希望它能解答此谜。我们正欲投瓶溪水，看到另有游人欲再探前面更深处，遂作临时拜托，请他们把漂流瓶带到更远处再投漂，并赠手中蜡烛一根。我等先出了洞口，呼吸新鲜空气，真爽。其后，瓶的命运如何，就不是我们能知道的事情啦。

　　严、纪自述，此处入洞，若非人多，以及好奇和信赖，绝不会进去的，算是打破了零的纪录。二人甚为高兴，深感冒险之趣、探洞之妙。仙人洞中，为保证她们安然而返，在一溜滑处，我侧身让她们及个把男生踩我的鞋面而过，这就是为师者的情怀。

八、埋　瓶

须臾就转到了老虎洞，洞阔而浅，洞口右侧是整块立石，面平，有三个竖痕，布局如同一个"川"字，约一指深，据说为老虎经常磨爪挠抓而成，所以起名老虎洞。也许是怕"虎"，"小猪"未入，余皆随我，我为他们说解溶洞成因、石笋名称。此洞另有一小出口，早有严永琴探得，可钻往邻洞——赫赫有名的华阳洞。华阳洞口的四周石壁上，遍布摩崖石刻，最大的三个字就是"华阳洞"，相传是苏东坡手书，落款湮灭，真假难知。当然，全国各个人文景点，多有这类攀附之嫌。华阳洞积水很多，只能下去几米远，洞已成为深潭，以石投水，波澜不惊，当是很深。这里已经成了道士投简的场所。

三洞之游至此结束矣。在洞下一小潭边（楚王涧），洗手洗脸，吃零食当午饭。大家谈谈笑笑，兴致蛮高，刘永芳朗诵，顾旭伟唱歌，等等。惠风和畅，其乐融融。

从前，从丹徒名镇宝堰，到句容南塘庄，经墓东一带，有一石板路上茅山，到了南镇街（今天的集镇治所），在两侧商铺的夹峙中穿过，这段就是香道（请香上山朝圣敬香），然后顺着谷地河沟的一侧，向东进入现水库库底的庙宇。庙宇用的红砖，故名红庙，再拾级而上，直趋印宫，出了印宫向南入山谷，从顶宫北麓直抵峰巅，一路蜿蜒，盘曲而上。新中国成立后，兴修水利，筑坝蓄水，切断了这条上山的步行捷径，加上公路交错，把香道剁成几截而废。顶宫北麓的古道中段有深潭，蓄水良多，清洌如泉，终年不涸，是过去道士们每天汲水所在，如今此处建有水房，安放电泵，抽水上山，很是便利。至水房处，稍事休息，我带大家觅得一块巨石，石下有土，土石之间有罅隙，塞瓶其中，封以土砾，众人相约，将来启封，启封已定在 1997 年 7 月 1 日。届时，他们初中毕业，香港回归祖国第一天。今天又是植树节，十年树木，百年树人，我希望他们将来都堪大用，成为栋梁。

至顶宫广场，刘邦友老师、潘小香（彭长照老师之妻）、刘永芳母亲都在上面做生意，售卖旅游产品，因是熟人，彼此简单打打招呼。在水房附近埋瓶之后，王世俊就想下山回去了，被我们劝止而跟着上山来，现在她又欲下山，我因其父之故不便多言，曹、刘、严、纪四人反对。玩到两点半，有人在王背后嘀咕，讲她不顾人，我只好劝阻。小王能出来玩实属不易，其父母对她过于监控、关爱，我认为这点并不可取，听学生说，小学时其父王桃根校长即不让她参加一些活动。我只好平衡一下，不经意中，带着他们顺着盘山公路下山，山路两边很多水泥隔离礅，石礅腰间涂抹红漆，提示司机注意安全。归途中，学生将我写的十二生肖配词——用小石块压在石墩上。兴之所至，直嫌其少，分发粉笔，任他们到处乱写乱画。人过留名，雁过留声，我过留痕。归途不远又发生分歧，曹、刘永芳、顾及汪四人坚持继续走大路，余众表示要从一隅直插山谷而下。我就难办了，无法拧合两个队伍，考虑到安全因素，我跟着走了山谷小路。小路坡很陡，路也滑，石子也多，不过路程相当近，我们一边抓着路边小树，一边两脚斜踩，一路滚着、喊着、笑着下到山谷。不久，队伍二次分裂，王、纪取大道而去，我带着剩余人员沿水库行；很快，前队人追上我们，真是殊途同归，最高兴的自然是我，整队出行，完美收官。

天下没有不散的筵席，四五点钟至校后，马上各回各家。我饿甚，草草吃两口；累甚，和衣而眠，睡到晚上八点才翻身起来写写日记、看看书。

今日一行，各人性格可略见，个性张扬曹永静，温文尔雅小李刚，行云流水汪想忠，敦实厚道赵俊俊，孤僻行单顾旭伟，依曹随曹刘永芳，稳重踏实成诗伟，沉默最多朱德江，柔中有刚严永琴，小鸟依人纪卫香，时娇时嗔王世俊，随和洒脱刘二郎。我主张各扬其性，不作强抑，不为替代，是故时争时睦，时分时合，鞍前马后最多是刘池俊，谈吐进步最大的是赵俊俊。（对这 12 个同学的评价，引用的是当初日记之原文，未作任何润色）

九、丰 收

植树节刚过，自己马上着手给几个组员的文稿加上批语，寄给句容语文教研员去了，由他汇总后送往镇江。寄给句容报社不需要写评语，投稿《作文之窗》就需要评语了，也无须太长，百字之内。按照学校奖励标准，《句容报》算县级，不如镇江市教研室编印的《作文之窗》，后者算市级，每篇奖励30元，所以我更有热情。

一旦心情好，就会开玩笑。某天早上在四班，我举着一本日记本，板着脸唬严永琴，问她的日记本怎么在我这里的？她一脸懵，感到奇怪，伸进抽屉摸索，掏出自己的本子，在我眼前一晃，露出得意之色。我也绷不住了脸，哈哈大笑。因为要补写日记，我把日记本带到了办公室，两个本子同款。严永琴特别爱笑，明眸流波，表情生动，常常顾盼神飞，性格很是开朗。我俩相视而笑，我拽过她的本子，翻看一下，发现她竟用四言体来写诗，虽略幼稚，却有追求！经过询问，得知她对古文较有兴味，如此好学上进，我感觉可以传之衣钵。

4月中旬，《句容报》发表我的文章，编辑易宏彬把标题《五毛钱的故事》改为《路遇"钻山豹"》。我特地多找来一份报纸，在周末回春城老家的时候找到一个"三机"车主，送给他作为一个纪念。他是春城仁巷人，是我创作此文的主人公原型。几次坐他的"三机"，往返家校之间，已经熟悉。困难之处在于他与他的兄弟是同卵双胞胎，两人一模一样，魁梧黝黑，言语不多，颇有影视角色"钻山豹"的形象。兄弟俩都开"三机"，我分不清，每次都确认一下是不是那个老大。

5月初，编辑叶爱华刊用了我的文章《旧书》，我写信去表示感谢。

5月中旬，听说成诗伟的《牛》、刘池俊的《翠竹》都在《作文之窗》上发表了。这无疑为我注射了兴奋剂，想着从次日开始，频繁开展小组活动，加强指导，多多投稿，再创佳绩，挣点钞票。

当天晚自习后，看到一轮月亮斜卧在山腰上，朦朦胧胧的，山上灯光和远处的星光相辉映，挺漂亮的一道风景，山林泼墨，星月留白。小组成员中，可惜只有成诗伟在身边，遂与他共同欣赏，指点给他看，并传授与月亮相关的许多知识，有意培养培养他。

兴致高，作文也就改得勤。查学生日记时，我发现刘永芳有一篇写得很好，成剑有一篇写得也不错，是写茅山景色的。看到好的，不能放过，指导他们修改，指定他们誊抄，先后收上来好几篇文章，成剑的写景文章，王世俊的《当我第一次被唤作"小姐"》（备注：那个时代还比较清纯，"小姐"还没有其他暧昧的含义，这个词语还没有被玩坏），严永琴的小小说《叫错了》《春雨》都可以的，忙过月考，都给他们寄了出去。

然后，我开始琢磨写什么新作，想到离 7 月高考不远，回忆自己参加高考的往事，不久就拟写了稿子《又忆那年高考时》，并利用晚自习时间趴在办公室自行誊抄，打算次日寄出，掐指算算，便于编辑在高考之前组稿发表。投稿多次，我已经对编辑的用稿考量有所揣摩。晚自习下课后，教室会很快熄灯，我就把成诗伟、纪卫香、严国凤这些住校生社员叫到办公室，交流写作中的一些问题，指导一番，看他们频频点头，自己也颇为自得。文艺评价必须有水平差距，在我上中学时段，要是也有人能这样指点指点我，那该多好啊，可以少走一些弯路。

　　我寄走文稿，马上集中精力抓学生作文，利用中午时间，把社员召集在毛竹林中，给大家开了一个会，要求大家抓紧时间准备作文竞赛。这几天，每日处理不少学生文章，很是辛苦。

　　只一两天，学生稿件基本到位，第二天就准备寄出了。某同学向我反映某某某的《某某某》一文自己好像在别处看过了，我立即发还本人，详细询问。她回答说是看了别人的文章后有所启发，然后自己根据意思仿照着写的。虽是仿写，也断然不可，我教育她以后要引起注意，想发表就要原创！

　　这天，教导处王主任向我证实，成诗伟和刘池俊的作文在《作文之窗》上同时发表了，并承诺学期结束肯定会给我发奖金。毕竟，茅山中学还没有过学生在市级刊物上发表作品的先例，对外宣传上，这也将是教导处和学校的成绩。我比较激动，暗想，一定要通过努力把茅竹文社创建得更辉煌，她的未来不是梦，她的未来又是一个梦。但是，独木难支，一个人凭着一腔热情，殚精竭虑自发搞作文活动，精力消耗巨大，傍晚时明显有一阵子休克性虚脱。忽然联想到那个天天给客人看手相的老沈，话多伤神，一副干巴巴的样子，我不由自怜起来，想做出点事情，真的很辛苦。

　　太累了，中饭后，我就找来纪卫香和某某某帮我洗衣服，顺便安慰了某某某。她昨天写的小小说毕竟是仿写之作，被我否决而没有寄出投稿。她感觉伤心和委屈，看来之后还要继续做通她的思想工作。

　　我这几天很拼，查找报纸杂志，大力收集全国各地的征稿启事，有针对性地给社员布置对口写作，然后寄出稿子并汇出参赛费，但愿不是石沉大海。考虑到稿子的适应性，我把曹永静、王世俊的稿子寄给叶爱华编辑，希望能够刊登出来。不到十天，王世俊的《"小姐"》登出来了，没有用原来的标题，这个修改更简洁，我一拍桌子，说："改得好，编辑就是编辑，高！"

十、赠 言

五月是我的生日，那个时候，我就是社员们的偶像。他们给我庆祝生日，想给我送点礼物。我对卡片和小工艺品之类的礼品很"不感冒"，没啥意思，徒增负担，扔掉可惜，留着碍事。

琢磨之后，指定他们给我一份特殊的礼物，也就是每人在我的日记本上写几句话作为留念，我对精神层面的礼物更在意。下面几段就是他们当初留言的实录，按照原始顺序抄录一下，括号内是真实姓名，是我所加。我的日记本上留下别人的笔迹，这是第一次，也是最后一次。

一时的失败并不是一世的失败，一时的成功也不是一世的成功，不要以为车到山前必有路，切莫忘记，一山方出一山拦，困难和顺利总是并存，失败总是为成功开道，多一次失败就多一份成功的希望。云峰贺。（李刚）

君子当做高层峭壁之鲲鹏；不动则已，展翅则凌云；不鸣则已，一鸣则惊人。续修贺。（成剑）

青春的喜悦，新鲜的祝福，降临在每一个阳光灿烂的季节。愿你伸出爱的手，接受我盈盈的祝福。祝福你：一年三百六十五天，天天快乐。也祝我和月明早日有个好师母。莹莹贺。（曹永静）

捧着一个心来，不带半根草去，岁月爬上额头，但却从无怨言，是美丽的瞬间，更是瞬间的永恒，如大地之鲜花，纵经风雨也灿然开放，愿欢乐的歌声，时刻围绕着你。

Teacher, Good morning to you, Happy birthday to you、月明贺。（刘永芳）

教师是世界上最光荣的工作，因为他们是把一生的精力都投入教育事业里去的，我好生羡慕，人生短短几春秋，不如工作到白头，愁情败事莫放心头，祝我的好老师生日快乐！一生快乐！学生：朝阳贺。（汪想忠）

在这特别的日子里，献上一束淡淡的清香，为你洒落多多缤纷的祝福！愿你平安快乐到永远！金蔷薇贺。（王世俊）

教师是辛苦的，在你的影子里，发觉到青春的活力早已消失。你是世界上最伟大的人。

别人献花给冠军，我献鲜花给金星，金星闪光亮晶晶，愿你永远似金星。祝欢乐伴你一生。智华贺。（纪卫香）

人生最美的思念，是甜甜的回忆，最醉人的酒是真挚的友谊，愿二十五岁永远伴着你，祝生日快乐，永远幸福！亚颖。（严国凤）

录一段当天自己写在日记中的原稿片段，只字不改，也是一种纪念："走上工作岗位，固然个性与众不同，难容于世人，但眼睛向下，一心热情倾注于学生身上，见其成长，每有快意，平生最得意处是手下有英才，执而教之，使之成为人中之杰，尽我所有来栽培，他日树繁叶茂，不管其自身如何，作为根土的我，自有一份快乐在心头，也愿他们之中有人继承我的作家之梦。将来我的这批得意之作定有大放光芒之时。茅竹的未来不是梦，茅竹的未来又是一个梦。"

十一、坚　持

作文小组的名气越来越大，活动也越来越多，这引起了其他同学的向往，就有人想进来。先有四班的王丹丹向我提出加入小组，我婉言拒绝了；后有三班的吕欢和王小莉又想要加入。中午我找来吕欢略谈谈，她是我的课代表，毕竟身份不同，我就基本上同意了。这样人员也就大致固定下来了，暂时不想加人了，一则人员过多我就带不过来了，批改指导的工作量太大，很耗精力；二则从情感上说，后来的人比较难熟，就像插班生，总有点生分之感，要不怎么有词语"元勋""元老"呢？

下学期即将结束，暑假将启，学校进行各项总结，包括对各项成绩进行登记，有的需要按照规定给以经济奖励，这就是所谓的"造表"。今天领到了一些津贴，其中刘永芳竞赛获奖，刘池俊、成诗伟作文发表，每人给我"创收"30元，是学校奖励指导教师的。拿钱的感觉真好，名利双收啊。

晚上，一位王老师转告我，有人背后议论我，说我是花架子，不肯在教书上下功夫。这明显是针对我指导学生忙作文的事情，我本来还蛮高兴的，心情受了打击，情绪低落下来。今天来看，这分明就是羡慕嫉妒之后的风凉话，但那时自己不会辩证去看，只是落在别人的唾沫里，自怨自艾。自卑如沙丘，自信如夯土，成绩坐上去，前者流沙，后者成塔。早年的自卑，压我不轻，像座大山。多年后，江苏省作家协会会员的证书在手，回首过往，全然不见自卑了。

1995年7月1日，即将放暑假，我的那篇《又忆那年高考时》见报了。这个学期，完美收官。

放假那天，我对全体学生进行最后一次训话，接着给作文小组布置任务，约定下次相聚的时间，结合我要回学校拿工资的时间，安排了几次返校。

7月15日，我赶去学校拿工资，按照事先所约，来了几个小组成员，人少，无法组织活动，天气又热，遂取消。

一周后，在家无聊，回校散散心，晚上拟写《金榜未名》。茅山中学地处山区，校内绿化太好，门前又有公共水池，常年湿漉漉的，旁侧菜地整齐，所以蚊虫太多。我在蚊帐中铺开日记，写完其文。

8月中旬，我又去学校拿工资，按照预约，茅竹文社今天活动，来了部分社员，王世俊、曹永静、吕欢、刘池俊、成诗伟，人员不算多，大家就交流交流。他们告诉我，预约的8月1日返校我没来，王世俊、成诗伟、赵俊俊、曹永静、严永琴等人来过，当时只能从门缝里塞了一张纸条留给我。他们还说，那天瘦弱的严国凤用自行车驮了四个西瓜过来，两个给她班主任熊文斌，另外两个本来是送给我的，后来被他们分吃了。我心里有点歉疚，毕竟是自己爽约了，估计她今天不会来了，因为感情上毕竟有些抹不直。

1995年的暑假一过，开学报到后我即召开茅竹文社会议，宣布下次活动——"92行动"，9月2日（日本签订投降书的日子）去瞻仰刚建好的苏南抗战胜利纪念碑，布置汪想忠和刘永芳作为同学代表届时发言。

9月15日早饭后，去茅竹文社处与众弟子致辞庆生，因王丹丹家不卖蛋糕，故而少了一份喜庆的物品。我摩挲着那棵毛竹，凝望着刻字："卅年之后，是为文物"。每次这类活动总有人不够积极，拖三拉四，组织涣散，我心中有点不痛快。又有部分学生致词敷衍，我心里就把他们低看一等。中午搞活动，没有午休，下午上课也就特别辛苦，热心带社团，真的很疲惫。

国庆节后，某晚自习时，严国凤出面陈情，来问关于王丹丹想参加作文竞赛的事情，我表示同意。后来，我与严国凤谈过一次较长时间的话，可惜的是，她入作文小组太迟，错过了我辅导作文小组的那段黄金期。如今，我自己纠结于暗淡的婚恋前景，辅导作文的热情和才气都丧失不少，要想像之前那样全身心投入其中，可谓力不从心、不切实际了。

十二、参　赛

就在国庆节之前，学生们兴奋起来，期待着放假，我则关注到《镇江日报》举办的增华阁中学生作文竞赛。

征询了所有社员的意见，并且获得家长的同意，我确定了能够前往镇江参加作文竞赛的学生名单，跟校长请假，到了镇江，赶去河滨公园对面的少年宫办理好了报名手续。这次不交参赛费，但必须认购一本《增华阁作文竞赛获奖作品汇编》，每本 10 元。报名回校，我就召集社员中的参赛选手进行考前培训，又好好交代下次活动时间。我殷切希望这次作文竞赛能取得一些成果。

1995 年 10 月 14 日，周六，一早刘池俊来叫门，不久另外四人也到齐了，我只好起身，匆匆做了点准备。四人者，成诗伟、王世俊、曹永静、严国凤也。他们一边说说笑笑、打打闹闹，一边等我。雨水却淅淅沥沥下起来，天公不作美，借伞也就很不容易。向两个平时要好的老师求借，都没有同意，搞得我赧赧而退。

我们冒雨登上大巴，去往镇江途中，几个女生有说有笑、又唱又闹，我的情绪也受到他们影响，一路歌声洒遍车厢，引来数量并不太多的旅客们的目光，我们依然我行我素。今天想来，公共秩序意识不够啊。下车后，叫上两辆出租车，直奔金山公园，先玩，疯玩，人头熟悉、关系良好的同龄人在一起玩，幸福指数是很高的。我带他们划小船登宝塔，逛公园吃快餐，登高以望远，乱窜以搜奇。最开心的莫过于划船相逐或相撞了。六人租船三艘，王曹一组虽是女生，却灵活洒脱；我与严国凤一组；成刘同乘。两个男生各逞其能，都用力用脚踩踏，反而不能保持平衡，常常触岸而受挫。尤其是我和严国凤，一头冲到河边，卡住河边的碎缸而无法动弹，触礁搁浅，若非成刘赶来"救驾"，那可就麻烦了。大家兴致很高，可惜雨天雾气太大，遮住视野，无法看到长江英姿，不过丝毫也不减损这些孩子的兴趣。正巧看到佛寺在吊装一尊缅甸产的大玉佛，据说价值连城，后来去过几次镇江，也有机会再次目睹这尊大佛，算起来我们那年算是见证者哦。

大家尽了兴致，也累得够呛，希望早点安顿下来歇歇。我是向导，于是带他们走了一段长路，到了伯先公园附近的永新旅社。这里是上次函授考试时我住过的，这次每人16元，真贵，然而也没有办法，毕竟这儿靠近考场。

登记、缴费、拿钥匙，全都安顿下来后，我就安排王世俊打电话给她那住在镇江的叔叔，又带她坐公交车到桃花坞邮电所站，交到她堂妹王世袭手里，自己即赶回旅社。带学生出门，安全压力是很大的。晚上，我带他们吃点面条，看看电视，聊聊天，打打牌。然后一觉睡到天亮，又被刘池俊叫醒。这么赶早，是为了游伯先公园，因为雾大，就不去看长江了。山和公园已经被围墙隔开了，我本想根据旧经验从后门免费入园的计划破产，只好从前门买票而入，金山公园票价10元，此处5元。进园，主要是看动物园，动物特别能吸引孩子，这大概是孩子的天性。大家兴致很高，到处乱跑，左看右瞧。有大象一头，被拴住脚，不断地往前挪半步，又被铁链拉回来，样子很是可怜。猴性顽劣，大家看得最多。它们在猴山上左冲右突，在横杠上各种闪跳腾挪，这才是真正的自由体操。大家又联想到昨天在金山公园看到的那个河马，真丑。

看完动物，回到旅馆，收拾行李，赶办正事，乘车加步行，赶往镇江三中。各路选手川流不息，守门人只准考生进校。不久，王世俊叔叔就把她送来了，与我略做交流而自去。学生们都进了考场，我则选择留守等待。遇到镇江师专校友王余万，得知初中组共计31个考场，1550人，真正是获奖不易呀。他也是带队参赛的，他们得天时地利人和之优势，获奖的概率比我们要高得多。这次征文活动较为重要，市政府和镇江报社都派了人过来。开考大约一个小时，大批选手开始交卷外涌，到11点，即一个半小时，几乎全部交完。

收队完毕，我又带他们去了新华书店，再去华联商场乘电梯玩。这些都是他们没有见识过的，所以觉得很是新奇。在我的督促下，他们恋恋不舍地向镇江汽车南站进发，班车刚好要走，只是午饭未吃，大家都叫饿，可是镇江直达茅山的车下午只此一班，下一班傍晚发车，到家就天黑了。大家只好忍着饥饿，不过路上也安静得多。一路汽车几经逗留，这车居然先到句容再折春城，后至茅山，下午三点钟才返校。越是想快越是慢，越是挨饿越是迟。茅山饭店已经无饭，送曹回家，她家也没现成吃的。剩下我们五人，只好将就吃点面包和方便面充饥。

晚上盘算账目，学生每人花费 72 元，含报名费，我则用去 76 元，开了一份清单给各人，并签上我的名字，以便让家长过目，心里有数，不要以为我捞了什么便宜。站在今天来看，那时的我真的有点傻。首先，我应该努力找校长报销相关费用，何况其女在其中。其次，就算不报销的话，我的费用也应该由这几个学生平摊，这是行规，否则又赔时间又贴钱，谁肯带队？然而，这就是那个时候的我！我的地盘我做主，领队参赛多辛苦；我的费用我承担，两袖清风不含糊。

十三、亲　随

1995 年 10 月下旬，在学校图书馆里，我看到天津市搞《母爱》征文，我觉得这个选题很好，开始在心里盘算；又琢磨着对几个文笔好的学生再投入一点精力，修改一些他们的作文，寄给《作文之窗》，希望在培优上忙出一点东西，很快寄出了成剑的《壮哉！茅山》。

得空，在办公室召集部分茅竹文社社员指点一番；又找了几个学生谈话，因为他们在作文中与我进行了交流。尤其是王世俊，我当面肯定了她上次在金山公园的表现，即吃午饭时她把饭碗推给我先吃，说是尊师，别的同学则端起来就吃。

元旦一过，返校上课。刚进校门，牛兆飞、孙白平两位老师在传达室旁边的水池洗菜，抬眼看到我，齐声告诉我，成剑的作文已在《作文之窗》上刊出。晚上，孙老师包饺子请我客，算是感谢栽培之恩。成剑是他的外甥，常年寄住在舅舅宿舍，一直到初中毕业。

就在 1996 年元旦之前，我又去南京函授学习了近两周，其间学校刚完成一次月考。出发前，我把宿舍钥匙放在课代表吕欢那边，我回校后，一时没找到她拿钥匙。我就去校长办公室门前看看成绩公示，了解一下排名情况，四个班分别为 8、12、10、11，不算太差。我又去门卫收了吴健骏、范勇、小弟的来信或贺卡，那时每逢圣诞和元旦，贺卡成灾，邮筒根本装不下，邮件全堆在地上，供大家翻找。在郑康老师处混了晚饭，简单吃完，吕欢也来校上晚自习了。

我的宿舍里面变了许多样，床单、被套洗得干干净净，毛巾、拖鞋摆得顺顺溜溜，被胎、枕头叠得整整齐齐，并用纸蒙起了灰。好多东西都重新收拾整理过，如书、衣服等。镜子也焕然一新，抽屉底层还铺上了垫纸，不一而足，说是由吕欢和严国凤二人帮我整理的。我怀着惊讶，很是高兴，此行南京正好购得一些雨花石，于是给了她俩几枚作为奖励。在办公室又看到了所教两个班部分学生送我的贺卡，晚上给本班住校生分别谈了话，我心情很好，对班干部的工作也较为满意。

1996 年 6 月上旬，麦收紧张，母亲骨折，劳力不足，我请了四个家长去帮我家收麦子，忙了一天基本结束，详情可见后文。我也参与其中，拼命收割，汗水迷糊了眼镜，麦芒钻进了头发，灰尘落满衣裳。傍晚回校后，我马上安排学生给我冲了 7 瓶开水，我自己彻底打扫一下个人卫生。吕欢等学生答应第二天中午帮我清洗衣物，共计两套脏衣服，真该谢谢她们平时对我的帮助。

1997 年元月，吕欢作文获得佳作奖，主办方寄来了作品合集与获奖证书。学期即将结束，证书来得正是时候，我交给周主任，请教务处登记一下，以便学期结束时候弄几个指导费。她笑称让我请客，我当即答应了。因为上次他们曾帮我改过试卷等，尤其是毕老师，更是为我操心，帮我介绍对象。我以跟着那个女子学电脑为由，去过茅山锁厂好几趟，坐在她旁边，听她技术指导，当然更多是聊天。聊天中，我俩都喜欢打哑谜，暗指婚恋成家立业之事，不过最后还是没聊成。谈恋爱，谈恋爱，也不是谈谈就能恋爱的，得看缘分吧。我又向周主任提供了成剑的那篇文章，酬金加起来估计有好几十元吧，看来下学期可以再多弄几个钱了。这个作文小组给了我很大的心理享受，我还能得到津贴奖励，真好。

晚上，我与一位王老师谈话，他告知我，有人在领导面前反映我上课经常讲些与课题无关的内容，以此攻击我，并希望影响到来年我能否带初三。这让我本来高涨的情绪马上跌落下来，我觉得这可能是我教学中的一个缺点。今天看来，那时的我还在自卑中挣扎，远远不够自信，别人的一点非议就能左右我的心情。语文课上延伸迁移，甚至临时发挥讲些做人的道理太正常啦，大语文啊，根本不能照本宣科。职场之中，各色人等，人性使然。可惜，今天的我，无法穿越回去，指导那个稚嫩年轻的我。

春季学期，由于其他事情分神，我在作文小组活动上开始精力松懈。某天，我从老家回校时，顺道特地去茅竹文社的发祥地看看那棵毛竹，毛竹依旧在，活动有点少，心里颇有点感慨。

转去家长赵国芳家坐坐，现在已不敢对其深谈些什么了，只是一些表面文章而已，因为他已经由少先大队辅导员升任镇教办助理，统管茅山镇所有的小学了，做了领导，拥有实权。他虽然对我态度尽量没啥变化，但我自己知趣，跟他拉开了距离，再没有以前那种亲和融洽。联想到后来每每在学校食堂吃饭的时候，"一把手"校长往往孤独地一个人闷头吃饭，除非他喊人过去边吃边聊，或者有人趁机就便汇报，我就会想到古代一个词语——"寡人"，大家自动疏离，保持距离。不过副校长及以下的领导就好得多，多人聚在一起，笑语声声，吃得也香。

劳动节后一天，上午出去理发、寄信、闲逛，一直未去办公室。下午黄崇斌主任语气委婉地说我半天都没在学校，要注意点影响；另外交给我一份差事，事关学生作文竞赛，要求以书信形式创作。后者我尤其乐办，当即欣然接下，很快布置任务。晚上吕欢又送我一斤茶叶，我正好把自己的构思讲给她听，让她写成征文，即以悼词的形式，写出征文命题的尊老爱幼的主旨。我估计这个文体形式较为新颖，当有一定竞争力。

1996年5月中旬，我刚结束函授学习，从南京回到学校；次日，吕欢邀约严国凤，二人把我带回来的脏衣服洗干净了。我回宿舍见到一张生日贺卡，吕欢竟然还记得这么个日子，我十分感动；下午在办公室又陆续收到严国凤、王世俊、严永琴的贺卡；晚上又收到纪卫香的，心情大悦。为感谢学生，下午放学后我召集他们到茅竹文社竹林中欢歌笑语一番，又放了一挂鞭炮，以示庆贺。护林人听到动静，大声呵斥着赶过来，我们几个人飞奔着逃窜而去，反而更刺激开心。有社员提议，把大家的彩照集中起来，办一期《茅竹文社》之用，我欣以为然，很快着手去办，这建议很有创意，这件事很有意义，我给予了肯定和表扬。

过了暑假，就升入初三年级啦。

9月中旬，到了茅竹文社成立的周年纪念日，中午我本想去毛竹林中坐坐看看的，因脚疾负痛不能成行。后来据了解，只有吕欢、严国凤结伴同往，现在她二人倒取代其他同学而成为我的紧密追随者，严送我一张贺卡，说她对我十分敬重。严的文化成绩在四班不够突出，晚自习后我把她喊来谈了谈话给以鼓励，并做了适当教育、适度提醒，希望她集中精力，不要分神，分神影响学习成绩。其时，小姑娘刚有懵懂之心，正对某个魁梧英俊的男同学有好感，做老师的不必明说，点到为止即可。

十四、成　果

1995年国庆节左右，我指导曹永静写的小通讯终于发了出来，自然是宣传学校的内容。我找了一份《句容报》，圈出相关版面，让王世俊转给其父王校长，这样可以堂而皇之从学校获得10元补助。校长高兴，我也高兴。上次那个"人间真情"征文也有了后续消息，王世俊获了奖，但要邮购10本作品合集才能寄来样书，每本5元，因她想要，便动员了几个社员，收集了35元，不足部分打算用班费填充，来帮她实现这一愿望。为了庆祝国庆节，学校也组织了作文竞赛，学校公布了初三年级的前三名，分别是王世俊、曹永静、刘池俊。我带的文学社员将名次统吃了，毕竟只是学校级别。

学校迎接检查，需要做好多材料，组织各学科组分头拍摄、收集各类活动的照片。我将茅竹文社成员全部拉到毛竹林，由吕欢作捧书阅读状，其他人作凝神细听状，也就是摆个造型，做个样子。语文组长江东兵老师要求我收集各项证书及文稿给他，用以评选学校优秀教研组。根据组长的要求，我开了一份清单，详细列举了茅竹文社的成果，我顺便按照学校的奖励标准核算了一下，前后得了200元，蛮不错了，中间软了两个学期，少了一点，可惜！

深秋季节，天气转凉，我心一动，想着冬天不远，编辑选发文章要考虑应景，很快着手写了一篇《火盆》。放着收音机，安然坐在宿舍里，慢慢写个"千字文"，誊抄完毕，写完日记，感觉充实，非常惬意。再拿起部分学生作文的清誊文稿，在文后的稿纸方格中工工整整写上适当批语，准备明天一道寄出，分头投稿，或求发表，或应征文。寄出文章，怀揣希望，数量一多，总有收获。

寄出稿子，心里就会默默期待，自然每天都会关注《句容报》，翻阅一下报纸副刊。不到一个月，《句容报》上果然发表了我的文章《火盆》，编辑叶爱华，只是限于篇幅，她抽掉了中间一个段落，又删了几句，有些地方便不通顺，也不能前后呼应了。并非每次都是我先看到自己的文章发表的，有时候别的老师看到会兴奋地扬着报纸大声告诉我"一个好消息"，能给别人带来愉快的共情，我也报之以嘴角含笑。

10月月底，那个"人间真情"征文比赛主办方在收到我们的汇款后，给王世俊寄来了样书、获奖证书，还有我的指导老师证书，看来对方还是有诚信的。那个时代之后的几年，人心开始坏了，有人利用我们师生的心理，在报纸杂志上刊登征文启事，让我们投稿，寄出参赛费，甚至让夹寄几张邮票，说是退稿之用，一旦寄出却石沉大海再无回音。被欺骗的次数多了，也就提高了警惕，不再组织社员参加这类需要花钱的征文比赛，只做靠谱的投稿，参加教育系统布置的征文比赛。教育系统有个明显的缺点，就是效率太低，一次比赛一般都在半年时间甚至更久才出结果，往往拿到了证书的时候，都茫然无忆什么时候写的什么文章？

同一时期，成诗伟也收到了全国征文比赛鼓励奖，虽然等级不高，但好歹有个交代，有个反馈。

冬天函授，听课无聊，没事可做，想起小时候春暖花开，在长满紫云英的田间地头捉小蜜蜂的趣事，于是《蜜蜂》一挥而就，接着投寄出去，果然在来年春天见报。

这个阶段，是我在《句容报》上发文的一段高产期。

十五、尾　声

初三了，大家还有闲情吗？秋学期，还搞点活动，春学期，以迎接中考为主了。寒假期间，我盖个窝，筹备婚礼，忙得焦心费力，为钱发愁，之后结婚，连着函授学习，总共请假三周，整个下学期都是疲惫状态，遑论课外活动？

快到中考了，某次我与纪卫香、赵俊俊闲聊时得知周勤主任直接让王世俊转交给刘池俊镇江市作文获奖证书，而绕过我这个语文老师，导致我居然都不知道我的学生作文获奖，这让我心里颇不痛快，赶紧去打听，刘池俊获得三等奖，王世俊获得佳作奖。登记，创收，这很重要。可惜上次语文组长江老师带几个学生去复赛时弄错了比赛地点，来回倒腾，耽误了写作时间，影响了水平发挥，否则这几个学生的比赛成绩也许会更好一些。

1997年6月中旬，中考，我参加了语文学科阅卷。那时还是手工阅卷，累分核分将由高校学会计的学生去完成。各科汇总，确定分数，揭晓成绩，公布录取分数线，还有个过程。看到他们的语文分数，我估计社员们的作文分数都还比较高，这与他们长期练笔写日记是分不开的。又看到两本《作文之窗》，一本载有刘池俊、王世俊、曹永静作文竞赛的获奖信息，一本发表了李飞、陈国庆的作文。这五个人的成绩，能让我获得学校的100多元奖金。王桃根校长看到这期刊物后，又向我要了王世俊参加外面作文竞赛的获奖证书。

等分数线的日子，王世俊、曹永静来玩耍，说及有较多的人欣然愿意参加预定的7月1日的开封启瓶活动，我因她们的热情而受了感动，策划具体的活动安排，毕竟这是文学社最后一次活动啦。我一边陪她们聊天，一边整理补充备课笔记，准备交周主任检查，她办事认真，要求严格，近乎苛刻。在整理作文本时，我发现曹永静的一篇习作《落叶》，匆匆读完，我就拍案叫好，立马决定给她投稿《作文之窗》。这家伙是很有才气的，此文后来真的发表出来了，只是其时她已经去了后白中学读高一，指导老师已经换成别人的名字。时过境迁，各归所属，我也不可能再拿去找校长要奖励咯。

7月1日上午，聚合了作文小组基本成员，有四班王世俊、赵俊俊、成诗伟、严永琴、严国凤，三班曹永静、刘永芳、李刚、朱通海、纪卫香。刘池俊两个月之前转学去了金坛，在那边参加中考，一时失去了联系；成诗伟提前报考江苏省镇江中学并被成功录取，为了母校的荣誉，依旧参加了中考而获得高分；当年参与埋瓶的汪想忠也在初二转学去了磨盘中学，提前考上江苏省镇江中学，好久不再联系；王世俊、赵俊俊、李刚考上了江苏省句容市高级中学（前身就是句容县中）；其他几个考上了后白中学；考得不理想的或者家里有事的，没来。前来参加的社员中，严国凤是最让人遗憾的一个，她没能考上普通高中，也没能像吕欢一样考上中专，只够到职业高中。但她自己却不改开朗天性、快乐本色，积极参加当初她并没有参与过的埋瓶启封活动。我看她兴高采烈的样子，简直怀疑她是否没心没肺。

时值梅雨天气，雨水太大，我们被困在纪念碑前一个多小时。雨水初歇，水声淙淙，雨丝点点，空气中弥漫着浓重的水汽，挤一下，就能拧下水来。我们一口气冲到埋瓶地点，大家分头去找那个石缝，转来转去，就是无法找到。埋瓶的时候正逢春季，草木初萌，视野开阔，山石嶙峋，轮廓分明，如今盛夏，草木葳蕤，枝繁叶茂，掩盖了地表，自然一时无觅。突然，滂沱大雨又起，山谷中又无处躲雨，我等只好飞跑着返回，一边跑一边吆喝，飞扬起青春的号角，个个淋成落汤鸡，却开心得很。这次活动虽未能正常达成目标，留给大家的印象却很深刻。祈愿那只空瓶能在几百年后被人发现，而成文物。

在纪念碑前等雨停期间，正好让他们回顾了文学社的诸多成果。活动的第一站，特地去了茅竹文社的发祥地——那片竹林去看过，我摩挲了两遍"卅年之后，是为文物"的字样，当初刻痕细腻白皙，经过岁月沧桑，以及竹子成长，刻痕已经变得粗犷深褐。故地重游，温故知新。从此，众人将风流云散，各奔前程，甚而天各一方，大概一辈子也没有机会再齐聚一堂了。天下没有不散的筵席，落寞，感伤。

多年以后我才得知，只有严国凤同学曾几度一个人走进那片毛竹林，静静看过，轻轻摩过，悄悄走过，默默想过。只要可能，她每年准时给我发来生日祝福，俨然我的"女一号"粉丝。此书的系列回忆部分，就是在她的建议和催促下逐步完成的，谢谢她。人都有惰性，有时候真的需要外力的加持。

其后一二十年，那片毛竹林我多次想去过，总未成行，如今已被铲除开发盖了房，那棵刻字毛竹已消失在历史的记忆中，留传在社员的心灵中。

很短暂，我的茅竹文社；却永恒，我们的茅竹文社！

十六、校长和教案

进入初三，副课全无，主课课时明显增多，一天上 5 节语文课是常态，几乎累死。

校长请我们这些科任老师吃饭，因为他女儿读初三年级。初三是重点年级，校长带头，希望老师发发力，把自家孩子带好。说起来家长请客，其实这饭不好吃，因为吃了会有压力，孩子成绩好的话吃起来还算愉快，要是孩子表现不佳，那吃了就是受罪，何况家长是现管"一把手"校长。其实很多老师是不太愿意教教师子女的。

校长夫人在桌上当面直言对女儿的语文考试分数不满意，我几乎被一口酒呛住，对酒菜顿时失去了味觉。语文总分 120，他们只知道要 90大几分，又不知道这意味着什么。

初三第一次月考之后，好多班上都是乒乒乓乓打学生的声音，自然是为了成绩。而我没惩罚批评任何学生，倒是挑选了几个做了表扬和鼓励，与以前的责备学生的态度构成了鲜明对比。月考后的这节课充满了欢笑声，一扫沉闷之气氛。很快分数渐渐出来，根据快讯，500 分以上这次倒是我班最多，达 11 个，四班只有 10 个，两年多来难得一次领先他们，我心里非常高兴。第二天排定名次，我又一次失望，四班 18 人，我班 17 人，又一次超过我班。他们班要不是两个休学生凑数，哪里能老是压住我们班呢，这是三年的对手班级啊！

学校正在制定来年中考的奖励标准，据内部人士消息，考上县中每师100元，后白50元，中师80元，中专才15元。大家正在踌躇满志待中考，不料有一天早读之后，王校长找我，名义上是问问这次月考的语文情况。其实考试情况他已经知道了，言下之意是我们两个班语文考得不理想而已。他说有些学生家长找到他，说我教语文不行，要求换班，甚至我班的吴健母亲和李刚父亲都提出过这种要求。王校长要我切实抓紧些，不要拖后腿。

这次谈话使我的心情一天都很压抑，上课全无笑声。在班会课上，我用低沉的语调指责了部分家长，未点名，正话反说，以泄愤恨；以天冷、不安全为由让附近的走读生以后都不要来自习。晚自习前去查班，刚好吴健、李刚正吵得凶，立马叫他们回家晚自习。吴健在我中午去查班时也违纪吵闹，正好撞在我的枪口上。

虽然我提醒自己要忍住，可是自己心里装不住东西，咽不下这口气。过了两天的一个上午，找来吴健和李刚谈话。谈话中，我直接点明他们的家长背后否定过我。孩子中午回家吃饭，自然会告知家长。当天下午，我遇到吴父，他断然否定，并恨恨地表示，要去找校长对质。吴父军旅出身，钻挖隧道受伤致残而复员转业，性格强硬，脾气倔强，又有军功的政治加持，连他们厂长都要让他几分。一旦他出手，事情可能反而更糟糕，可是覆水难收，我有点后悔了，也只能顺其自然、听天由命了。

不到两天，学校召开初三教师会，气氛有点特别，校长说了一些莫名其妙的话，如"夜郎自大"，好几个老师都有点狐疑，有点对号入座，猜测是不是在讲自己。我怀疑他是在说我，因为还有配套的安排。

我和校长之前有过两次冲突，第一次是签到事件，校长念我年轻又不无道理，就过去了。第二次也到了边缘，被我灵机一动化解了。

教初二年级的那个冬天，有一天我去县城，先去报社送稿子，再去拜访同学。同学相处非常开心，也就淡化了其他事情，吃饭神聊，以致夜不能归，于是住在关系要好的黄同学（我喊他外号"贝壳"，他喊我外号"公鸡"，都是一对一的专用昵称）家里。早上五点半，我蹑手蹑脚起身，零下4摄氏度，我把被子加盖到他身上，就悄悄出门，步行取暖，直奔车站。身上钱少，为了保证车资，又不敢买东西吃，又冷又饿，难熬至极。谁知，要等到 8：20 才有班车，而期末考试监考于 7：30 已经开始了。反正也赶不及，就干脆不着急。

等汽车晃晃悠悠从句容到茅山车站，我再赶到学校，了解到情况后，才知道事情搞大了。本来我预先做了备案，请了一位同事，说如果我当夜不能回，让他先顶上去替我监考，谁知他没放在心上，忘了。结果教导主任王明龙找我，校长王桃根找我，总务处许主任亲自起开我宿舍的后窗，怕我发生什么"意外"，看我有没有倒毙在屋里，一时无果，就临时指派吴凤祥老师先行替我监考。我去找校长，他一通责怪，我递上香烟，赶紧致歉。等我说明去了报社，还送去了他女儿王世俊的作文稿，他的态度才缓和下来。这一阶段，同事们都知道我在报社发了一些文章。在那个时代，对乡下中学而言，这算是很不错的荣誉了。我表示可以为学校写点宣传稿子，比如慰问老教师之类的，校长很高兴，介绍了学校的一些值得报道的情况，相当于接受我的采访。语气和气氛都改变了，我的小心脏也舒缓下来。教导主任王明龙啥也没批评我，只通知我下午去还吴凤祥一场监考。中午，我与吴凤祥交流情况，两人哈哈大笑。一场危机过去了，感谢报社的光环效应。

莫名其妙的"夜郎"会议后，教导主任又找我，啰哩啰嗦，关于教学问题讲我不少，看似对我挺关心的，其实我明显感觉到某种难以承受的压力。他给我布置任务，让我开公开课，这个任务理由正当，光荣而麻烦，我又不能拒绝，只能接受。从事教学的人都知道，开课不是好差事，关键看人家怎么评价：讲课内容少，可以说容量不够，过于单薄，可以说一课一得效果才好；授课内容多，可以说训练丰富课堂充实，可以说拼命死灌，学生消化不良。我想找个荒地开垦开垦，避免被动，就选上作文公开课，毕竟一般老师不太愿意上这种公开课，也就缺少对比。

周三，教研组长江东兵老师又让我准备一份材料，按照句容教研室的要求写一份教学设计，参加评比，周五就要上交。人忙的时候，事情往往会凑热闹，一个接一个地来。我从自身利益考量，先答应了下来，再统筹时间精力加以安排。

我在教育系统待久了，发现有个现象很奇怪，就是上级通知老早就下发了，等文件拿到手的时候已经临期甚至过期，必须立办才行。我就职另外一个学校时，某次就经历过一件难忘的事情，说来好笑，所以至今记得：教育局组织评比某项事宜，发现没有我校的材料，打电话问校办，校办主任才想起来，之前已把文件送校长审阅了，就去校长桌上翻找，发现已经签署但没有发还办理。主任赶紧电话调度，安排我马上去学校赶写。我写一段，文员码字一段，写好两页，派人骑摩托车送去一趟，先挂个号再说，然后再等写好送达。救场如救火，不过如此吧。当然这是后话，不提了，再回到前面的话题。

两件事交织在一起，我手忙脚乱，优先弄教案，连夜去完成。一早给组长审阅后，听取意见，再做修改。教案渐渐成型，定稿，我看着自己精心绘制的手写稿，心情很是愉快。前后誊写三稿，布局清朗，字迹隽秀，图文并茂，看起来赏心悦目，过程中自然费事不少。但为了争得一点荣誉，也不得不如此付出，还不知能否获奖呢。不是说嘛，努力了不一定有结果，不努力肯定没结果。

周五上午就开始有消息传出来，说是我的教案设计获奖了。下午传闻说是天王片区二等奖，之后还要送去市里参评，也不知最终得个什么名堂。我表面安静，心怀期待。

在教案评比的同时，作文公开课也结束了，校长没来，来了副校长和主任。令我难受的事终于来了，得罪领导以后的日子真不好过。当天晚上开会（学校什么时候开会没有定弦，看校长时间，看校长心情，看校长办公室门口小黑板就行，大家最喜欢看的是四个字"例会暂停"），校长就点了我的名，说是教案数量不足，内容太少，今天的作文教案只有45个字。天哪，居然一个字一个字给准确数了一下，可见对我是多么的"关怀"！他又说，搞什么教学改革他还不相信呢，像这样的教师明年他还不聘呢！又明确要求期末时要交出完整的教案。这时，毕竟我有个教案初步获奖的背景，他又敲敲桌子，强调说写一篇教案还可以，写多篇就不行了，现在就这样了，等到像毕老师、曹老师这样大年纪，岂不连书也不要了？人有没有什么惰性，简单瞅瞅外表就能看出来。整个会议，俨然就是对我的专场批斗会！事不关己，高高挂起，别人只是听听笑笑，而我是浑身难受，反躬自省，思考对策，寻求破解良方。

隔几天就到了期中考试，语文一考完，我就抓紧时间批改。两个班的优秀率情况还好。下午监考两场，带上试卷，趁便改出大半。那个时候，学校是允许老师在考场批改试卷的。每人分工，流水作业，空场老师巡回各班，去帮着交流试卷，换着批改，抓紧完成。总分也很快汇总出来，按照指定总分核算人数，四班考 500 分以上的 23 人，我班 17 人，一、二班都是 11 人。考试成绩说得过去，就给了我转圜的机会和资本。

跟着的例会上，我因上次教案评比获天王片区二等奖，今天发了荣誉证。参评的人，至少三等奖，但一、二等奖不多。大学科二等奖以上的唯我一人，奖了一本影集。我很高兴，不知在县里又能比出什么名堂。这次没有听到王校长对我的攻击，态度温和得多，我心里轻松下来。他倒是把临时工狠狠说了一通。每次不说点什么，也不能体现校长的威严。

没隔几天，一天晚上我单独去了王校长家，也算是家访吧。喝酒自然是必修课，一斤种子酒（42 度），其妻吃了四杯（一种容量很小的瓷杯，所谓的牛眼杯，现在已被淘汰了），其余我和校长平分喝掉了，感觉自己近来喝酒不断，酒量也在增长。我卸下包袱后，对校长一点也不惧怕，言行举止洒脱得很。他们夫妻跟我喝酒，反复关照我要对王世俊的语文学习抓紧点，这是另外一种性质的压力，不过还好。

1996 年 12 月 26 日，我结束了十来天的脱产函授学习，回到学校宿舍拉开抽屉，发现有且仅有一张贺卡，打开一看，署名"金蔷薇"，也就是王世俊所赠。我把她叫来，说我也不会忘记她这个"小猪"（我俩都属猪，她也会给我昵称"大猪"，这是众多学生中唯一的待遇），让她拎回去南京名产——桂花鸭，告知生产日期（12 月 24 日），带回去赶快吃掉。这次函授期间，我就在琢磨如何继续化解校长对我的成见，终于想到这个方式，间接委婉表态认怂。晚上正好开教职工会，王校长看到我，主动打招呼说："回来了？"我笑说："回来了，回来了！"他态度随和，心情愉悦，语气亲切。风雨过后，终现彩虹，算是彻底扫却了曾经的阴霾。

我第二天问王世俊，得知王校长他们中午吃了鸭子，说是口味不错。她问我是否也吃了，我稍做犹豫，笑着说："我吃了觉得不错才买的。"其实，凭自己当时的经济实力和扶助弟弟们上学的实际需要，我哪会自己买一只啃啃呢？

这次我外出函授，出卷批阅、累分排名都是由别人代办的，班级成绩没有落后。语文总的来说不算差，只是王世俊考得有点差，心里还是多少有点惴惴不安的，这就是小老师的软肋。王校长还好说，校长夫人讲话是不会客气的。

元旦过后，通知下来，之前句容市教研室组织的教案评比有了结果。我在县里评比中获得二等奖，还有荣誉证书，这是我工作以来第一次拿到荣誉证书。起初王武老师的一等奖还是一等，某甲老师的一等变成了三等，某乙老师的一等奖则滑没了。我以天王片区二等奖参选，最后得到市二等奖，已经很满意了，所以我的心情非常愉快。校长在例会上宣布了一下，我感觉特别有面子。

临近寒假，一天晚自习，我坐在班上一边值班，一边补备课笔记。周主任办事一向认真，因为上次校长在例会上明确要求我期末补齐备课笔记的，所以她严格执行了这条命令，不断提醒我，一丝不苟一步不让的样子。我又不能找校长撤回那条命令，没辙，耐下性子，拼命赶写，终于在放假前恭恭敬敬地捧着写满字的备课笔记让她耳提面命谆谆教诲一番。看我极其诚恳的态度，她心里非常受用，放我过关。

哎，我的校长；哦，我的教案。

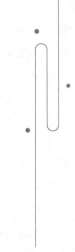

十七、体育老师和运动会

正常情况下，每个学校都会在秋季搞一次田径运动会。我先后任教三个学校（茅山中学、行香中学、句容三中），每个学校都有自己的特色，出于叙述的阶段性考虑，我按照时间顺序来表述，以后的事情在以后的篇章再去写，此文专门说说我在茅山中学曾参与的几次校运会的情况。

1994 年秋，我带初一（3）班。由于历史原因，那个时候地方教育师资力量比较薄弱，大多是民办教师，业务差、年龄大，各校迫切需要科班出身的青年教师。镇江师专和镇江教院铆足了劲来培养，大专本来应该是三年制，然而由于现实需求，已经不可能慢悠悠地培养三年，而是尽量缩成两年，进校是新生报到，来年就是毕业生，弄得我好多年不好意思说自己上过大学，直到镇江师专被江苏大学合并，我们才算是圆了"大学"梦，也算是在大学厮混过。那个年代，市场经济已经开始显示威力，政府拨款有限，各类学校瞄准了培养中学师资这块蛋糕，各出奇招，纷纷开始师范类招生，突击培养教师，比如跟师范八竿子打不着的气象学院，都尽量开设师范专业，遑论各类专业师范院校。国家批准的计划名额根本不够用，地方政府和师范院校就以定向、委培的名义合作，在统招生班级里加塞，弄得班级名额翻一番。它们的区别就是两类生源的生活补贴标准不一样，委培生毕业后没有另谋他处就业的权利。

名义上统招生可以自由去往各处，但各地教育局往往通过控制毕业生档案的方式尽力把统招生留在本地使用。为了争抢生源，各类各级师范甚至用提前招生的招数来掐尖，在预考的当口提前录取师范生，以吸引那些农村户口的学生，又以男生居多。

教我班体育的胡老师就是科班毕业生，年轻挺拔帅气，阳光贪玩健谈，富有朝气，很受学生欢迎。他常常利用体育课带我班学生爬山玩，我也欣然同往，共同组织，人多热闹。有时候，别的班主任也会调课，把两个班的体育课安排在同一个时间，把学生们一道拉出去。那时候教育管理宽松，组织学生进出校门非常容易。30年时光荏苒，规矩大变，现在组织学生走出校门参加活动，需要经过教育局批准，不随便允许学生进百草园，只允许在三味书屋写作业。进了山，我们散布在一定区域，在乱草间直指山顶，学生欢声笑语，你追我赶，满头汗水，就像一群撒欢的家鸭。每次出去，我都关照班委熊文辉同学用班费买一包香烟给胡老师，以表感谢。胡老师喜欢抽烟，特别喜欢红梅牌香烟，那时算是好烟了。有一次，我俩分工，他带女生，走得慢，尽量走大路，我带男生，绝对放飞，披荆斩棘无所不往。后来去钻仙人洞，当时仙人洞还没有开发。洞口逼仄，需要匍匐身体才能入内，暗黑无光，需要点上蜡烛才能深入前进。我用地理课上学过的知识，给学生讲洞的成因。学生学了不少知识，队伍也整得漂亮，我怀疑自己有军官潜质，能把学生带出精气神，容光焕发，口号山响，队伍整齐。

1995年5月，学校将举行广播体操比赛，评委中自然有体育老师胡某某、许某这两人。作为同龄人，他们和我关系良好，心里对我班还是有数的。有个向老师，我班的副科老师，也是六个评委之一，前几天骑车摔伤才刚刚部分恢复，我考虑也应该趁势去慰问慰问，何况平时处得还行。下午班委给向老师送去一些水果，表示一下本班对他摔伤的问候。几天后，操场集中，现场打分，列队比赛，我班手气不佳，第一个出场而吃了亏，没争到名次。

1995年秋，我们是初二（3）班啦。11月某日，学校举办田径运动会，天还是阴着，没妨碍各项比赛。我班一天下来收获累累，大概已经雄踞初二年级第一名了，何况第二天还有一些项目可以继续加分。曹永静作为通讯员，小稿子写得不断。我指示她多写点问候主席台和裁判们

"辛苦了"的稿子，虽然他们不好意思播发太多，但广播员却因为这种感情因素而为我班播了不少稿子，播发的稿子多了，可以提振班级士气。我也是前前后后上上下下地跑，虽然忙累，但学生情绪高涨，有利于提升班集体的荣誉感，所以就不在意自己的那点辛苦了。

运动会次日上午，刘永芳因为200米又没取得决赛资格来找我，昨天她的50米就被取消了决赛资格。对于她的委屈，我反应不够积极热烈，心想班级总分已经挺高的了，让点出去也无所谓，拿到第一就行了。其时，我正和四班的张某琴一边晾晒野菊花蕊，一边关心询问她的家庭情况，其父母在生下她不久就离婚了。我很同情她，安抚着她的心理。

1996年12月，我们作为初三毕业班级最后一次参加校运动会，其时我正谈着对象，心有旁骛，对赛事已无从前的热心和激情，躲到一旁去练习打乒乓球，而把这次活动基本推给吴健同学去组织了，自己省心省事，他也乐意去干，蛮好。

初三学生体力肯定大一些，又有体育老师重点培训，加上班上有个猛将刘冬军，他皮肤黑，块头小，个子矮，腿脚快，看似脚不沾地，跑出飞一样的节奏，跑啥项目都是第一。每次他都领先一大截，特别显眼，以致全校师生都赞叹他飞奔的身影，运动会的分数也就惊艳一两天，但燃烧的都是卡路里，精彩！

十八、教职工四五个

1 W老师

1994年9月，新学期刚开学，学校又出现一批没报到的学生，辍学在家，流生不少，不是几个，而是几十个，每班都有，这是学校面临的很大的问题。校长很着急，收不到学费着急，学生不来上学更着急。说真的，那时候校长的工作还是挺难的。再后几年，教师工资由乡镇统筹后，乡镇中小学的校长真是挠破了头操碎了心，每到发工资的时候，天天往政府跑。能够按时发放教师工资那绝对是一种奢望，不仅延迟，还会减半，就像挤牙膏一样。校长们使尽浑身解数，或哀求，或怒怼，各出奇招，弄点钱款回校，先将就将就运转起来，也像一只大鸟觅食回来后吐哺给小鸟们。那份感觉，别人是无法感同身受的，只有当事人才能体味其中的辛酸委屈。

动员流生工作布置下来，三人一个小组，我和J老师的组长是毕步青主任。周六一早，毕主任催我赶紧动身，本来是三个老师，后来W老师临时加入我们这一组，于是J随了毕，我跟着W，分头行动。分摊之后，我们这组动员流生的任务就不算重了，人多好办事，的确。W老师对别班的流生努力劝返，对自己班上的几个成绩不佳的学生却充分肯定不再上学是家庭最明智的选择，早点学个手艺早点挣钱，老师是为你好。"老师是为你好"，这句话很普遍、很诚恳，可是真的每次都是为学生好吗？甜美的语言外衣未必每次都是包裹着甜美的内核，毕竟不是每个老师都具有崇高的情怀。他的小心思我懂，其实他是怕这些所谓的差生拉班级均分的后腿，趁这个机会给自己减负而已。他还经常在我面前自我标榜，讥笑别人，甚至开导、鼓励我去和某某领导"斗"，他说他来支持我，俨然他是个局长。

后来，我在三中教书，曾有个学生找我，手持一张纸条，是这个 W 老师手写的短信，给我们方寿根校长的，请给该生减免费用。我就笑笑，让学生找校长本人去了，印象中好像也没起多大作用，我就想到了一个词语：手令。

2016 年暑假，我在茅山遇见他，他还是那副慈祥的笑容，只是花白了头发，又一次得意地对我宣示承诺："你来茅山，我可以给你弄两三张门票，没得问题。"自得意满、踌躇满志、胸怀博大的派头，还是当年的样子。江山易改，本性难移，古人的话真有道理。嘿嘿，这个时候，我以皈依弟子的身份，以茅山道院义工的身份，车上就贴着进出景区的通行证，可以驱车直接进出，哪里要你那个劳什子门票？不过，我爽朗一笑，表示感谢。感谢他当年的热情，感谢他对我的催熟。

2 副科老师

弄茅山门票的本质就是一个字——钱。有钱人喜欢说钱不是万能的，没钱人则多强调没钱是万万不能的。所以，弄钱就成了考验个人能力的一项指标。班费有限，开支无尽，大凡理财，无非开源节流四字而已。茅山地区属于丘陵地貌，红壤土质，适合茶业。每到春季，永远都缺采茶工，某主任给我牵线，某天下午一点钟，我将学生集合起来，去附近某农户家帮忙采茶叶。因为下午第三节课是爱国主义教育讲座，十分重要，所以必须早点结束，收队回校。采到四点钟过秤，共 50 斤，人均 1 斤，动作还算可以了，那时候的山区孩子干农活还是可以的，总计辛苦费 125 元，纳入班费。下午两节课，班费增加 100 多元，这让其他班主任很眼红，前后串联一番，由某主任再次牵线，约好届时四个班级同时去采茶。

到了该日上午，群情踊跃，学生奔走相告，到处议论纷纷，准备出动。校长闻讯，出面干预，中午明确了一个通知，加了禁令，绝不允许。正好气温也高，有 32 度呢。几个班主任心里说，正好，也好，省得出事儿，当然众人嘴上肯定要对校长大加讨伐，这叫"政治正确"。

采茶叶获得的费用，部分将用于购买营养品慰问本班科任老师向某，他骑摩托摔伤了。

向老师是副科老师。副科老师集中在一个大办公室，也就是一间空出来的教室。教室黑板画了个方方正正的值班表，表格中写有具体的值班事务和人员名单，其中包括向老师。值班表字迹工整帅气飘逸，远非语文老师能比，估计是出自美术老师王武之手。名字中还有一个叫"何顺友"的，字迹被人略微修改过，风格就显得突兀，明显区别于其他文字，不够和融协调。"何"字没动，"顺"字的左边三笔被朝左硬行改成"彡"，"友"字的左上角被人加了一小撇，右上角加了一点，变成了"发"字。何老师已近半百，头顶半脱，前半个脑壳光亮光亮的，后半截虽有毛发，却也没几根，疏疏朗朗，无精打采，聊胜于无。我们是茅山中学，五公里之外还有一个茅西集镇，所以大家喊何老师为"茅西"，谐音"毛稀"。他性格开朗，喜欢开玩笑，别人这样戏谑他，他也不恼。不知道是谁，把个"何顺友"改为"何须发"，这个创意相当有才华，既因势利导寥寥数笔，又含义丰富，谑而不虐！不得不说，教师中有人才，歪才也是歪了的人才。为了大家能更好地理解，我心痒手贱，在被改动过的何老师的名字后面，加写了一个"？"今天来看，画蛇添足，自以为得意，其实何等浅薄，本来含蓄蕴藉，一旦揭开，便了无生趣，失去了涵泳之味。毕竟，味道需要读者去品才更有味道，提前剧透了的情节，就是鸡肋。

时隔多年，我曾打听过那些老教师们的近况，有人告诉我何老师的结局。其终于熬到 60 岁正式退休，办了手续，为了庆祝，摆了一桌，请老哥们喝酒。人逢喜事精神爽，他一时喝酒超量，夜里回农村老家，骑车而归，歪歪扭扭的自行车滑进路边沟渠，没人发现。等到第二天找到他，才看到他脸部朝下，已经窒息而亡。大家唏嘘感慨，喝酒的朋友们捐赠了点钱财，帮着办了后事。一番人生，就此谢幕。

还有一个副科老师，记得好像姓涂，我们好多老师背后都笑话他，说他糊"涂"。他还有两年就退休了，按照"惯例"，也就上上自由班，晃荡晃荡，等着退休好了。可是这个主儿不一样，他缠着校长要上课。

校长吃不消，无奈之下，就让他上劳技课，其实也就是打发他一下。校内的人都知道，当时劳技是副科中的副科，很多情况下就是自习课的代名词，一到重要的考试前，主科老师就来接管了，甚至招呼都不打，等到副科老师慢腾腾走来，发现有人占了讲台，就美美地夹本书到办公室喝喝茶看看报纸去了。这位涂老师却不一样，老早就进了课堂，一板一眼、一本正经、一丝不苟地讲课，即便学生嫌烦，在下面有点不安分，也影响不了他上课的热情。甚至有两回他来跟我商量，说是放假耽误了劳技课，请我这个班主任设法给他补足课时，我像看待怪物一样看看他。事后跟其他年轻教师说起来，真认为他是"神经病"，大脑有问题。今天，自己也50多岁了，看到一些即将退休的老教师上课值班反而更认真，我才体会到他们的讲台情结，以及他们即将永远离开讲台时心里的眷恋和不舍。老师一旦离开讲台，就不再回来，夕阳将逝，深情一眼。

3 董老师

1995年5月，我教着初一。董小梅老师一直要为我介绍对象，说好某晚在她家见面吃饭，结果我们等了好久，女方没来，不知何故。那时电话远未普及普通人家，自然无法联系。

董老师的丈夫是茅山林场的正式工，林场划拨出一块地，统一规划新建别墅，董老师家也新建了一套，我曾组织学生为之帮忙运送过一些红瓦。等不来客人，我们就自己好好吃了一顿。那时的我，年轻能吃，条件艰苦，看到佳肴，心情就好，敞开肚皮，尽兴而归。

改天，董老师没有预约就直接喊我去吃晚饭，说是"那人来了"。我正好心里有事，实在不想过去，但又不能不给她面子，就勉强而往。我本是性情中人，怀了这样的心理，情绪自然就上不来，吃饭气氛就冷淡了。我也没有正面多瞧那个妹子。那个妹子的父亲也来了，一连串提问：

"哪里人？"

"春城人。"

"春城哪个地方？"

我心平气和地回答了。

"毕业就分来茅山的?"

我觉得有些被审问的感觉,心里不快,没有作声,算是默认。

"今年多大?"

我的心火开始燃烧,但限于理智,只是重复了两遍:"二十好几,二十好几。"

他似乎不甘心,又追问我一遍。四班学生许燕的妈妈是个热心人,那天也陪着,一看情形,连忙替我回答:"二十四,二十四。"

大家都感觉到了我的不快,事实上我不大会掩饰自己的情绪,脸上就不会和颜悦色。气氛走低,然后大家就默然。

我的不高兴有一个重要原因,对方上次爽约也就算了,今晚来的还比较迟,也没有做什么解释。而我又满怀心事:一班孩子在等着我呢。

第二天是我的生日,正好周末,晚自习会放假休息,而学生为了给我庆生,做了不少准备,时间约在今晚。白天课间,四班王丹丹同学还特地问我晚自习期间是否会到班上来,当时我给了绝对肯定的回答。那边厢,学生在苦苦等我,这边厢,女方拖着我的时间,搞得我很不爽。看看时间快到了,我也顾不上所谓礼貌,打个招呼,拔腿就跑。真是跑呀,林场宿舍区离学校还有近一公里呢。那时我经常锻炼,身体素质不错,简单告别,马上出门,一路狂奔,直奔教室。学校晚上九点下晚自习,等我跑到学校,九点刚好过头,学生正在眼巴巴地等我,而几个来校晚自习的走读生已经回家了。我心头一热,满怀歉意,赶紧招呼他们。可以想象,如果我今夜爽约,他们的心理将如何平衡,会何等失落。我马上把三班、四班的剩下学生集中在一起,组织大家唱歌庆祝。上届我教的三班、四班的老部下们也有几个赶来助兴(可惜日记中没有详细记录更多的名字)。大家唱唱歌聊聊天,师生其乐融融,情动于衷。杭玲说,现在的初二(3)班同学还在怀念我去年做他们班主任的时光。听了这些,我心里恻然,有一些难过,我毕业第一年教他们时,亦师亦友,大家玩得或天昏地暗或阳光灿烂。晚上十点半,学校熄灯后,学生们点起蜡烛,让我吹灭。以前只在电影、电视上见过祝贺生日吹灭蜡烛的镜头,不想今日我也来了一回。场景具有感染力,我陶醉其中,默默许愿,希望能最后陪他们走到初中毕业。教书三十多年了,整体上来说,师生感情最深的就是这一届学生,从1994到1997年,完整一届,一届三年，走过风风雨雨，历经顺利曲折。这些学生还是很重感情的，其中一些同学和我保持了三十多年的联系和友谊。

过几天，董老师的儿子陈冬来找我批改他的作文，末尾有"yes? no?"的英文单词字样，我很奇怪，问之。陈同学说是他妈妈想知道我对上次之事的态度。孩子不知是何事，只是奉命办事，我没有明确回答他，只说有空我跟你妈妈当面详叙。嘿嘿，今天翻看到这一页日记，追忆往事，有点感慨：所谓没有缘分，有时就是那么一点不对劲而已。女方通过别人来追问我的态度，说明对方还是有意继续交往的。如果不是头次错过，如果不是第二次恰巧约在那晚，或者那晚他家父女来得早一点因而时间能够充分宽松一些，如果不是我心里装满学生，不是学生如此热情等我，那么，我的姻缘或许会改写，人生就是另外一番模样了。不管怎么说，今天回忆起来，我都要特别感谢董小梅老师。她送给我一片菜地，介绍我去林场食堂吃饭，还热心给我做红娘。如今，我也做过几次媒了，复盘那次见面，女方父亲那样直接发问，其实是不妥的，生硬而尴尬。提问和交流是两个概念，完全可以边吃边聊，把问题稀释到酒水茶水中，分解到菜肴里。

第二天，董老师等不及我去向她汇报，而直接来找我，说那郭家女子问我是否愿意谈下去，又说茅东林场还有一个男孩子在等着，紧着我这边先要。只是在当时，我心里装的都是学生，还没有动结婚的凡心，所以这事就这样结束了。用我今天做媒的经验来解释，那就是男方还没有做好成家的心理准备。6 月中下旬，一个女实习生来我校实习，由于两家父辈渊源，我忽然就动了心，努力接近。此心萌动，我觉得需要给董老师一个告知。某日，我买了些小苹果、两斤酒、两包红梅香烟去找董老师打个招呼，让那个林场女子就不要考虑我了。如此小礼，实在是聊表心意。董老师如此厚待我，我一直无以为报，现在我只能用自己的文章来表达对她的感念之情。

可能有读者会对那个女实习生好奇，那就继续关注我的文章，以后或许我会写到她。

再说说董老师，虽然与前面话题关系不太紧密。董老师当时是茅山中学英语组的一块"牌子"，年轻有为，性格开朗，人也好看，是个抢手的好老师，很受欢迎，有关系的家长会找人努力把自家孩子塞到她班上去。由于时代原因，当时师资匮乏，每个学校都有很多年轻的民办老师，俗称代课老师。尤其是英语老师奇缺，我的初中英语老师成云就是高中刚毕业做的老师。第一次站上初一讲台，她还紧张得很。民办老师由于编制性质，待遇不如公办老师，同工不同酬，而且前途堪忧，退休没保障，但他们在当时撑起了中小学的教育大厦，等着大批科班毕业生来取代他们。后来政府出于安抚和稳定考量，进行了几轮过关考试，达标者送去师范院校带薪脱产学习一年之后转为公办老师。这给了大量民办老师们一个通道，他们一边认真教书一边积极备考，绝大多数如愿以偿，获得保障，欢天喜地，甚至喜极而泣。董老师就是其中一个，我们都为她感到高兴。

民办老师的普遍缺点在于自身积淀有限、底蕴不足，没有进行过专业素养培训，教书中往往强调死忙学生，只强调勤能补拙。我们这个年纪的人，当初都在英语书上写过"英格列西""卡斯"之类，死记硬背，没办法。默写单词是英语老师的法宝之一，到今天仍然这样。和英语老师同处一个办公室是很痛苦的事，很多老师尽量避免。因为一到下课，这里就成了学生的战场，默写订正，订正后再默写，默写后再订正，反反复复，没有停顿。办公室里面挨挨挤挤、吵吵闹闹，学生们趴在各个角落，甚至趴在同学背上，默写单词，订正错误，罚抄一百遍。那时没有禁止变相体罚之嫌，反而被认为抓得紧，罚抄一百遍往往只是"起步价"，三五百遍也不在少数。上有政策下有对策，学生能把几支圆珠笔用皮筋绑起来，在纸上并排书写，以达到同时抄写三五遍的效果。有的老师对此会制止甚至增加惩罚，有的老师则睁一只眼闭一只眼，给以过关。抄写速度再快都是被动的，于是有学生主动出击，把目光移向上游，事先抄写好课文单词，大家默写时自己假惺惺写个不停，等交卷时，偷梁换柱，交上备份，蒙混过关，逃避惩罚。道高一尺，魔高一丈，英语老师就发放统一裁好的白纸；学生仿制相同规格的白纸，事先写好；董老师又出奇招，检查出学生作弊。学生不服，董老师信心满满，坚持认定作弊。学生虽然悻悻而去，可是毕竟心虚，只好怀着狐疑，接受罚抄！今天，我来解密，为什么董老师那么自信，因为她聪明！她用大号缝衣针在一叠白纸的角落扎戳一个孔，洞穿所有白纸，然后把那个角落整体揉一揉，针孔本来就小，再一揉，已了无痕迹，学生不明就里，无法知道其中秘密，董老师又不近视，一旦怀疑，就启动细节核查，了然于胸，这就是所谓的魔鬼藏在细节里。学生虽然嘴上叫着委屈，心中一片狐疑。作为撒手锏，董老师断不肯告诉学生这个秘密武器。英语作业很多，耗纸不少，每个英语老师都会让学生多备几个本子，本子写完，也不发还，堆在宿舍，用于起煤炉之用，也算是废物翘楚。

董老师，奇女子，才干卓越，是当时茅山中学英语老师中的头牌。

4　老乡吴凤祥

那时，吴老师是我的好伙伴，是我的春城老乡，是我宿舍的近邻，还是我常常去蹭饭的对象。我报到不久，他送我一只红色塑料桶，用来储水，我自己买个红色塑料水舀子，长期浮在桶里。红桶后来跟了我二十多年，才因为把手耳朵豁口而废弃。我在茅山买的煤气灶也用了二十年以上。一是那时候产品质量真的过硬，二是我比较爱惜物件。吴老师耐心超群，能在停电的情况下（停电是常事），取出电饭锅内胆，里面是煮得半生不熟的米饭，大米刚刚伸腰，弄不好就会夹生。他打开煤气灶，开小火头，双手各抓一块干布，端稳内胆，让锅底坐在火上旋转受热，煮熟米饭，又不使米饭焦糊。这是个技术活，甚至可以说是一门手艺，极其需要耐心。吴老师做得很好，而我因为性子急，学不来，不是夹生就是焦糊，所以我要么端着内胆请他帮忙炕饭，要么直接去蹭饭。那个时候，只要能蹭饭，我都会腆着脸皮过去，管不了面子什么的那些东西，填饱肚子才是正道。一来二去，我俩就成了好搭档。

我曾谈过后白的一个姑娘，某段时间书信来往频繁，就是见不上面。宿舍和教室相隔不远，我很多时候都会躲在宿舍，听听收音机。某天黄昏，我在办公室硬泡一天后，回到宿舍，看到窗台上有一拎兜水果，苹果之类的。我好生奇怪，不得其解。与吴老师商议，他说："管他呢，吃了再说。"过了两天，他细心地发现我的木门上有淡淡的字迹，喊我凑近去看，原来是那个后白的"小姐姐"来看我，等我半天不见回来，又不好意思去办公室找我，就放下水果，用一块石片在门上刮几个字告知我，奈何木门上红漆斑驳，留言很不显眼。吴老师的细心解释了水果的来历，我赶紧给她寄去一封信。信，总是很慢，或者不凑巧，一来二去，满腔的热情也就凉凉了。如果那天我也像往常那样待在宿舍，人生或许就会改写了，这就是人们所说的"缘分未到"吧。

5　临时工陈永洁

写下这篇文章的标题，我感到很惭愧。因为在 1995 年我指导茅竹文社的时候就给学生说过，我要给他们写篇范文，关注普通人的生活，我点名要写茅山中学的勤杂工、临时工陈永洁师傅。然而，承诺一直未能成文，如今因整理书稿之需才予补写。现在，且听我来说一说。

他是勤杂工，工作内容繁多而不确定，听从总务主任派遣。学校的杂活很多，比如搬挪家具，尤其是每次开学前要调整办公室，搬运桌椅的工作量都不小。暑假，历来都是校舍维修的时段，陈师傅也需要配合帮忙，他是主力军。

他身材高大，体格健硕，手脚麻利，动作协调，效率很高，即便跟他交流，他也很少放下手里的家伙，一边说话一边干活，两不耽误。

住校的男女生很多，有三四排宿舍，女生宿舍带有院墙保护；男生宿舍门口相当于过道，有一定的场地，也没有地砖之类，就一条水泥过道，其他场地都是平整的土地。男女生宿舍门口都摆个破缸，让学生把吃剩的饭菜倒在里面，由食堂人员舀走喂猪。食堂自己养猪，过年分肉。那时普遍很穷，剩饭剩菜也有限，食堂也会去加工厂买些稻糠来补充。学生都在食堂蒸饭吃，食堂每顿只做一道素菜，清汤一样。住校生大多自己带菜，天气炎热容易坏，所以缸里经常有发馊的腌菜炒黄豆。家人过了半周再送来一次，可以凑合到周末放假。学生中总有不自觉的，随手一泼，便有一些饭粒撒在地上，一塌糊涂。除了时有麻雀来啄食之外，就需要陈师傅来清扫干净。至今还能清晰记得他扫地的样子，挥着硕大的竹丝扫帚，一扫一大片，墨子墨子（方言，一下连着一下很仔细很耐心的意思），汇总到系着绳子的一个竹制簸箕里，挑走。每天两扫，是他的定项工作。

除了定项，还有不定项。学校有啥临时的活儿，涉及体力的，多由他完成。我参加工作，到学校报到，校长和主任安排给我半间独立的平顶小屋作为宿舍。小屋脏而旧，里面塞了不少杂物。陈师傅把杂物全部移走，打扫干净后，兑制好石灰水，拎到屋里，握紧一支细木杆，在杆头上用一把竹丝扎个简易掸子（原理类似鸡毛掸子），蘸上石灰水，举着杆子，把墙壁和屋顶全部刷一遍，既可以增白，也可以消毒，屋里弥漫着清朗的味儿。各种寄附在墙上的虫豸纷纷夺路而逃，留给我一个独立自由的空间。当然，他不是只给我刷石灰水，每年都有新老师报到，这个活儿不一定。冬天到来之前，他还要把校园内的树根也用石灰水刷一圈，就像给树儿套上一截白色护袖。

其实，陈师傅最主要负责的是学校的"进出口"。除了清扫场地的卫生之外，还负责冲厕所。

他是临时工，待遇很低，每月才几十元钱。印象中，我特地问过他，好像是说每月30元。一天一块钱，这份待遇，真的是无与伦比的低。节假日，学校也会多多少少发点福利，一般都是通过工会的名义，他是临时工，自然没他的份。就算过年，顶多意思意思。我问他这么低的工资还要来干吗？他说，子女多，手头带快点，干完后再赶回家忙农活，影响不大，毕竟能另外挣到点钱。

大家喊他陈师傅，他真是师傅，做事相当认真。学校有个土地工（因征用土地而安排工作的人），不能教书，总要干点活吧？校长安排他冲厕所，他扛着铁锹和扫帚，大摇大摆，弄出很大动静，直接往女厕所里走，吓得女生惊叫，拎着裤子就跑。如此两三回，校长没辙，就让陈师傅去冲厕所。学校进门是个上坡道，坡道两边栽了风景灌木，需要适当修剪，校长把这活儿交给了那位土地工，结果他没有把灌木剪成球状，而是剪去所有绿叶，几乎只剩点干枯的桩。人家是正式工，本地人，腰杆子硬，校长又不能把他怎么的，只好认他狠，不再安排他干活。他呢，也乐得自在。陈师傅呢，临时工工资，多年维持不变。

一年深秋，学校用小黑板公布了一则紧急通知，说陈永洁师傅回家挑土方去了，需要十来天才能回来。学校没人冲厕所，领导便指派所有班级轮流出动，组织学生带桶过来，用水胡乱冲一番。当时，学校是旱厕，陈师傅有专用窄口铁锹来清理粪便，只需要用少量的水就能冲洗干净，配上扫帚，整个厕所都能保持干净，天天如此，大家已经习惯了。据来我校检查工作的教育局人员说，他们去过的学校很多，还只有茅山中学的厕所最干净。其实，不是厕所硬件条件有多好，而是有陈师傅在，就能做到"永洁"，不怕脏，不怕苦，不计较！如今，他因为家里人口多，挑土方任务重，一时来不了，没几天厕所就无法下脚，臭不可闻，学校竟然紧急通知来个全校大动员。

如果抛开其他因素来评先进评劳模，他绝对年年都是第一名，这点谁都服气。然而，很自然，年年都没有他。

他叫陈永洁，名如其人，洁字当头，干干净净，而且是永洁，只要他在，学校都会保持干净。洁的是环境，洁的是人心，洁的是境界。

陈永洁，一个临时工！

十九、家访和家长

　　1995 年春季的某天，我当时还在教初一。四班学生严国凤父母在家办酒，晚上宴请老师吃饭，严父亲自开车，专车接送，还是敞篷大驱——手扶拖拉机。车上座位很是宽松，毕步青、熊文斌、刘邦友和我，四人分坐，左右摇摆，体验了一把冲浪的感觉。刘老师是"大烟枪"，坐着拖拉机还能抽个空点支香烟紧咬嘴上，吭哧吭哧抽完烟过足瘾后，再跟大家眉飞色舞闲聊。他本来是体育老师，改教政治，带着二班班主任。班主任吃请，外带其他班主任，是很普遍的操作，下次回带，这就转起来了。严家住在华兴纪家边，山窝子里，原始林木很多，郁郁葱葱，绿化很好，水田绝少，旱地较多，土层很薄，质地贫瘠。老少边穷，这儿就是革命老区，人口稀少（这儿不是少数民族），乡镇边缘，非常的穷。山民淳朴，热情好客，一家来客，多人来陪，弄得热火朝天。我酒量有限，又畏惧人多，劝酒不停，所以干脆封杯不饮，只是闷头吃菜。你不斟酒，没人勉强，你若端杯，停不下来。

　　严家住在村头，很好找。她初三毕业后读了职高，过 20 岁生日时事先邀约我去吃饭，我欣然应允。她生日当天，我抱着两三岁的儿子，坐着大巴班车，一路颠簸。下站后，扛着儿子前往，一眼就找到了她家，受到其全家热情接待。当时有个男青年也在，我没在意，多年后才得知，过完生日，严同学就跟这位魏姓男青年去了上海，很快为人妻为人母，是同学中结婚最早的，如今有两个儿子了。

初三的时候，我班学习委员王振元家长来联系，邀约老师吃饭。等到周六晚上，一批老师也是乘坐"三机"去的。因正副校长都去参加自学考试了，我就请了周、黄两位主任代表学校领导同往。这几年，经济发展比较快，"三机"逐渐多起来，已经不用慢腾腾的手扶拖拉机接送老师吃饭了。王同学有个特点，别人是闷声发大财，他是闷头看书，话语不多，不管闲事，所以我给他个"闲职"——学习委员，专心学习，考好成绩，做个榜样就行。中考，他以一分之差没达线省句中，其颇为郁闷，让人惋惜。然而，其时英语大热，小学也即将布局开设英语，师资紧缺，那年丹阳师范首届招生小学英语教育，他以高分被录取，毕业后直接去了句容实验小学，非常幸运。乡下那么多老师想要进城，削尖脑袋都难做到，而他轻松到位。更厉害的是，他不爱旅游，不爱应酬，不爱运动，就爱看书，进而思考，最后写出很多的专业论文和活动手记，包括核心期刊、卷首语，他公开发表了几百篇文章，在往特级教师的路上狂奔。

四班熊文杰同学的父亲熊金富在茅山镇上也有一间自家的门面房，和很多门面房一样，他家的也锚定旅游的旺季，每到春天，或搞餐饮，或售香烛，招待来往不绝的香客、游客。某次，他帮我免费招待了两个来旅游的老同学，之后的一个晚上，我去打招呼，谈起他家去年（1994年）以1万卖掉镇郊三间房，我表示甚为可惜，那块地方真好，偏僻安静，适合我的性情。他说以后如果我办大事情（结婚、购房之类），不妨向他们借点钱。说起其子熊文杰，这次考试掉队不少，家长表现出急躁和忧虑。熊父军人出身，豪爽开朗，但也简单粗暴，所谓教育孩子，就是直接操起棍子开揍。我和熊文杰接触也不少，他性格直爽，风风火火的，被打次数多了，人很皮实，耐揍，也就是抗击打能力较强。

1996年春，我母亲骑车贩卖农副产品摔跤骨折，家庭又一次艰难起来。都说骨折要多吃猪骨头来补补，我就去茅山菜场买猪骨头。那个时候茅山菜场有个特色，就是猪骨头没人要，所以杀猪的都是把骨头上的肉尽量切下来，剩下光溜溜的骨头售卖，特别便宜。我就买这种骨头回来，熬汤装进热水瓶，请孙老师骑上摩托车送我到老家，给我妈滋补身体，然后再带着我骑车回校。猪骨头煨汤是个麻烦活，我就打算买个高压锅。镇上有个电器店，老板姓杨，是我上届学生的家长，我打算去看看。在菜场遇见管理员熊金富，他听我这么一说，很热心地表示愿意马上陪我一道去杨家买锅。都是镇上熟人，抬头不见低头见，熊金富也不客气，直接出面谈价格，杨某没法，最后谈妥成交，说是进价 120 元，加 10 元利润，一共 130 元。

熊文杰有个堂哥，就是他的班主任熊老师。熊老师是小眼睛，脑子转得挺快，人聪明，教着三班、四班数学。他平时笑眯眯的，教育学生的时候就成了"辣手摧花"的主，小棍子打手，打的最多的就是他这位堂弟。四班学生多是镇上的生源，成绩较好，人也调皮。闲聊中说到熊文杰家旧屋已售，熊老师给我提供了另一个卖主，说是楼房加偏房，要价 2 万元。我想有一个家、一个书房、一个庭院、一池清水，听涛涛山风，看悠悠白云，其境雅矣。可是看着空空的口袋，一笑了之。古代隐士多有美文，读来神往，可是要么是他们臆想之作，化虚为实，要么家底深厚，金银足够。

1995 年元旦，我晚上去曹永静家坐坐，她家就在我屋前的院墙外面，当然我不可能翻墙过去，那会有失斯文，所以需要绕一大圈。曹父送我一份新年挂历，印有大小星期，很实用。那些年，实行五天半工作制，为了方便学习、工作，实际是按照大小星期来操作的，也就是本周周末休息一天，下周末就休息两天，如此循环，很不容易记得。这个挂历能清楚显示，给人很多方便，所以很受欢迎。那时候，挂历还算稀奇货，当个"八宝"。后来，很多公司都印广告挂历，泛滥成灾；又后来，打击印挂历，加上智能手机功能强大，于是挂历基本退出历史舞台。只有农村老人还喜欢挂着，说是皇历，方便看看农历和什么禁忌。一份挂历，何尝不是时代变迁的缩影？

初二开学第一周，一个中午，大弟径直从南京坐车来看我，他在东南大学读大二了。他来得突然，事先没有通知，我本来只是打算煮稀饭对付一顿的，就临时带他去香满楼饭店（曹永静家开的）吃了一下，付了 30 元。这次兄弟交流很重要，统一了对父母的一些问题的认识，就未来做了美好的构想，并互相做出一些承诺，以保证兄弟三人的次序毕业。兄弟之间难得进行这种推心置腹的思想交流。

隔天，曹母吴筛美就让曹永静给我带回 30 元的饭钱。吴氏很会做人做生意，人品好，生意做得也不错。这次先收钱，省得当时推来让去，也让我知道了大概的价钱，之后再悄声退给我，让我默默念及她的人情。当时，她家刚开饭店不久，装潢阶段我也曾去看过，沿着上山之路，谋了一块地皮，按照镇上的统一规划，造了两层楼的门面房，后又凭经济实力往后院加盖了好大面积的三层楼，很有眼光和魄力。饭店建成，曹父曾向我征求叫得响的名字，我虽很热心，备用出来好几个，终不遂其意，他又爱看书，善思考，从当时流行歌曲"大雁飞过菊花香满楼"中获得灵感，定名。香满楼建成之初，名头位居全镇之首，立马成为一些单位的定点饭店，自然也包括茅山中学。中学校长王桃根一喝酒就脸红，像关公，酒多兴起，眼睛眨巴几下，原创的顺口溜就出来了，算是打油诗，还押着韵。大家越是喝彩佩服，他越是原创汹涌。他记忆力又好，精华之作下次喝酒随口而出，积累多了，一套一套地往外飚。大家听着叫好，他微妙地把控着碰杯的节奏，把酒局气氛推向高潮，段子手成为他的一张亮丽名片。校长喝酒兴致高，酒后就要宣泄一下散散酒气，其时刚刚兴起的卡拉OK成了他的最爱，有时纯粹是为了唱唱歌，他也先找个由头去喝酒。

这里，从侧面就能看出吴筛美的经营能力。生活条件快速提高，人们的要求越来越高，要有包厢，堂食跟不上消费者的需求；要有空调，总不能还是一个破电扇，吃顿饭淌身汗。香满楼投资很大，财力不足，卡拉OK设备好搞，更多的空调一下子难配，吴总就施过空城计，我曾在场目睹过一次。安排外来的客人就坐，客人发现没有空调，嘴上一说，心中不悦，吴总（饭店经营，曹父并不参与，另去开厂了）马上安抚，打招呼说空调坏了刚搬去修理，表示歉意，客人一听，来都来了，菜也上了，也就算了。不是没装空调么？我感觉奇怪，吴总微微一笑，说手头紧张，没钱来装，先做上几天生意，手头活络了就装，等这些客人下次再来，空调不就有了吗？我表示叹服，生意人就是精明！

香满楼开业不久，某个傍晚，我的初中同学杜红旗、学弟丁和兵（两人都在春城中学），突然骑着摩托车来玩。茅山中学的蒋祖瑞老师和丁是大学同班，那天正好蒋还在校没有回茅西乡下。于是四人去看纪念碑，我和蒋天天在茅山，觉得稀松平常，而杜和丁觉得景色真不错。四人去了香满楼吃饭，杜、丁都说香满楼饭店设施很好、味道不错，饭后我派蒋祖瑞先行结账，曹母当场未肯收钱，不同于上次先收后退的操作。什么叫把握人心？这就是！面子啊，同志们！

我还在香满楼招待过来访的大学舍友吴某，曹母吴总也是不肯收钱，表示即使将来其女毕业了，仍将一如既往地看待我、接待我，绝对不会像某些家长一样人走茶凉，不过那是后话。我在茅山时她多次借钱给我，帮我介绍对象。我调离茅山后，好多次回茅山都会去拜访她，一直交往到现在，二三十年了，她依旧热情不减当年，对我妻子评价很高，说比我当初带给她看过的两个对象都要好。

我和妻子后来还去她家饭店吃过两顿饭，不过时过境迁，新的饭店不断涌现兴起，香满楼渐渐沦为普通的排档，也转包给了别人，吴总自己早早做了"寓公"。

1995 年暑假，我从老家骑车去学校拿七月份工资。那时，旧公路狭窄，碎石子路面，尤其是坡路又多又陡，又是高补班时候同学送我的轻便旧车，轻便倒也轻便，就是冲上大坡太吃力。天热，偷懒，就想坐车，就是搭乘"三机"，把自行车挂在后车厢栏板上。一早又没啥旅客，正好遇到一个黄姓男子，是华兴村上的菜贩子，平时开着"三机"到镇上批发货品，再在村上摆个摊点，赚点差价，得空的时候也拉拉旅客，人货混装，多种经营。当初我帮朋友卖过鱼，黄在我手上搞过批发。都是熟人，自然方便，我要付全程车费，做生意的喜欢丑话说在先，他跟我约定，路上要是有旅客去茅山，就带我去茅山，没人的话，就带我到半路，他回家摆摊，由我自行骑车去茅山，根据情况再付车费。带着期盼，我眼巴巴地从车厢透过车主的驾驶室玻璃张望，一路都没人招手停车，非常遗憾，停在了中途的华兴村，他不肯送我，除非我包车，那么我又不合算了。算了，还是骑一骑吧。

既然只到一半路程，时间也比较充裕，我就顺便去华兴村转转。我们来严国凤家吃过饭，但她今天不在家。于是我又去纪卫香家，就她一个小女生在家烧饭。我接着转到吕欢家，她爸爸在家，我就在他家吃了个饭。她家门口右前方有个池塘，前几天下过雨，池水略微浑浊。池边就是菜地，种满茄子，吕欢赤脚踩泥，去地里摘茄子，我在地边上不断好奇地问这问那。我还与她那生病的爷爷聊天、拉呱，攀谈一番，盘算起来，我和他家居然还有转折亲。那位老爷子那年 73 岁，他少年丧父，自己抚养弟妹，中年丧妻（42岁时），晚年（73岁）又丧长子，可看起来他仍然显得很坚强。

中午，吕父叫来其侄儿吕波，吕波是我高中同学孙白平的初中同学，天王中学高一数学老师，之前见过，他正好在家，前来一起吃饭。按照数学的等量代换，我俩也就同学相称。二人都是从教不久，经验有限，切磋了很多做班主任的经验和技巧，有点学术交流的意思，相谈甚欢，说好以后多联系。

1996年夏天，母亲骨折已一月。父亲非常着急，芒种已到，麦收要抢，乌泱泱的几亩麦子，需要人工收割，一镰刀一镰刀地割，这可如何是好？作为长子，必须为父母分忧，思来想去，只能向家长求援。在班上联系了一下，有两三个家长表示愿意去帮我家收割麦子，助我于急难之中，这让我非常感激。我们约好在周六，还是阴天，前两天刚下过大雨，让人担心接着下雨，麦子淋湿了容易出芽而报废，还好保持了阴天，不算太热，又没下雨，真是天公作美。那天一早，刘永芳母亲、潘林圆母亲、杨杰父亲、丰荣父亲四位到学校集中，都已各自吃过早饭，带了自家趁手的镰刀。我事先预定好了熟人的"三机"准时赶到学校，载着他们直接开到我家门口。大弟也按照约定赶回来帮忙。两男两女，这四位都是农活高手、快手，割起麦子一点不含糊，尤其是杨杰父亲，外号杨老三。

初一下学期，杨杰忽然赖在家里不肯到校读书。杨老三来学校找我，请我上门动员杨杰上学，因为孩子比较尊敬我，能听得进我的话。老杨还告诉我，孩子对奶奶态度比较冲，希望我能一并给予教育。我马上安排去家访，还带了水果和食品看望杨奶奶，目的是教导杨杰要好好尊敬长辈。最后教育效果很好，所以杨老三很感谢我，还来学校看过我，带点自己做的月饼，我俩聊得很嗨，成了朋友。他经常引用农村老话，我还记得有这么一句："九月不凉惊（方言，温度陡低使人浑身一凛的意思）人，六月不热闷人。"

他个子不高，身材不壮，但话语不少，很会活跃气氛，手脚特别麻利，割麦子飞快，捆麦把紧实，肩挑麦把让人不可思议，矮矮的个头，瘦瘦的身板，居然能挑起很大的麦把，走起路来还很轻松的劲头，与其体形反差很大，富有喜感，令人敬佩，让人感叹。杨杰已初中毕业30

年，期间我们断断续续有过多次联系，每次我必问杨老三的情况，每每转说给父母听，父母都对他印象很深，交口称赞。

人少好过年，人多好种田，毕竟人多力量大，一天下来，不仅全部抢割下来，捆成麦把，肩挑到场，而且协助本村的拖拉机手前后拉了四趟，将麦把全部送到公路边上堆垛，以待之后父亲慢慢将其铺在公路上，由着来往的汽车碾压而脱粒。

大忙起来，每家都忙。我遇见一个堂叔，他说："自己挑了半天麦把，还不如你一个月工资哦。"麦子每担才72元，他家收割脱粒晒干扬净，大概700斤，一共才500元。也就是说，纯700斤麦子的收成还赶不上我的月工资。其中，还有成本，包括麦种、化肥、农药、人工费等。唉，农民真苦。不苦，又没得吃。

一直忙到黄昏，简单吃一点晚饭，预约好的"三机"赶来，我陪着他们一起回到茅山时已经7点，天都黑了，四人才衣裳沾满灰尘，带着一身疲惫各自回去。我到校后进班，随手拉几个学生，指定他们马上帮我冲了7瓶开水，我好好地收拾了一下个人卫生，麦芒刺挠得浑身痒痒，难受极了。吕欢、严国凤次日中午跑来帮我清洗收麦子弄脏的两身衣服，谢谢她们平时对我的帮助。

家长们的助力帮了大忙，让我们全家特别感激，至今难忘，这是怎样的雪中送炭啊！请允许我借这个角落再次表示深深的感谢，他们当时都是我交往得不错的家长，所以我才开口求助。这种鼎力帮助，以及很多家长借钱给我结婚，搁在今天，说不定会引发网络舆情，但那个时代就是如此淳朴。亲爱的读者，如果你读到这一段，请务必不要用今天的人际关系去解读。为表示感谢，我送这四个学生每人两本教辅书，并作了相应题词，以资鼓励。

这年冬天，杨老三来找我，约我去他家吃顿晚饭，怕我只是一人不肯答应，还点了许明老师，因为他俩关系较熟，最后我也未做推辞。过了两天，我布置熊文辉提班费8.5元买了10个大苹果，自己又掏11元买了一包黑芝麻糊和一袋维维豆奶粉，在许明老师和小钱老师的陪同下前往杨家。东西都是给杨杰奶奶准备的。好在路不远，我没肯多喝酒，三人骑车去骑车回。杨老三也真客气，没几天又到学校给我送来炒熟的花生和六个红鸡蛋，也不知是哪门子风俗，我就收下了。当时正筹划着宿舍装电话，我包了些花生去看毕老师夫妇，因为他是工会主席，负责这次装电话的事。

初三时候，杨老三听儿子说我患了脚疾不能上课，特地跑来看我，带来两瓶罐头、一包豆奶粉，又拎了10个咸蛋来。唉，班上家长很多，但这样的学生家长真不多，要知道杨杰成绩并不太好哦。

杨老三，典型的老区人民，勤快，善良，乐观，热情。

教这届初一的某天傍晚，我在街上闲逛，遇见张鹏母亲，上一届的学生家长，她跟我热情打招呼。交流中，她说张鹏头年在我手下读初一的时候学得非常轻松，现在总感觉累。学生能记得我，我心里很是安慰。

初二即将暑假的时候，我上届教过的张鹏刚刚初三毕业参加中考，考到了中专线，家长很开心，便办酒宴请老师，表达感激之情。他的初三班主任何宪平老师来找我，转达家长的盛情邀请，我本想再次不去的（家长之前曾经请科任老师吃过饭，也点名邀请过我，我找了托词没去），后想想家长和张鹏本人多次表示过对我的好评，再不去就有点伤感情了，遂往。张家开了一个锯木加工厂，规模还可以，经济条件也不错。酒席办了两桌，特别丰盛。饭局上，张父再次表达了对我的一如既往的评价，当众声称如果此次我不来的话，下次他将亲自去请我。就算家长有客套、溢美之词，但当众这么说，我还是非常欣慰的，毕竟只教了他一年，毕竟这是初三科任老师的宴席。受人尊敬，当然很爽。

我去过他家的加工厂。巨大的带锯从上到下，在齿轮的带动下，形成椭圆状，形如阿拉伯数字"0"，沿着轨道快速旋转。锯齿吃口不小，奇偶相间，从而轻松切开大的树段。木屑飞舞，散如飞雪，尘土弥漫，俨如起雾，噪音很大，刺耳伤神，无法交流，只能用手语。工人需要戴好口罩、风帽，甚至护目镜，用力推动树段迎着锯口向前，或用铁锹铲走堆积的木屑，散发出木腥气，或清香，或苦涩，视材质不同。

我和自己班上的家长自然更熟悉，他们有的就住镇上或者在附近的乡镇企业上班，路也不远，走动就多一些。男生潘林园体格偏瘦，性格温和，声音较细，成绩中上。潘母在小工具厂上班，跟我们时有交流。晚饭后没事的时候，我也会偶尔主动去家访，以示关心。有一次印象比较深，初三年级快要寒假了，潘母很客气、很热情，不顾我的阻拦，硬是当即动手炒瓜子招待我，在我临走时，还要送我一只咸鸡，被我坚决拒绝了。我说："去年你去帮我家收麦子，已是给了天大的面子、巨大的帮助，我感谢不尽呢。"

李刚的父母和我接触也很多，真的是兄弟相称。李父在粮站给领导开小车，还是蛮威风的，又生了个小女儿，可爱得很，那时候一家人过得很是和美。我在李家吃过好几顿。他家当时住的是粮站的宿舍，宿舍临街坐落，一长排，很多间，进深很深，非常整齐。每个职工分一间，屋前自己搭接个厨房，各家弄的高矮狭阔不一，观感杂乱。初三下学期的时候，李刚正值叛逆期，家长很焦虑，我便去李家家访。李父说到粮站在搞改革，打算把这些宿舍给卖掉，每间 2000 元，我心里一动，也想买一间，请他运作运作，他说凭自己跟领导的关系，问题不大。其时，我已经结了婚，回家跟妻子一说，她说在那买房有啥用，况且还欠那么多债。我沉默了，也没有再去追问李父。没钱，那就闭嘴。

一般来说，去李刚家我都会顺路在吴健家坐一会儿，就在往李刚家拐弯的路口附近，也在我回春城的必经之路上。吴家在街边自盖了小楼，二楼住人，一楼经营，吴母自己开着服装店，不用交房租。我曾在店里为朱通海同学买过衣服。吴父名叫吴筛扣，关于这个名字，我曾好奇地打听过。吴筛扣排行老大，出生后，父母就按照旧习俗，反扣一面筛子，罩住，以求得到护佑，从而能够顺利成长。吴筛扣曾是名军人，响应"深挖洞广积粮"的号召，开掘防空洞的时候遭遇事故，导致腿伤而退役，被安置在一家工厂做个副职，没啥具体事务，也就相当于赋闲，所以他经常待在店里。他很健谈，我又有军人情结，多次打听他当兵的事情，他很乐意回顾自己的青春辉煌，高光时刻，说得精神抖擞，我听得津津有味。他还有一个特点，就是耿直孤傲，看不惯很多社会现实，常常抨击，不留情面。初三冬天，吴筛扣曾因胃溃疡发作差点休克过去，住院好几天，在我去看望他的时候，他气色很差，病恹恹的样子，说话全无平时的阳刚硬朗。

吴健活泼调皮，很能玩出花样。毕业后，果然很有成就，仕途曾做到副处，转而搞起实业，办厂颇多创新发明，经营有声有色，知名度越来越大。看来吴家基因强大，搁哪儿都会脱颖而出。我儿子大学暑假期间曾去他的工厂做过暑假工。

1995 年国庆节期间，两个弟弟来茅山，跟我一道去山顶玩。在顶宫广场，四班学生葛某的母亲设个亭子，挂牌营业，做着生意，为游客提供拍照服务，收取费用，留下地址，洗好照片后给游客寄过去。她为我们弟兄仨拍了两张合影，我关照她等照片洗好了，让葛某带给我，我付钱，葛母表示不收，后来也真的没收。所拍照片，至今存留。葛父人称葛老大，负责山林防火，骑个"250"的大摩托车巡防，在地方上颇有名气。凭着人脉，葛家在茅山开了一个饭店——逍遥酒店，生意兴隆，名如其人，葛家小日子过得真是逍遥。靠山吃山，茅山旅游养活了好多本地人。

　　说到幸福"250"，顺便说几句。"250"车身沉重，动力强劲，通身红漆，很是亮眼，马达声音很大，一拉油门，声音陡响，近乎炸街，屁股（排气管）冲出青烟，绝尘而去。其时本地青壮年骑车揽客，主动搭话，说是可以把客人送进庙门，只收一半门票钱。他们人熟地熟，自有门路，把游客从各种途径塞进庙门，逃票成功，以谋私利。

　　我在茅山待了四年，熟人不少，更多的还是家长。茅山家长那时候歹怪（方言，"特别"的意思）热情，感谢他们，给我不少生活便利，也给我留下很多美好记忆。

二十、『双料』家长赵国芳

　　赵国芳，名字听来像个女的，其实是个男的，我的"双料"学生家长。他有两个儿子，长子敏敏，次子俊俊，相差一级，前后都是我的学生。第一年教书，赵敏敏跟着我这个班主任，是班上几个成绩优秀的男生之一，算是我的"开山"大弟子。我做了一年"孩子王"，天天跟他们疯玩，也跟家长略有联系，见过两面。第二年，他上初二，我留初一，正好教到赵俊俊，只是不在我自己的班级而已。所以，我跟赵国芳认识就比较早。他是小教系统的，当时任职少先大队辅导员，也算是"孩子王"，当然是比较成熟的"孩子王"。

　　我俩都没有想到还会因为赵俊俊而再续老师家长的缘分，自然就更加亲切。开学不久，某个晚上，应赵国芳的盛情相邀，我独自骑车去他乡下的老家玩，也算是家访。他父母也热情，准备了几个菜，我俩边吃边聊，越聊越投缘，他十分欣赏我的创新性教学，说我这样的教学才是真正的素质教育，并鼓励我能多写写教学论文。酒逢知己，我俩把一瓶泸州头曲喝光，这是我当时喝过的最好的白酒了，而我居然没醉。之后是神聊，在他的劝导下，两人又抽烟，聊到 12 点之后，满地的烟头。由于时间太迟，我就歇在赵家了，跟他挤在他家大床上对付半个晚上，只是因为体内酒精太足而一时难以入眠。第二天清晨，脑袋还昏昏沉沉，见大家还在睡觉，我就轻声起来，不便打搅，不辞而别，骑车自回学校了。

从来也不知道什么叫教学论文，受了赵老师的鼓励，我就想啊想，根据自己的体会，从学校油印室拿来用以印制试卷的 8K 白纸，亲手誊写《处处为教》文稿，写了两张的篇幅，打算次日请赵国芳看看如何。清誊文稿很费时间，而且中饭、晚饭都是吃着吃着就睡着了。正好那个星期事情多，备忘录上记着一串要办的琐事，特别累。把文稿放在优先级，再累也要完成。赵俊俊带回我的文稿给其父阅览后，又带回给我，回复说是他爸给予了一定程度的肯定。这篇手稿至今还在我手里，30 年都没有丢弃。以今天的眼光来看，当时的文字稚嫩得一塌糊涂，不过是自己一个字一个字手工写出来的，还是有点敝帚自珍的意味。

　　在赵俊俊初一接近尾声的时候，赵国芳被学校"请家长"，办完事后就来看看我。原来，初二（3）班，我以前的老部下，现任班主任管理不力，又没有我的亲和度，班级日见混乱。当天有七八人故意旷课，连以前很是安分的赵敏敏也在其列。赵国芳只好亲自来校，接受现实，听老师告状。该班教室在二楼，记得有一次下课，学生们在走廊肆意尖叫追逐打闹，王明龙主任路过，也镇不住他们，摇摇头说："只有史祥来，才镇得住你们。"大家听了，竟一下子安静了下来，他们还留念着我这个"孩子王"。

　　由于工作需要，还有两个孩子读书，赵国芳携妻住着镇上新华书店的两间房。深秋的一天晚上，我去拜访，老赵不在家。他的妻子在屋内安了一部机器，帮人家摇毛线衣来贴补家用。我遂与其妻聊聊教育方面的事情，以及她两个儿子的学习问题。最后，因为天气转凉，我表露出想请她帮我摇一件毛线衣的意思，她让我试穿了一件摇好的红毛衣，看看还算合身，见我感冒状、清寒样，坚持让我先穿走御寒再说。那时条件真差，我都没啥像样的衣服。闲聊中，我已得知摇一件毛衣，毛线 80元，手工费 20 元。

　　过了一个星期，拿了工资，中午吃饭的时候，我让赵俊俊带回去100 元支付上次的毛衣费用。下午他又原封带回来，晚上我又让他再带回去。后来又说就收一下成本费 80 元，我没同意，还是坚持着付了 100元。手艺人挣点钱不容易，他们也是一大家子，负担重。我在茅山，在校外难得有人能说说话，虽然和他们关系很好，但毛衣的本钱一定要收呀，况且我不是个爱贪人家便宜的主儿。

年底的一个晚上，我再去他家闲聊的时候，才知道他刚刚被任命为小学校长了。这个小学校长，指的是中心小学校长，兼任乡镇的文教助理，掌握全镇小学的人事和财务。我祝贺了他，他心情很好，再次表达了对我的欣赏，弄得我起意调去小学才好，被他婉言劝止了。他对我还是比较赞赏的。上次我坚持为毛衣付手工费20元钱之事，显然留给了他们很好的印象。

正聊着，有客人来访，我且坐一旁，那人对我试探着望了一眼，我没啥感觉，赵校长说没事，是他的一个好朋友。来人恭恭敬敬地给校长点上烟，开始汇报他们学校的情况。我顿时觉得自己很多余，有点尴尬，忙起身告辞，大家也客气了一下。以前是赵老师站起来送我到门口打招呼，这次是校长夫人起身送行。后来，我又去拜访过一次，竟然另有两拨访客，我知道，当了领导就忙了，上门汇报工作的就多了，我也就不再过去了，校长夫人不再摇毛衣，而是忙着迎来送往了。

我结婚后，请了几个领导吃饭，王桃根校长、王明龙副校长、赵国芳，还有我的初中班主任，请他们到句容我的小窝看看。陋室面积很小，一张西餐桌，我和妻子在两头陪餐。那是初春的一天，已是初三下学期。他们仨一道来的，赵校长带的车，谈吐之中，他已经很抬头挺胸了。中学校长和小学校长，两人的孩子一直同班，副校长是两个孩子的物理老师。我的那个班主任和王校是要好的老同学，来吃饭的四个人关系这么一拧，很是亲切。王校是个优秀的段子手，戏谑不断，谈吐之中，赵校借着酒劲，不复以前的谦卑平和，明显气宇轩昂起来。

中考之后的暑假，到了8月月底，我去教育局人事科打听我的调动情况，被告知调动去行香中学教高中语文，第二天就报到。我一点思想准备都没有，左科长给我做了安抚和交代。事不宜迟，我立即赶往茅山中学。宿舍的东西还是颇有一些的，我向李刚父亲告别，同时求援，看看他能不能用他们粮站的小车送我一下，很快得到回复，单位领导不允许。

我一边为交通工具发愁，一边收拾所有物件，匆匆把学校各种手续办完，向部分交好的人们简单打个招呼，最后我又去向赵国芳辞行。这几年，他待我很好，对我评价很高，我很是感谢。从礼节上，我需要告知一声才对。他给我泡了杯茶，叫我坐一下，自己出去了一会儿。原来，他是出面给我找了一辆"双排座"，方便我把私人物品运回家。我心里顿时暖流涌动，真的不是人走茶凉、时过境迁呀，这份情谊，我会铭记。

之后，我俩虽然再无交集，但他曾经欣赏我、鼓励我，跟我酒后驻足长谈，最后安排车辆送行，都让我内心温暖、充满感激。本人能力有限，无以为报，就特地写这篇独立的短文相赠吧。

二十一、交流会上看卖艺

1994 年 11 月 5 日，周六，农历十月初三，是大茅真君茅盈祖师圣诞日。其神恩沐浴俗世民间，荫庇四方信众，于是人们云集响应，共聚茅山，为其庆生，香火之盛，为东南之最。这种活动过去叫作庙会，今称交流会，关于其来历，我且给大家说道说道。

在古代，神鬼思想普遍存在，"封建迷信"也颇有市场。在农业社会观念下，土地老爷最为实诚，神话故事里土地老爷比比皆是，各管一方。城市化后，依旧有他们的影子。所谓城隍庙，就是说他们进了城，有了更加像样的"办公"地点。农民想要风调雨顺、五谷丰登，除了祈祷高不可攀、遥不可及、云里雾里的玉皇大帝，还要巴结好土地老爷，让土地长出更多、更好的庄稼，给人们填饱肚子。农民愿望朴实，很接地气。皇家祭祀土地神与五谷神的祝祷仪式安排在社稷坛；民间就在《阿 Q 正传》里面说到的土谷祠。中国是个人情社会，比较讲究排场。求神办事当然要高大上，高规格，大场面，上档次。神灵都是有来处的，也就有自己的生日，用在神灵身上，就是诞辰，是需要隆重对待的。记得有资料说过，朱元璋每年休假两天，一是冬至，一元复始阳气复萌，二是自己生日。皇帝看重自己的生日，普通百姓亦复如是。世俗文化折射到了神灵世界，他们的生日就有了普遍意义，需要众人一起来庆祝，大家参看民间风俗，寿星越高寿，庆祝场面越隆重。大人的世界小孩不懂，神灵的世界凡人弄不明白，但神仙的诞辰咱必须记下来，场面撑起来，即所谓的"要有仪式感"，并且还要代代相传。

我见过葛村的一次过会。神气的杨六郎塑像，满身金彩，宛如盔甲，斜躺在舆（即轻便靠椅）上，头上的两根雉鸡翎前后晃荡，威风八面。四个健壮的汉子抬着靠椅巡游各村，身后一干人等，鼓乐仪仗，花船纸轿，转鱼游龙，通通跟上。小孩子看把戏，围着凑热闹，人多跟着跑。

古时候的阵仗盛大、隆重、威严，今天根本没法与之相比。神灵带着跟班检查一圈领地后，回到庙里，有点困乏，稍事休息，再歆享供品。然后呢？吃也吃了，喝也喝了，那就坐下来看个戏、听个曲，消遣消遣，乐呵乐呵。这些庙大多是社庙，就是祭祀土地神的庙。大家看看"社"字怎么写的啊，左示右土，不就是祭祀土地神的意思吗？晚上的戏曲表演，名为娱神，实为娱人，就是鲁迅先生喜欢过的社戏啊。看戏听曲的大人很多，凑热闹的孩子也不少。孩子不安分，坐不住，呼朋引伴，追逐打闹，沸反盈天，鸡飞狗跳。童声尖利，穿透力强，吵得人头疼，影响大人看戏。孩子天生嘴馋，只有用好吃的东西才可以堵住他们的嘴，才能让他们乖乖听话。于是，小贩们挑着担儿，掂着零食，都赶来了，京果桃酥芝麻糖，瓜子花生葫芦串。白天也有戏看，也有人来，人气带来商机，一些农民也正好需要购买农具，于是路边摊一长溜，宛如商品博览会，俗称庙会。新中国成立后，开启民智，打击封建，扫除迷信，取缔庙会，考虑到经济需求，只保留了农资买卖的内容，改称物资交流会，简称交流会。每个乡镇的交流会日期是不同的，有人专门列了清单，按照时序去各镇赶会。这个"赶"字用得极好，时间紧，任务重，商机多，生意好。尤其是在春季，庙会一波接着一波，摊贩们要么在庙会的地摊上，要么在赶往地摊的路上，他们所到之处，喧嚣闹腾，便宜货横行。鱼群聚集就会引来鲨鱼，人群聚集就会成为江湖，于是各路江湖郎中、江湖骗子狼奔豕突，粉墨登场，开始精彩的表演，演绎出几段风情不一而内核相同的故事传奇。

在杨塘岗上高考补习班的时候，我租住在一个农民家里，有个舍友同学叫张平才。他年纪只比我大了一岁，心智却比我高出一截。我俩有时合上书本，离开学校，骑车出游，接触社会，两人之间的水平高下立判。话说有一天，我俩骑车就近去大卓镇玩，正好遇到交流会。有处街边围着一圈人，里面有一个卖艺的，精赤上身，扯着嗓子吆喝，耍着一把刀，有时舞得生风，寒光闪闪，有时抱刀拱手，转圈说着什么。地上放着小塑料盆，里面散着几张纸币零钱，纸币下面的硬币光泽暗淡。小盆旁边搁着几个老式帆布提袋，装行李的那种大号袋子，鼓鼓囊囊的。我怀着好奇想往前凑，张同学拉住我，说："你就在旁边看，不要做声，看到底。"因为是交流会，看热闹的人就多，圈子围得比较大，脚下是粉笔画的圆弧，是卖艺的男子画的，他让观众都站在圈外。卖艺的拿出一些膏药说是要送人，半天又不给，返校的时间快到了，我们等得不耐烦，提前离场。张同学关照我说："你一定要记住，这些都是骗子，不要跟他们搭腔，最好不要围观，否则容易上当受骗。"

每当举行交流会的时候，四乡来人，多会顺道访亲问友，串门做客。本地住家都要买菜置酒，清洗烹饪，预办几桌，招待客人，成为每年的惯例。结果反而是远乡人吃饱喝足先逛庙会，本地人忙到天擦黑才有空赶个晚集。

人多手杂，茅山中学为了管理方便，派了后勤阮祥东协助门卫，锁了铁门，禁止学生出入，教职工可以从传达室进出。

后半晌，我买了点零食回校，看到有个卖艺的来到铁门外，他粉笔画圈，划定场地，脱了外套，露出健硕的肌肉，黑色护腕环扣两臂，空手半握，形似鹰爪。其五短身材，板寸头发，根根竖起，倔强挺立，眼带威光，面含煞气。一条练功裤，并不紧身，没有皮带，而是用宽布带狠勒了几圈，伴随着嘴里"哈"的吼声，面部表情狰狞而夸张。有时为了打出硬气功，还把腰带紧了又紧，肚子鼓凸，宛如倒扣的锅底。其鞋子非常紧脚，随着他的武术套路表演，时而鞋尖朝天，时而鞋跟蹬地，一副虎虎生风威武干练的样子。每次爆发力量时，其声音嘶哑深沉，拳头握紧如锤，脖子上更是青筋暴起，招招摄人魂魄。

由于就在校门口，我心里有依托，也就在旁从容观瞧。他不时表演几招，让大家鼓掌来捧个人场，每次表演之间就是自我介绍，地上放着塑封的照片，照片上印着他和某位领导的合影，两人握着手，都笑容可掬。他自称是北京武警总教头，说有图有真相，照片可以作证。耳听为虚，眼见为实，大家看到几张他与一些人的合影，心里更忐忑了。今天的我们都知道照片可以做伪照，但那时的乡民哪里见过？有人要细看，他那边又表演功夫了，一个跺脚发力，伴着一声断喝，把观众吓得一哆嗦，缩了回去。我曾经跟着张同学看过半场，多少有点印象，但这天这人有两招我没有看懂：嘴一喷气，吹断小石块；作手枪状发功时右手手指上袅袅冒汽。另外，令人费解的是，一块红砖竖着放，他走上几步远，以掌运气，离砖约一尺，砖头倒了！那个年代，正是气功大流行的时代！不过后面的就是我见识过的套路了，我在惊惧之后，开始欣赏自己熟悉的桥段。

他说，运气练功很苦，自然经常跌打损伤、肌肉劳损，祖上传有秘方，制作了特效膏药，才保自己健壮如牛。今天初到宝地，愿意交点朋友，免费送药，数量有限，先举手者得之。其豪情满怀，渲染铺垫之下，总有贪利者出列，表示祈盼有份。

汉子环走一圈，大叫："当真想要？"

"当真想要。"

汉子音量又增，如同霹雳："当真想要？"

应者也提高分贝："当真想要！"

汉子上去隆重握手，表示认下这个朋友。

"既然是朋友，请我吃顿饭还行？"

"行。"

"我看你那么小气，不诚心，说话都抖抖霍霍的。我再问你一遍，交个朋友，请我吃饭，愿不愿意？"

观众替着高喊起来："愿意！"

"好，我考验考验你，把钱掏出来我看看，放碗里。"

应者从裤子口袋掏出一些零钱，捻开示意，然后放进碗里。

汉子大笑："我就说你不诚心交朋友，不肯把钱都拿出来，怕我骗你钱？"

"没有，没有。"应者伸进口袋，拉住袋底，反拽出来，让口袋底朝天，果然已经空空如也。

"还没有呢？你上衣内口袋掏出来看看！"

应者忽然很羞愧，忸怩再三，在汉子的逼迫和众人的起哄下，果然掏出三张百元大钞，抖抖霍霍，放在碗里。汉子把钱一起卷起来，作势要放进口袋，观众心里都打鼓，这是要拿走人家的钱了么，自己是不是可以结束围观赶紧散去？

只听得汉子又一声大喝，吓得众人都站定，他说："既然是朋友，我怎么会要你的钱，无非考验一下你的诚心罢了，收好收好。"边说边塞进那人口袋，那人明显轻松下来，观众也都跟着松了一口气。示范效应一出，榜样例子一挂，汉子再问四周之人，就有几个人表示愿意通过交朋友来得到汉子的神奇膏药，也愿意接受考验，掏出身上钞票，放在碗里以示诚心。我心里感慨，这些人今天要栽跟头了。汉子分发给他们一些膏药，并关照使用的注意事项，一边以考验的名义把钱揣进兜里。

就在人们稀里糊涂的时候，忽然一声脆响，循声望去，竟是一个男子手挥铁链子走过来，舞得生风，一边说"干什么干什么啊"，吓得观众纷纷后退，生怕打到自己。我知道，救场的人来了。围观者的注意力一时被吸引住，卖艺的汉子手脚敏捷提包就走，迅速淹没在人海之中。铁链子舞了两圈后，被卷绕起来，跟着主人慢慢踱步而去。等掏钱的人醒悟过来，四处一望，哪里还有汉子踪影？他们有的忽生羞愧拔腿而走，有的坐地骂娘，有的掩面而泣，但没人敢追去找。他们被那身肌肉、那个气功、那根铁链吓到了，都叹气一声，自认倒霉，心有不甘，最后无奈着纷纷散去。被汉子打断的几片石头道具兀自散落在地，见证了一个收割"智商税"的故事。

这样的故事，几乎在每个交流会上都有，杂耍形式不同，赠品不同而已。然而，农民的淳朴让江湖骗子总是有机可乘，像韭菜一样，一茬一茬地收割。每次交流会都是各种假货的集散地，江湖骗子的狩猎场，各路小偷的淘金期。交流会阻塞交通，引发斗殴，治安案件频多，警察疲于应付。事后垃圾遍地，处处狼藉。随着时代的进步、经济的繁荣、商品的丰富，各地交流会日见式微，甚至大面积永久消失，卖力气的江湖骗子今天终于绝迹。但骗子们动脑筋想办法，转型升级，抱着买来的电话号码信息挨个热情打电话，"抠脚大汉"上网伪装成清纯的小姑娘，开辟新的战场。我们与时俱进，骗子亦然。

交流会上看卖艺，终究成为往事，往事如风，消逝在山林溪谷间。

二十二、一张报纸一瓶酒

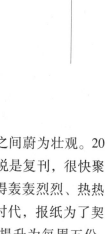

　　有种现象，或曰潮流，人们往往一哄而上，一时之间蔚为壮观。20世纪90年代掀起了办报热潮，《句容报》应运而起，说是复刊，很快聚集了一批文艺青年，编者用心，作者用情，把报纸办得轰轰烈烈、热热闹闹。年轻人有朝气，喜欢弄潮，又赶上一个火热的时代，报纸为了契合政府的需要，便开足马力，大力宣传，把每周三份提升为每周五份，更名为《句容日报》，同时力争把《句容报》的发行量再提一个台阶。于是领导灵机一动，套用最快捷的摊派方式，机关事业单位，统一征订，人手一份，工资中直接扣除。

　　某次学校开例会传达上峰精神说，本来计划句容河二期工程每人扣工资200元，因为要迎接"九义国检"而暂缓，以后还要扣一个月的工资作为"黑色路面"款。回报有二，其一是一张卡，贴着个人照片，说是可凭此卡免费登大圣塔，以感谢200元的"捐款"。如今，巍巍高塔已造好多年，卡没用上一次，只能留着做个纪念，纪念时代的脚印，纪念自己的青春，照片上年轻的脸庞，顶着浓密的黑发，让现已半秃的自己动容。要不是这张卡，我都忘了自己头发曾经的茂盛发达。其二是有一张特殊的报纸。坦率地说，任何活动都必须要有经费的保障，报纸要想扩张，就必须开辟财源，所以报上的广告越来越多，旅行社、张某林音像、各类地方白酒。白酒中，有个"凤鸣塔"投了广告，某次春季造势，说凭这期的《句容日报》可以去设在句容县城的该店兑换一瓶酒，叫什么"天池"酒，声称价值 20 元每瓶呢。这种广告方式，直接让受众获利，当时还是很新鲜的招数。

学校报纸都必须经过某个环节，通过某个人手中。隔了两天，街上传开了"一张报纸一瓶酒"。老师群体不小，社会触角多元，收入有限，生活拮据，一点小利盘桓在心，自然就会互相打听，得知大家都没有收到这份报纸，顿时怒火中烧，汇聚起来，兴师问罪，势如滔滔江水。众怒难犯，经手人招架不住，堆着笑脸百般解释，说是自己好意，拿去集体兑换，省得大家都去句容跑一趟，毕竟车费还要近 10 元呢。唱喏一般地说"明天就到""明天就到"，大家安心来拿，一瓶不少，可还好？大家得到保证，一哄而去。经手人擦了一把汗后，果然说到做到，"好事做到底"，帮大家把酒给兑换回来后分发下去。

过了几天，有一位在街上开店的家长透露了一个所谓内部消息，略带神秘地低声说，只有他们才懂行情（言下之意就是老师们比较呆，好糊弄），看似同样的酒，包装一样，其实里面酒瓶颜色不一样，价格也不一样哦，老师们拿到的酒才值几元钱，里面的瓶子是不一样的，不信自己回去看看。听其意思，好像是经手人去句容兑换了白酒后，调了包，以次充好。到底是以次充好呢，还是挑拨离间呢，时过境迁，老师们把酒都喝完了，酒瓶都扔了，谁还去计较呢？反正是白白得来的一瓶酒哦，能喝就行！

那个时代，经济转型，工人下岗较多，但并不妨碍《句容日报》之类的报纸在全国花样繁多，层出不穷，雨后春笋一般生长。起初是广告挣钱，后来是版面挣钱，甚至连副刊都开设某校专辑，谁给钱就为谁服务，利益之下，原则渐废，最后成了谋利工具。各类地方报纸铺天盖地，挤占了订阅资源，导致国家级、省级、市级党报党刊的征订越来越困难，起先是数量越来越少，后来是摊派指定任务，再后来……

后来，中央一纸文件下令全面清理五花八门的各类地方报纸，把门槛设得很高，要想办报，必有刊号，很多报纸也就"寿终正寝"了。不说"停刊"，而曰"休刊"，说着好听，主动暂停，留个尾巴，期待下文。一刀切下，总有"冤魂"，我个人感觉最可惜的是镇江市教研室编印多年的《作文之窗》也跟着停办了。这本内部刊物，曾经先后激励过多少稚嫩学子的文学梦，包括我，包括我带的茅竹文社。

风中有朵雨做的云，报上有瓶他换的酒。

二十三、病人很脆弱

　　1996 年的暑假，我还没有谈到对象，无处可去，就在农村老家度假。所谓度假，只是说起来好听，似乎过着山水田园生活，优哉游哉，其实完全不是那么一回事儿。农民永远有着干不完的农活儿，作为农民出身，我自然会参与其中，帮着母亲上山除草，下地育苗。印象中，大清早，头戴草帽，脖围毛巾，去往旱地，翻山芋藤，给土垄刮除杂草，这还算是轻松点的农活。最讨厌的是一场雨水一场草，每次下雨后不久就要手动除草。更闷热的农活是给棉花搞穴施，也就是在每四棵棉花植株之间的地上用铁锹拱挖一个坑，投入尿素等化肥后，用锹回土，用脚踩实，不使挥发，补存肥力，供棉花根系吸收营养，苗壮成长。干这些农活，往往都是雨后不久，土壤饱含湿度，有的地方明显就是沤得发黑的烂泥，脏而毒。为图方便，人们一般都是赤脚操作，穿鞋干活麻烦费事儿。

　　一个暑假下来，本人又黑又瘦，本身又矮，已然成了一个"农民伯伯"。糟糕的是，每天赤脚下田地，双脚可能感染了细菌、真菌什么的，先发痒，后起泡，泡里都是脓水，淡黄色，从脚趾缝里沿着双脚边缘轮廓蔓延，惨不忍睹，自生哀怜，惹人同情，也不知道是不是农村人所说的"烂脚丫"。

　　转眼开学，双脚非但不见好，反而更惨烈。9 月 13 日上午，我和孙老师去校园某处荒地布了些蒜头、香葱，后来得知荒地竟是退休老师王金定的老菜地。王老师曾是我邻居，对我印象很好（听说他有个小女儿，不知道他是否有过其他想法），他不仅挺爽快地直接送给我菜地，还细心叮嘱教我如何伺候它。改天我又买了些蒜头把空地补种完毕，亲自给它上了肥（厕所不远），真正地感受到了劳动的愉快，不过也疲惫得很。我让班上学生丰荣带来一个粪勺，跑去学校厕所化粪池，装满一勺，平端着走过去浇灌那一行行的蒜头，一趟又一趟，腿都跑肿了。脚上那些水泡更是爆发起来。因为护痛，我走路的样子就像个跛子，真难受。

隔两天，感觉不能再拖下去，就去茅山卫生院看医生，情形已经非常厉害，脚上明显几处溃烂，我只能赤着脚穿起棉拖前往，行动吃力费事，很快便折腾出一身汗。卫生院就是卫生院，设施简陋，技术简单，直接弄点青霉素注射，我心里巴望着能早点好起来，生病真是难受。

9月15日是茅竹文社成立的周年纪念日，中午本想去那片竹林坐坐，再看看"卅年之后，是为文物"的刻字，因行走不便而未成行。后来得知只有吕欢、严国凤同往，现在她二人倒成为文社的积极追随者。严送我一张贺卡，表达了深厚的敬重之情。晚自习后，我喊她来谈了谈话，视同本班学生，感觉她学习专注度不如从前，遂对她做了适当教育、适度提醒，希望她能集中精力，把心思放在学习上。晚自习下课了，教学楼很快熄了灯，本班几位男生争着来为我点蜡烛照亮下楼，那种前呼后拥的受拥戴感，非认真当好老师者无以体会。两三年下来，我和学生建立了深厚的友谊，凡此种种，使我过得还算充实，扫除了部分独身生活的落寞，晚习我如果不去班上一趟，总有种不踏实的感觉。

9月16日，周一，气温一下子高了不少，自己走路实在吃力，动辄一身汗。早上查看病脚，似乎有所恢复，可是一天活动下来，又烂得一塌糊涂。上午在医院打过针即去银行取出1000元，可怜这钱才存了一个星期。上完课乘定时班车赶回村上，在亲戚小华家吃的饭，她家建造新房，我欲借给她1000元表示支持，她知道我的困难，只肯借我500元，领个人情。饭后，我又往学校赶，"三机"套班车，不会误事。一个往返花点车费不说，于我病脚有害无益。晚饭匆匆，抓紧时间洗澡、洗衣服，再去办公室跟同事聊聊，一个晚上又过去了。下楼之际，又是停电，熊文辉、朱德江坚持陪着下楼，我一不小心多跨了半级台阶，撞了腿，又碰了病脚（大家有没有感觉，生活中往往越是怕啥越是来啥），引得他俩急忙扶住我，我心里挺感动。熊文辉与丰荣商议好要送我15元买点东西补补身子，我坚决未允，这一班学生啊，真好！

9月17日，发了工资，我已涨到463元了，想当初1993年8月入职时月工资才237元，两年下来，几乎翻番，对任何人来说，加薪总是很愉快的事，所以我心情不错。吴健同学今天课上始终不回答问题，惹得我心火往上撞，好在才拿了工资（那时都是到会计室签字拿现金，抓着票子的美好感觉远非现在工资上卡所能比），而且从教两三年了，我也没了起初的那种暴躁，要是搁在以前我就要动手了。吴健家就住集镇，不远，晚上我歪着脚去打听情况。原来昨晚他们家父子闹矛盾，小青年脾气倔强，加上青春期肝火旺，所以强硬发作，不肯示弱。后来我静下心来找他谈谈，开导开导他，他已自认为不对，表示愿意向老师、全班同学和他父亲道个歉。能帮人排解纠纷理顺关系，这让我感觉很好，一点脚痛算什么？我想若在此时自己突然因故长别人间，也许会有不少人念叨我的好呢。

都说好人一生平安，我却连去医院几趟，尴尬地在年轻女护士面前松解裤带，让她在我的臀部注射青霉素，我脸都红了。护士调好药液，吸入针筒，在我的臀上找个位置，左手用棉签蘸点酒精，前后涂抹几下，加以消毒，遂扔弃棉签，右手手起针入，左手食指在入针附近的皮肤上轻轻挠抓，分散注意力，减轻痛感。为了男人的尊严，我连连表示"不痛不痛"，可是能不痛吗？这烂脚，不见好，真糟心。

脚疮一天比一天严重，周四的课又最多，多达六节，一天下来，身体几乎要垮了。上午两节课还能勉强对付，下午四节课就够呛了。这脚的病情有增无减，听别人的建议，看来必须要去二圣找偏方治疗才行。听说可能还要忌嘴，那就算了，难道能烂一辈子不成？我就硬扛好了！可是，脾气对付不了病情，我被折磨得难受至极，自病自苦，旁人难知病人苦，所谓感同身受，那只是安慰安慰而已。偏偏今天天气一下子冷了许多，而我又必须穿拖鞋，棉拖空间小，脚已经有点肿胀，无法穿了，只好换上凉拖。茅山属于山区，夜凉严重，晚上我似乎又有感冒的迹象，祸不单行，让人沮丧，情绪低落。

9月20日，星期五，我没有回家，因为周六有约。这天脚越发疼得厉害。晚上校教导主任周勤请老师吃饭（她儿子在四班，四班集中了四五个教师子女，所以外界都传其为重点班），我因病本不想去，后来出于人际关系考虑，还是坚持着去了。补充的能量都不够一趟来回的消耗，那时又没有这么多的私家车，只好踽踽独行，左脚明显肿起来，疼痛之下，焉有食欲？我几乎没吃什么东西，全程都是龇牙咧嘴苦不堪言，也不去在意别人的欢愉和神侃。

9月21日，星期六，晴。前面说过周六有约的，而且是重要的人生之约。脚病累及睡眠，休息质量一差，人的气色也不好，衣衫本就破旧，形象更不打理，全然像个小老头。早上6点开始起身，直到7点袜子还未穿好，后来一狠心用卫生纸裹了烂脚趾，把每个脚趾缝都填满粗糙的卫生纸（那时还没有现在到处都可以买到的柔软的面纸），来吸收流出来的淡黄色脓水，然后忍着疼痛强行套上袜子，裹裹裹，套套套！本来还想硬穿上鞋子，奈何脚背肿胀，实在踹不进去。拖拉着拖鞋，又不合脚，老是要掉，没奈何，找根细绳，将就捆绑一下，算是加固，一步一步，硬撑着爬上教学楼三楼，已是一身虚汗。走进四班，向成诗伟同学（四班语文课代表）布置了两个班的语文作业，又龇着牙问谁愿意用自行车送我去车站。这时郭明欢同学再一次毫不犹豫地站起来，表示愿意送我。郭同学虽然成绩不突出，反应却很迅速。我坐在自行车上，他推着龙头，还是上坡，当然吃力。印象中，好像还有两个同学在两边扶持着我，时隔30多年，具体是谁竟然忘却了，感谢你们。

他们把我扶上开往句容的班车，然后自行回班。此行是应约去往县城一户人家相亲，第一次见到了现在的妻子。此行已经单独成文，收在《归去来兮》一书里面，此处不述。

相完亲，吃完饭，媒人把我送到汽车站。返程上车，未来岳母给我吃的止痛片过了药效，双脚再度疼痛起来，人横不过病痛，只好中途下车，特地绕到二圣私人医院拿了点药，全是绿色植物茎叶捣烂后青黑色的渣滓，医生让我回家自行敷上。看病用去25元。

继续乘车，坐上中巴，到了底站茅山，我动作迟缓，自然最后一个下车，竟然在车上捡到一只钱包，内有现金100多元，饭菜票若干，印刷着"后白中学"字样。脚痛至极，顾不了其他，带回再说。先写了封信，注明"后白校长收"，不见回音。我又委托春城老乡牛老师打电话联系一下，后来牛老师请我们王桃根校长亲自给那边打了电话。这事牛老师办得不错。再后来，后白中学学生来认领失物的时候我正好不在学校，由牛老师代为转达。这是相亲途中的一个小插曲，至今记忆颇深，虽与本文主旨关系不大，但还是舍不得扔弃，所以插叙在此，也是婚恋中的一朵小浪花。

我一回到宿舍即动手找药，先敷设，后包扎，效果还是比较明显的，缓解了疼痛，感觉确实是对症下药。幸好成剑同学端来一碗饭给我吃，于是我让他叫来熊文辉、朱德江、丰荣，帮着处理一些杂事，也顺便了解班上情况，并找某同学来训话，指责他不为班级荣誉、班主任的伤病考虑，违反班级纪律，影响班级形象。

9月22日正好是星期日，不用上课，我在宿舍躺了一天，病脚不用受力，因而好受些，午饭、晚饭都是成剑弄给我吃的。初一年级教他一年，师生关系还不错，他初二就不在我班上了。躺着不代表不干活，上午我将两个班小测试的作文全部改了出来，中午召来成诗伟、曹永静、吕欢三人评讲试卷，再由他们分别在两个班上代替我分析讲解这份试卷。后来，据学生反映，曹依然大方，居然坐着讲，吕则始终红着脸。曹一向吵着要当老师，说是初步感受了当老师的乐趣（冥冥之中自有注定，后来曹还真就当了老师）。学生知道我"暂时失去自由"，晚饭后纷纷来看我，有丰荣、熊文辉、王振元。朱德江拎了点煮熟的花生送过来（其母亲叫他带来的）。袁影、潘胜军、祁平则结伴带来了10个苹果。这些学生还是有感情、懂礼貌的！对他们，我好好鼓励一番，为师至此，诚为一乐。

9月23日，星期一，我几乎又在床上度过一整天，中晚两顿饭都是在孙白平老师那儿吃的，免了我的做饭之苦。中午，在朱德江的带领下，上届两个学生周玉晨、赵海林来看望我，时过境迁，如今已经不再教他们，他们还来看我，我的内心还是十分温暖的。病人的心理很脆弱，特别希望得到别人的关心与安抚。胡大金（化名）同学也来了一下，初三以来他进步很快，我挺满意的，安排他跟一个小女生王小莉同桌，王同学也是后起之秀，我对他俩都抱着期望，希望他们中考能考出好成绩。孙蓓则从其兄开的店里带些瓜子、松子、火腿肠给我吃，这小家伙，用女生的思维来安慰我，以为零食可以缓解很多痛苦。多年后，孙蓓远嫁一个荷兰人，生了一女一男两个混血孩子，都很好看。某年暑假，他们一家四口在我家玩了一整天，晚上我还带着这位叫马丁的洋女婿跟着我们骑行队骑行赤山湖，之后我安排夜宵烧烤，洋女婿啥都吃，就是那个炒螺蛳吓得他动都不敢动。要是看到法国蜗牛，我会不会一样的感受？

时间在推移，课务在等待，我总不能一直躺在宿舍。星期二早上，我用绳子将拖鞋绑在脚上，捱到教学楼上。为了形象，再悄悄去掉绳子，进教室上了三节课。中午放学，我写了个纸条，让曹永静带给她母亲（她家开着饭店，她母亲姓吴），给我送点饭菜来。这位吴总很热心，一直对我很友好，很快就派人送了来。因为生病，我不是蹭饭，就是讨饭，悲惨兮兮。整天闷在宿舍，没有电视，更没有现在的手机，只有一台能放出三四个频道的收录机，巨无聊，我就约潘林圆、吴健、李刚3人的家长来聊聊，两三年下来都是老熟人啦，晚上来了5人。李的母亲中午就来了，问我是否愿意和她故乡的一老教师之女谈对象，所以晚上没来，另外两家都来了双家长，我向他们大致讲些各个学生的近况。

随着不断敷药换药，脓水减少，脚疮渐愈，结痂见多，渐次脱落，我的心情也有所好转，眉头开始舒展。只是多日以来，行动艰难，很少清洗，以致床褥脏了，身上脏了，衣服脏了，一件件堆积着等待处理。我中午洗了个头，打算来日中午好好清洁一下身子。

9月26日早上，我还是用绳子绑住鞋去教学楼，左手提拉着线绳走上去的，中午也是这么下来的。虽然遭遇停电，我却有了心情自己烧饭吃，吃得很惬意，情绪恢复了，本性也流露了，哼上两首跑调的歌，愉快的歌声满天飞，再跟孙白平老师打趣一番。饭后收拾一下，准备认认真真、痛痛快快地洗个澡，清爽一下多日以来的脏身子，不料孙老师又跑来跟我闹腾了一阵才走。

刚要开洗，学生杨杰的父亲又来看望我，带来两瓶罐头、一包豆奶粉，又拎来10个咸鸭蛋。杨父外号"杨老三"，人很瘦小，力气却很大，性子急，干活效率高。

送走老杨，我洗澡刚洗到一半，不料有人敲门，原来是刘池俊兄弟俩，都是熟人，比较随意，我隔着门板让他们先去熊老师家坐坐。熊老师是刘的班主任，这样我可以继续洗澡。很快又有人敲门，我要晕了，又想笑，今天这是怎么了？却是四班学生王干芸和许亭艳来看我，两个女生，我泡在澡盆里，当然没法接待，就再次隔着门板表示感谢之后让她俩走了。我洗澡出来，看到窗台上有几个苹果和一包黑芝麻糊，自然是这二人所送的了。学生啊学生，你们的行动暖人心！

因为脚病，多日困窘，未曾洗澡，今天一洗，就像蜕去一层皮，神清气爽，酣畅淋漓，痛快！

时至晚上，脚病基本痊愈，只有小脚趾上还有一块痂斑，一时不肯脱落，我扯拽几下没成功，不过我的心情已经飞扬——终于痊愈了！夜里我又把衣物赶洗出来，那时都是手洗哦，心里说不出的轻松，不久还要清洗毯子、被套等，上面沾过脚疮的脓水。人憔悴得不行，营养又跟不上，走路都轻飘飘的，像纸片游走在秋风中。

第二天出行，我专门去"巡视"了我的菜地，大蒜已出了长长的芽，摇曳着苗条的身子，闪着青绿的光泽，劳而有获的滋味真好！能到处转悠了，心情大好，便去银行取出全部存款，又凑上一些交足电话初装费——1700元。返回时途径税务所，跟两个熟人玩了一阵，然后就直接归校了，没有像以前那样在他们那边混饭吃。税务所的待遇当然好了，食堂就是福利。但我今天就想自己做点吃的，虽然很简单，只有干巴鱼和炒青菜，但我安慰自己说，吃别的菜脚疮可能会发作，还是护着点好。晚上炒饭，切了些自己种的蒜苗叶子下锅起香，一分耕耘，一分收获，那种收获的幸福充实，简直就是上等的享受，比吃的本身还要舒服。我心想，还要给它们好好上肥，侍弄得更好，让它们苗壮成长！

朱通海中午带些糯米饼和芝麻糖过来（农村过中秋节大多是糯米饼里包芝麻糖后煎熟，色黄饼糯糖甜芝麻香），自然是他妈妈准备的。这一向，就数他和吕欢对我的实际帮助最大了。吕欢是我的语文课代表，农家小女孩，住校生，手脚勤快。每次我去南京函授学习的时候（每次函授长达两周），宿舍钥匙常常留给她，让她帮我晒晒被子之类。她又和四班严国凤同学关系密切，两人怀着好奇，居然躲在我宿舍里翻看我的日记本，当然这是20多年后她们才告诉我的。下面引用一则日记原文，作为佐证：

"1996年，元月1日，星期一，晴。宿舍里面变了许多样，床单被套洗得干干净净，毛巾、拖鞋也干干净净，被胎叠得整整齐齐，并用纸蒙起了灰，许多东西被重新收拾整理过，如书、衣服等。镜子焕然一新，连抽屉底层也还铺上了垫纸，不一而足，都是由吕欢和严国凤二人忙弄的，我心里很满意。这次去南京函授，大兄弟陪我去了雨花台，瞻仰纪念碑后，在附近捡拾了一些雨花石，我给吕、严每人分了几颗，两人很开心，各自比着欣赏一番而去。"

一晃到了 27 日，周五，晚上，正好赶上中秋节。那时还没有提倡文化自信，别说传承传统文化了，中秋节都不放假。插说几句话，那时"洋节"过得倒很喧嚣，圣诞节前后，学校传达室门口堆了一堆贺卡，大小不一，形状各异，低档的就是一张简单的卡片，高档的有音乐贺卡，打开就唱歌，泛滥成灾，我曾经明令禁止学生送我卡片。贺卡留着难收藏，扔掉伤感情，也可惜，烦！我还烦一件事，就是始终学不会打领带，曾经为此而自卑，只好请人打好，轻轻套上，小心翼翼收紧，脱下来的时候更要小心，不能弄散了，方便下次再戴。为解决像我一样的顾客的烦恼，商家还推出过拉链领带。现在圣诞卡片早已绝迹，打领带的要么是开会的领导人，要么是跑供销的推销员。

中秋节的时候，部分住校生请假回家过节了，部分留在学校，四个班中我班留的最多。于是我叫"财务部长"熊文辉买来月饼和苹果，住校生每人一块月饼、一只苹果，走读生到校夜学的每人一只苹果，以此来提升本班同学的幸福指数，朱德江和吕欢也都在校。一批语文资料到了，资料贩子给了点批零折扣，我就让朱德江同学负责销售，每本书的利润由他收取自用，虽然不多，但好歹还有一点，算是困难补贴。书的价格同学们也能接受，这样更自然一些，老是发动班级给他捐款，他会背上更重的精神包袱，总不是个事儿，得想办法让他挣点才成，算是劳动所得。

9 月底了，也快国庆节放假了。一天早上，我本想穿鞋子的，奈何脚还有些肿，就最后再拖一天鞋吧。天气转凉，山区更凉，我遂清洗凉席，收叠衣物，整理宿舍，彻底清理这段时间因为生病而造成的"脏乱差"。

身体康复了，那边与女方也沟通好了，两边都愿意继续交往，于是我开始了追求丁姑娘而最终使之成为夫人的历程，感觉生活更有了滋味，相亲情形可以参看《归去来兮》一书。

这次生病，前后半个月，经受了脚疮的痛苦，感受了心理的脆弱，也体味到了人情冷暖，最后我要对文章中所有提到的对我有过帮助的人表示衷心的感谢，物质上无以回报，就用这则小文作为永远的纪念，谢谢你们。

二十四、婚事和债务

筹备结婚，为钱头疼，广借外债，那是必然。我虽亲戚不少，但大多较穷，所以我主要是求助于学生家长、同学和同事。

熊文辉家长借给我 800 元，让孩子直接带给我，我写好借条叫熊文辉带回家。第二天，熊父让孩子把借条带来，并且当我的面撕了，以表示对我人格的高度信任。我心底涌动感激之情，信任无价。

李刚父亲借给我 1000 元。李刚在初三进入叛逆期，甚至逃学，我把他重新教育好，他们夫妇对此表示非常感谢。

4 月 3 日就要结婚了，什么事都由我来统筹，好多事，特别忙。农村不兴农历三月结婚，我左盘右算，只有这个日子最合适了。

还有一周就结婚了，孙蓓、刘晴慧等人为我制作小手工艺品，晚上先送来两串风铃，说是第二天再做些东西。吕欢更是热心人物，从四天前就开始忙着做风铃了。刘晴慧后来还给我剪了一批红色的双喜字样，小手真巧。学生们闹着要吃喜糖，我买来烟和糖，请许广录主任在学校下次开例会的时候代发给老师们；又预先安排吕欢按我布置的程序去做，即等到我结婚的当天，在班上给每个学生发 6 颗糖。

为了筹备结婚的费用，我转让了那两间集资房，让接手的江老师另外借给我 3000 元。房子 4000 元、电话 1700 元等，合计 6000 元转让费。借来的和转让的加起来 9000 元，可以应付不少开支了。实在是没钱，我才考虑转让的。能住新房子，我不住吗？

放学后，我叫来 6 个学生，为我捆扎书本、衣物，为搬宿舍做好准备。隔天中午，我调来全班人马为我搬了宿舍。人多力量大，很轻松地就解决了，真正"人口红利"。为了交割清楚，熊文辉替我去交了电话费 47 元，真贵，花钱的"祖宗"，幸好转让掉了。

4 月 1 日我才有空赶去南京拿婚纱照。我去东南大学找大弟，在他那看到小弟寄来的 100 元汇款单，说是请大弟在为我购买结婚礼物时算他一份。兄弟情深啊！下半晌才得空路过春城中学，去告知同学杜红旗等人我结婚的准确日子就在后天。他说："正奇怪怎么还没发帖子呢。"听我述说太忙，他又说："你打个电话过来就行了，没空的话不需要来跑一趟，都是老同学，不碍事。"然后塞给我 6 包红塔山香烟，说结婚时可以发发。之前他结婚的时候我们 4 个老同学让他准备一包烟、一壶茶，在他婚房的客厅打了一夜扑克，拂晓才散。事后遭到多人痛批，也成为我等同学的经典回忆，聚会时多有提起，然后哈哈大笑，彼此戏谑一番。

婚礼当天，小弟特地赶回来参加了我的婚礼。孙白平、杜红旗、戚保乾、柏小月、江东兵都来了。孙为我在句容电视台点播了歌曲。在那个时代，这种祝福方式一度时髦过，当然要另外花钱，出钱多了还可以在唱歌的期间插播几张婚纱照。这时候我才想起来孙老师问过我我妻子的名字是啥，当时我也没多想，原来是点播歌曲滚动字幕所需啊。一首歌播完，出乎我的意料，又来一首，原来跟我搭班的英语老师魏孝琴、物理老师沈健带着初三（3）班全体同学也为我点了歌。

曹永静、刘永芳作为学生代表，跟着老师来我春城老家吃了喜酒，这让我非常感动。他们还带来一套茶杯，作为礼品。这些杯子我珍爱着用了好多年。这些安排，当时也不知背后是谁来提议的，谁来落实的。事后询问，我才得知，购买茶杯曹永静掏了一半，班费支出另一半 20 元，点歌费是大家集资的。

婚后 10 天，我请王校长、王明龙、赵国芳吃饭，三人租车同来的，他们当着我岳父的面夸奖了我。我还请来自己初中时候的敬爱的班主任——张元春老师，他是骑摩托来的，喝酒很开心，回程差点出事故。请他们喝酒，就用了学生送的茶杯，作为啤酒杯来用的。王校长告诉我，其女王世俊还给我备了两个洋娃娃，说等我返校后送给我。对于我和"小猪"（王世俊）的这种师生关系，以及我在学生心中的形象，王校长欣然给以肯定。

因为晚婚，婚假可请一周，之后连着去函授十来天，加在一起算起来，我已经20天没有在校上课了。重新站在讲台，感觉似乎陌生了不少。周勤主任代三班的课，从云海老师代四班的课，魏孝琴老师代班主任。整整三周时间，辛苦他们了。我抓紧时间交接回班级，晚上赶工，把试卷分析拿了出来。结婚大事，完全过去，不再操心，不再忙碌，也就能重新凝神静气，沉入教学中，课堂也生动起来，又利用下午的班会课，开始抓抓纪律问题。老虎不在家，猴子能称王，有的同学屁股上好像涂了油，坐不住了，要敲打敲打才行。

结婚后，对我来说，债务像座山，压在头上，顶着难受，需要设法减轻重量。在我婚前，校长曾答应可以让会计室借给我2000元公款，由我先还清贷款，现在我去找他，他说学校也困难，只能借1000元。1000元就1000元，先把银行贷款还掉再说。那个年代，揭不开锅的老师不少，常去会计室预支工资，只要校长签字"同意"即可。我一边抓紧整理出去函授的票据，报销出差旅费等几百元，准备还债。结婚借债，也没完全花完，还收了点礼，这时候就开始全力还债咯。

到校第二天，去菜场买菜，我只花了2.4元，能省就省吧，毕竟要还债，自己默默慨叹生活太清苦，太困难。

扒拉扒拉，先将学生的钱还一下，又还了李长才老师借给我的300元，还剩了500元，琢磨一下，还是先还2000元贷款中的500元吧，毕竟要付利息，其他债务已经欠着人情，迟还早还都是人情。当初，我第一次上女方的门，岳母给我一个红包，180元，我一直舍不得用，如今迫不得已，只好拿出来，凑上去还贷。

晚上请来同学徐晓军夫妇吃饭，感谢他帮忙，又是贷款又是还贷的，手续多，给他添了不少麻烦。过了两周，有一天晚上，孙老师和我又请来徐氏夫妇吃完饭，以表感谢。

招待客人需要多花钱，自己一个人赶紧能省就省，能抠就抠，闷在屋里，也没人知道你吃的啥。因为经济紧张，连蔬菜都尽量省着一点，往往就是一两颗白菜，中午烧一大碗吃不完，晚上接着吃剩菜，也省事。印象中，我最拿手最经典的晚餐做法就是，热锅注油，煸煸西红柿，搅一枚鸡蛋进去混合，再倒一碗剩饭进去和一下，淋几滴酱油，整锅炒热，装入海碗，撕一包"小浣熊"榨菜做盖浇饭。连饭带菜，一并解决，吃得那个美味哈，甩一巴掌都不肯丢下来。这个阶段，就连吃蛋炒饭都有点奢侈感。

一天傍晚，父亲来找我。20世纪90年代社会转型，"下岗"成为普遍现象。他原先去的那个小矿山效益不行，只好回来了。村里突然涌现出几个"农民经纪人"（其实就是"二道贩子"，但时代需要把他们吹捧起来，于是包装一下，美其名曰"农民经纪人"），经纪人们大量收购农副产品，引得一方乡亲纷纷骑上"二八大杠"，带着口袋，走村串户去收购，再上称卖给经纪人，赚点差价，挣个辛苦费。我父亲就是其一，他经常来茅山一带的山村收购芝麻。运气好时收的多了拖不走，就寄放在我宿舍，我还可以从同事处临时筹钱给他周转一下，毕竟第二天他就可以把钱还过来。所以，他会经常不定时出现在我这里，后来我干脆给他一把宿舍钥匙，由他自由进出。这天，他路过我处，见面劈头就问："中午烧什么吃的？还有剩饭吗？"我带他到宿舍，这时已是下午近六点了，可怜他为了省些钱还没能吃上点东西。因为中午停电，我自己还是将就着吃了点剩饭呢。没有剩饭剩菜，我拿出结婚回礼用的那种红纸糕，父亲吃得狼吞虎咽。我心里五味杂陈，养儿子，养儿子，都说养儿享福的呢？妈妈在家帮村上人采茶叶，一天才10元钱。这日子是多么的煎熬！

实录一段日记原文在此，不是为了倒苦水，而是提醒今天的自己，以及未来的读者，不要忘本，而要好好珍惜美好的生活。"爸爸下午收芝麻回来，将我的剩饭剩菜吃得一干二净。明天早饭无从解决，弄不好我又要饿一顿了，总不至于白白花1元钱吃早饭吧。"次日（周四），"上午经过努力，做做事情，把早饭淡忘过去，算是省了1元钱吧。向来说不出的心酸，沦落至此！既然老婆不同意我卖血以增加收入，那只有在'省'字上下功夫了。"

某天早上，我去菜场买了菜，临走时看见一个农户来卖草莓，草莓个大色艳，诱人生津，就停下来打听价钱。刚好旁有老太，知道我是老师，对我的买菜风格较为了解，笑着插话说："这小老师舍不得用钱。"

真是哪壶不开提哪壶，人就怕说中痒痒处，受此刺激，于是，我，立即，花1.3元买了1斤，心想"狗眼看人低"，你也势利眼，我就买1斤气死你。回来的路上，我又心生悲哀，活得窝囊的念头又一次膨胀起来，撞击心房。

又一天，我回宿舍，看到父亲给我写的留言条，说他今天又来收芝麻了，明天还会过来，到我这里吃饭，留下10元钱给我，叫我买些荤菜，蔬菜由他自己带来。结果次日下雨，他没来。父亲来我这里吃饭，先给我10元买菜，要是放在以前，这无疑是一种讽刺，会打我的脸，而我现在感觉到的，却是厚重的父爱，是一份体谅。

父亲说现在自己的脑筋很不好使，刚刚称过芝麻就会忘记斤两。他才48岁啊！父亲脑筋伤了，今年，我要结婚，过程复杂而周折；大弟将毕业要上班，前途迷茫而手头拮据；小弟又要参加高考，考上大学花钱免不了。三个儿子，没有一个能让他轻松。父亲没来，我也没有买荤菜，就买了些土豆，不知道为什么，食欲不好。这两天喉咙疼得厉害，这土豆加剧了疼痛，估计还是油水太少了吧。

买菜花钱怎么办？不要紧，我自己不是还有菜地？中午，带了几个学生，栽些辣椒，清除掉菜地的杂草，考虑再种点其他蔬菜。只是没有农民的经验，也没有条理，周期又长，只能收一点算一点。自己动手，聊胜于无。

某天黄昏，我去摘蚕豆做菜吃，发觉有人偷采过，这人真做得出来，居然来弄我好不容易才种出来的那一点点菜。

某次，我跟着别人赴宴，酒席很丰盛。我找了个借口，谢绝了喝酒，敞开肚皮，闷声吃菜，把自己当头猪喂。这几天，实在剐得慌。

中考在即，学校出台了奖励制度，老师们对照着条文进行估算，大概每个教师能拿到三四百元奖金，加油。

听G老师说，他想调动进城，前后花了不少钱。听来让人心痛，拿点工资不容易。回头看看老家乡亲，想想还有比我们更可怜的人：农民真苦，农村真穷，农业真危险。当时我常年订阅《中篇小说选刊》，闲时就翻阅翻阅。最近看中篇小说《亲情》，主题是人间亲情就建立在经济关系上，很多地方都庸俗不堪。小说《归去来》讲的又是钱的问题，一些女人随着钱涨钱消而投入不同的男人怀抱。联想到自己的收入、债务，感想更多。又联想到自己，对钱的两种极端态度常交替出现，一种是强烈追逐的占有欲，想过上一种奢华的生活，醉生梦死过一生；另一种是看淡一切，人生无常，生不带来死不带去，平平淡淡，从从容容过一生才是真。就在这两种模式中切换来切换去，哪种想法都无法占上风。不过，可以肯定的是，自己一旦有钱有势，生活中不会像现在这样低声下气，但也绝不会像现在这样有个好品格，估计我不能免俗吧。

常言说，无债一身轻。这句话真经典，也只有负债过的人，对这句话的体会才深刻沉重。结婚前，我借了一屁股债，详细记在日记本上，之后逐步还债，每一次还债我都翻出来写上日期，然后用笔删去这笔债务。随着一笔一笔删完，内心的轻松感就像手机的充电电量在逐步提升，期待，充实，成功，愉悦。

1998年10月26日，一个值得纪念的日子。我离开茅山中学已经一年多，孩子也两个月大了，妻子忽然交给我一个钱包，内装4000元，我很诧异。她说，自己婚前就藏了这笔私房钱，考虑生孩子用的，如今一切顺利，就给我凑凑去茅山偿还最后的债务吧。到了茅山，找到曹永静妈妈，我说自己说话算数，归还的最后一笔钱就是她家的。她家的钱还完，就标志着我新生活的开始，曹母祝福了我。她也用事实证明了，她对我的热情帮助，不是基于班主任的身份，而是看重我的人品，绝不会人走茶凉、交情散尽。

坐上班车回行香中学，我体会到了"无债一身轻"的美好感觉，包袱卸下，心灵飞翔，双手抓着前座的上沿，用力扳扯，恨不得放声嚎唱"沧海一声笑"，两滴清泪浸湿眼角，滑下脸庞。妻子，老婆，夫人，谢谢你！

附录：结婚借债详情记录，也借此对这些人表示衷心的感谢。我处困顿你伸手，恩情让我涕泪流。

学生胡小银家	1000 元
学生熊文辉家	800 元
学生杨杰家	600 元
学生李刚家	1000 元
学生曹永静家	2000 元
同学徐晓军	2000 元（贷款）

同学杜红旗	1000 元
同学孙白平	2000 元
同学王长玉	1000 元
同学魏秋生	1000 元
同事李长才	300 元
同事廖明生	500 元
同事董小梅	500 元
同事王德明	500 元
同事江东兵	3000 元
同事熊文斌	500 元
表妹陈帮月	1000 元
表兄陈帮顺	2000 元

二十五、中考

初三，劳动节过后，离中考还有 40 天，整个年级都有异动感，学生开始各种不安分，不守纪律规矩。

突然之间，我自己也心慌起来，感觉语文没底，需要狠狠抓一下。结果自己很累，同时还影响到其他课程的老师，遭到了他们的抵制。学生也有人起来反抗，拒绝默写。真是里外不讨好，我的情绪低落，整个学风表现令人失望。只是自己头一回带毕业班，不忙点成绩又不行，而忙又忙不出一点儿名堂，找不到什么好的路子，让人着急、发愁。

晚上老师们都在为工作之事烦恼，难以入眠。第二天午休时，我巡查四班，收了 Z 的一本武侠小说，谁知 ZZ 直接站起来发声，替他向我索要，气焰极为嚣张，几乎是最后通牒，引得一向软弱的 L 也仗着团伙的势力，来索要另一本之前被我收上来的书，让我倍感窝囊。形势比人强，没办法。社会上，最近家长对学校的评价也很差，主要是学风和纪律问题。班主任互相打气，说再坚持坚持就毕业了。

还有一个月就要中考了，突然获悉，成诗伟去参加了省镇中的招生考试。以他的成绩，我想已成定局，如此四班从初一开始至今，先后已流失三名顶尖学生——汪想忠、刘池俊、成诗伟。听说汪想忠也参加了省镇中的招生考试，如此，成诗伟和汪想忠算是会师了。我班的施德芳也将转去常州参加中考了。

今年还有几人能考上县中，显然是个大问号。评判一个学校的教学质量，第一依据就是考上县中的人数，发放中考奖金也是看这个数据。放学后，我把班上能排上名次的同学留下来，教导一番，鼓励一阵，也不知能起多大作用，只能说求个精神安慰：尽职尽力了。明显的无能为力的虚弱感，死马当作活马医。

同时得悉，成诗平已经与一家武术学校取得联系，想学保镖专业。他说自己对学武有兴趣，家人也支持，何况他有好身材、好力气，他能单掌劈开红砖。我表示支持，并给予勉励。几年之后，这批学生能到什么程度，谁也说不清。

一来二去，人心浮动，班级更难带了，叛逆的风气突然浓郁了起来。5月中旬，我找了一节班会课进行"毕业之前大检举"，查出许多问题，甚至有10多人抽香烟。当时，最快的惩罚办法就是罚款，简单省事，让他心疼肉痛，那就罚吧！

初中毕业前，学校召开初三家长会，200多个学生，据说到场的家长只有20几人，那还有什么气氛呢？我们四个班主任一商量，算了，也懒得下楼去，随学校怎么去忙吧。

学校开完家长会，隔上几天就召开初中教师会议，主要传达中考精神。报名填表工作开始启动，学期接近尾声。手工填写志愿报名卡也是一项细致活儿，容不得出错一点，一直到下午7点多才放学。晚上又接待曹永静、吴健、李刚、潘林园的家长，接受他们的咨询。

还有10天就中考了，学校领导也忐忑起来，没把握，就打算在周末再次摸底，安排我出语文试卷。出试卷很费事，我连夜开始选题。选好后，还要核算分数，要凑足满分，再确定编排顺序。之后就是用铁笔刻写蜡纸，语文卷子字数多、容量大，铁笔刊刻又费力，出份试卷不容易，我全力以赴忙了两天，送印。油印室是个独立的单间，只有一个沈师傅专门负责印刷，辊子一转，就是一张试卷，印完一套试卷之后，把油啦啦的蜡纸扔进专用的废纸篓里。

每次考试，总有学生作弊，甚至提前偷看试卷，防不胜防。某次，一个老师现场看着印好，没有像往常那样放在办公室，而是直接抱回宿舍，结果居然再次泄密，让人百思不得其解。沈师傅经过深沉思索，细致排查，终于查明原因。某学生，瘦小灵活，从油印室的气窗缩身爬进去，直接偷走那张油印后的蜡纸，自己简单操作，印出一个大概，再与其他同学分享！之后，沈师傅从内部扣死气窗，才杜绝了试卷泄密。我走过几个学校，学生的作弊能力真的不能小瞧，创造力惊人！以后专写一文来说说学生作弊的情况。

成诗伟考上了省镇中，我们学校出面，希望他能继续参加中考，到时候算一个名额。结果，上级通知取消这种类型的同学中考资格，这让学校和科任老师都很郁闷。

摸底考试，动作很快，上午考完，下午就出分，其实也就过个形式，学生也麻木了。

6月10日，开会，布置中考事宜，学期接近尾声，倒计时开始。

6月11日，最后一天上语文课。

6月12日，不再安排各科的课务，改为学生全程自习，作息时间不变。学校还是要求班主任坐办公室，防止学生因为厌学而起哄闹事。饶是如此，W同学还是因为敲诈初一学生香烟而在当天被送去派出所。这娃娃岁数不大，个头不高，起哄的劲儿不小。

上午两节课后，学生开会，之后打扫卫生，并留部分学生给他们讲了一份镇江市一中的试卷；又为四班部分学生补讲了来自句容三中的模拟试题，但愿没有白忙。每逢大考之前，都有所谓信息题流通，其实几乎都是无用功，也就求个心理安慰。

午休后，王校长又找我去他家为王世俊单独辅导语文，也就是所谓再"拎一拎"，结果曹永静、李蒙、刘印丹也来参加了听课，这些都是有门路、消息灵通的人。辅导课前后达4个小时，我累得够呛，在那边吃过晚饭，一直到晚上10点才回学校宿舍。事实上，这种所谓信息卷，效果了了，更多是心理安慰而已。

6月13日，各校交换监考老师，组织接待，熟悉考场，安排住宿，晚上举行欢迎宴会。

6月14日，上午考语文，试后学生反映不算太难，说是如此，也不知他们到底能考多少。晚饭后，又去吴健家和李刚家走走，看看孩子们的状态。

6月15日，上午考数学，结果使得老师和学生一个个灰心丧气，原来最后有两个大题目很难，我班只有两三个人做出来，有的学生考完后趴在桌上哭了。考个好分数，真不容易呢。

6月16日，最后一场考试的结束，意味着初中三年画上了句号。得失成败，自然要由以后再来总结评判，而首先就是考试成绩。

6月17日，我已经坐在教师进修学校，参加中考阅卷，我被分配批改作文。批改之前，先参加培训，也就是开会，由主要领导提出要求，再由分管领导讲具体操作要领。主持阅卷工作的局领导要求，以松、放为原则，拉分不能大。一周阅卷，我不吃不住，估计可以领取阅卷费二三百元，最后果然辛苦挣得214元。

6月18日，大家批改了第一批试卷，之后作文阅卷人被召集开会，领导又一次强调要提高均分。说是明天开始，谁改的分数过低，将要登记，给以批评。如此强力拉分，自然引发阅卷老师背后的窃窃私语，都是一些消极和抵制的情绪和言论。说真的，较多的老师吝于给分。

中考分数终于揭晓了。

那时，参加统考的学生最好的录取是考上省句中。省句中（俗名"县中"）录取新生有三个分数线：统招生分数最高，交费最少，也就一点书本学杂费；其次是计划内统招生，分数低一点，费用多一点，虽然有个"统招生"的字样，但要加收5400元；最后是计划外统招生，比正儿八经的统招生多加9000元。

李刚在全校分数最高，走了计划内。王世俊也达到了计划内，语文考到115分呢，总分120，应该是非常优秀了。殷磊虽是计划外，却也如愿考进县中。

曹永静虽然考了561分，不算很高，去了后白中学。但是语文114分，单科高分。其母自然满意，只是怅惜理科考得差。

我一直担心的我的课代表吕欢考了503分，能够读中专了。

王振元只差1分，没考上县中，后来去读了第一届小学英语师资班，收获反而很好，毕业后直接分配到句容市实验小学。其他老师削尖脑袋进不了城，而他轻松得很，一步到位。

全班的不足之处是优秀率偏低，好几个人考了103，总分120，104分以上算优秀，真可惜啊，离优秀也就差1分。考核指标还有个"两率一分"之说，即优秀率、及格率、平均分。

熊文辉将最后的83元班费全部提取跟我清账时，我一时感伤，可惜这员大将考得不够理想。据他说，他将南下深圳去谋事。当时正好有人牵头，我们几个班主任受邀去薛埠考察一家学校，那边想搞个中专班，需要在我们这边招些学生，说是毕业之后可以直接转户口。赵正波家长和熊文辉家长都来询问薛埠之事，我尽力给以回答。此事是由我校廖老师牵头引进的，我又让他们直接联系廖老师。

过了两天，吕欢、严国凤、纪卫香这 3 名向来与我亲近的学生来看分数。尤其是吕欢，经过几天的沉淀，情绪平稳而开朗了，因为家里已经答应让她继续升学。她家境一般，还有一个弟弟，家里负担重。作为课代表，她跟着我忙了 3 年，我看到她终于可以继续学生生涯，很为她高兴。

二十六、调动

　　结婚后，生活考量就有了很大改变，我终于动念寻求调离茅山中学，离自己的小家能近一点，不要把很多工资变成路费。于是，我提笔写下了申请书：

　　妻宿华阳镇，我处东南隅，两地共婵娟，夫妇常分居。

　　挡车工，真辛苦，生活规律全打破，夜深风雨无人护。

　　教师薪水本不多，剜掉小半去养路。东跑西颠奔波忙，事业家庭难兼顾。

　　走，还是不走，这是个很难的选择，人是感情动物，我眷念这里的山水，交好这里的朋友，然而茅山也是我婚恋的伤心岭。在矛盾徘徊中，我坚持到了七月中旬，去茅山拿工资。

　　丰荣和王振元两人来校看我，丰送我一斤茶叶，我送了半斤给孙老师，他教过丰的哥哥丰波。丰王两人还一共送我五个大西瓜，我也分了两个给孙。我带回句容后，还和妻子拎了一个去看望我们的媒人李云老师，那时也没啥拿得出手的东西。李云老师，李大姐，很厚道。

　　在会计室，我的心理开始失衡了，可怜上学期的一些辛苦费，到现在都发不出来，遑论本学期。唉，走吧。

　　我抬腿就回了句容，去教育局找到人事科左科长，递交上去请调报告，如果进城困难的话，希望能去三岔中学，或者二圣中学，毕竟离家近一些。

8月25日，就快开学了，我去教育局探听消息。左科长告诉我，调我去行香中学教高中了，说是行香中学高中部扩招，需要师资。去行香？教高中？我一点思想准备都没有。行香在哪里？高中怎么教？左科长很会做思想工作，跟我谈了一会儿，我就愉快接受了，只提了一个要求，请他给我们王校长打个电话，结清我的各项费用。我毕业分配的时候还有点不甘心，想去其他地方谋个教师职位，去过无锡前洲中学、常州洛阳中学、江南水泥厂子弟学校、丹阳界牌中学等，界牌中学校长都给我报销了车旅费，请我吃了一顿。我去教育局，想要走档案材料，左科长说，去哪教书都是这样，他自己每年也就下半年能存点钱，过年添件衣服，如此而已，何况留在句容老家，人头熟，不孤独。他三言两句，我就选择留在了家乡。

8月26日一早我就骑车去了茅山中学，学校已经有人在传播我要调走的消息了。归还了学校的图书之后，我取出上次为小弟筹措的借款2000元，加上自己的一点积蓄，拿出来先对付债务，毕竟我要离开此地了，还杨杰父亲600元、王德明老师500元、董小梅老师500元、熊文斌老师500元。还特地去向魏孝琴和李云辞行，她们俩都有恩于我。牛兆飞老师升任主任了，我去祝贺和辞行，我俩曾经相约共出一本书，诗文集，他作诗，我写文。又去看望吴筛美，告知我的去处，招呼我的债务；再去找李刚爸爸，想请他用车子送我一趟。一路高效办事，可谓马不停蹄。

科长打了电话，校长有过吩咐，会计孔晓树和李顺林办事效率很高，专门为我结账。初三第一学期共签字1056元，刨去我的预支款1000，扣去医保劳保，一平！初三第二学期的费用表还没有出来呢。我跟王校长说，当天想请他们领导吃个饭，他说，理解我的心情，知道我的处境，免了。另外，他主动表示，可以最后一次为我报销暑假期间函授的所有车旅费用，这让我感觉很温暖。

晚上，最后一次住在宿舍，打点行李，或捆扎，或打包，或扔弃。

8月27日上午，毕老师主动办好工会介绍信送来给我。我又现场"造表"，校长给我报销了函授费用148元。茅山中学的教职工们已经开着新学年的会议，可惜已经不再有我。食堂师傅阮祥东赶来帮我搬运东西，装车。

之前，我还抽空去了东进林场的食堂一趟，拿回饭盒，已经好久不去食堂吃饭了。我要调走了，方方面面都要打个招呼。以前为了吃这个食堂，有过几次起伏，断续几次，彼此甚至有过疙瘩和芥蒂，如今听说我要走了，那种关切的友谊顿时体现，温暖着我。

后来，我常常回茅山，多次路过林场，对于食堂，或者远望，或者回想，还有两次进去看望过食堂大厨纵师傅，一个学生的父亲。十多年后，听说他已经作古，让我嘘唏、缅怀。纵大厨的样子，我还能记得相当清晰，中等身材、肤白、微胖、方脸、无须、帅气，经常穿着汗衫背心，脖子上挂着毛巾，左手提锅，右手掌勺，一个翻炒，灶火腾地就扑进锅里，右手麻利地从碗里撒舀些调料和入，迅速搅动勺子在锅里画起圆圈，充分搅匀，再起锅，装盆，行云流水，一气呵成，简直就是在表演行为艺术，非常具有观赏性！我第一次认识和吃到银鱼，就是在林场食堂。单位食堂也会招待领导，偶尔多点好菜，纵师傅还会匀给我几块。林场食堂对我真重要，可以让我节约时间，保证营养，打着饱嗝，穿过拱门。我往返还可以经过那片毛竹林，慰藉我这个社长的心灵。

在那里吃饭，第一次听说"三峡移民"，说是林场里分来两个移民，只是我不曾主动认识和交往。那时，自己的心志和热情都投在学生身上，对社会生活关注不多，全然不像现在的我，善于攀谈，乐于交往，努力扩大自己的视野，有点像推销员。

各处告辞一番，我最后去向赵国芳告辞，这几年他待我很好，对我评价很高，我很是感谢。如今，他已是文教助理，是我们的领导了，我也就很少来他这儿玩了。今天，我将离开茅山，自然是要跟他道别的。他给我泡杯水，叫我坐一下，自己出去了一会儿。原来，他出面给我找了一辆"双排座"，便于我把私人物品运回家。我心里顿时暖流涌动，真的不是人走茶凉、时过境迁呀。

毕竟只是小小的"双排座"，车厢太小，简易书橱带不走了，我用来锻炼身体的板凳也带不走了，只带走了陪我四年的水缸。这缸一直跟着我，离开茅山中学后，就不需要装水了，可以用来腌猪肉、腌白菜等。如今，除了日记本，这是茅山中学留给我的唯一的纪念品了。双排座把我送到句容后，卸下所有物品，用几声喇叭，给我的茅山时代画上了句号。我如同出嫁的姑娘，坐着婚车出了门，再回茅山中学的概念，就是回娘家了。

女人出嫁后，会怀着眷恋，常常回娘家看看。我也常常"回"茅山，吹吹校园的风，看看山上的云，这份情结坚定而永恒。

2016 年秋天录稿
2024 年 8 月修订
前后六轮调整

满眼风光北固楼

以人为本

疫码当先

廉以立身

北山水库

金石相错乾坤大
书画同源日月长

篆刻、撰联：史祥

雨雪霏霏

草莓一篮情义装

　　过年了，爸妈备饭，我们兄弟三人都挈妇将雏过去团聚。平时太忙，虽是兄弟，一年都没有在一起吃过饭了，赶在今天聚聚，很快又要为生活而各自奔波劳碌了。

　　早上，天气向好，朝阳正出。我接受了父亲布置的任务，去菜场买点蔬菜。新鲜叶菜放不住，时间一长就黄乎乎，扔掉又可惜，做菜又蔫巴，只能现买现吃。好在国泰民安，市场繁荣，正月初三的菜市场已经相当热闹。

　　骑车很是方便，头盔不能忘记，我已经习惯了戴头盔。人矮头小，头盔一罩，只露出半个脸，嵌着两眼看世界。

　　菜场之外，马路两边，摆了不少地摊，绵延成排，自卖蔬菜，青菜、大蒜最多。草莓摊子也不少，果色红艳，喜庆应景，草莓娇嫩，布满粉刺，很有规律。

　　买了几种蔬菜后，我溜达徘徊，寻觅白芹。张望间，一男子薅住我的衣袖，着装红色羽绒服，体格魁梧，脑袋肥硕，戴着眼镜，身前有一三轮车，车厢之上横架木板，板上排着几个红色塑料篮，篮中堆着草莓，篮子旁边斜躺着一叠塑料袋，供顾客提拎之用。

　　我有点吃惊，站定，开启两个男人之间的对话：

　　"是不是史老师？"

"是。"

（得意）"你刚才走过去的时候，我就感觉是你！"

"你是？"

（脸上企盼的微笑）"老师你还认得出我吗？"

（望着肥硕的脑袋）我摇头。

（不死心，启发）"我的名字很好记。"

我打量之后，依旧摇头。

"我叫戚晓飞。"

（恍然大悟，声音提高）"哦，记得的！"

（略显羞愧）"我语文成绩不太好。"

"你是谭尧（当初的班长名字，已经毕业14年）那个班上的！"

（高兴）"是的是的。"

"你现在做什么？"

"当医生。"

"在哪？"

"苏州。"

"外科？内科？"

"耳鼻喉科。"

（惊奇）"那你怎么来这里卖草莓？"

（坦然）"回家过年，爸爸叫我来卖的。"

"我爸爸叫我来买菜的！卖得还好？"

"蛮好的，第一天。（兴奋）老师，我俩合个影！"

"嗯。"（乐意配合，脱下头盔。咔咔咔，三张）

（热情）"老师，带点草莓！"

"不要不要！"

（不由分说，动作麻利，塑料袋套好草莓篮）"拿着！"

"成家没？"

"成了，孩子都有了。"

"几个？"

"两个，一儿一女。"

（满脸笑容）"太好了太好了，一儿一女笑嘻嘻，不愧是医生，有技

术!"（我对已生二胎的学生特别欣赏，见面就会夸奖）

"老师，拥抱一下?!"

"好!"

壮硕男子跟油腻大爷拥抱在一起，拍背三下，场面好有喜感!

我一回头，发现旁有一卖菜男子，坐在扁担上，尽观全程，此时面带微笑，大概是受了我们情绪的感染吧。

抬头望天，天气很好，阳光明媚。

这样的场面，才是老师的幸福感! 互相没有功利，彼此只有惊喜。

我回到家的第一件事就是在微信朋友圈发图文，晒出幸福，享受点赞，关注每一条评论，却未能一一回复。戚晓飞也在同学群里嘚瑟炫耀，他晒合影，我配文字。他说感恩感恩，我说感谢感谢。

草莓，真甜!

2021 年 2 月 14 日　正月初三

石头记

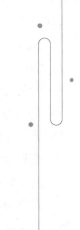

　　我一步友，某校老师，3 月出游，去往南京六合灵岩山。灵岩山景区有一特产——雨花石。然而，雨花石久经开发，精品早已被淘尽，只有粗劣的卵石，部分还有那么一点美感的影子，或色泽晶亮，或波纹明晰，或形体雅致，或美到极致。步友兴致很高，检视若干，收入囊中，带回句容。ADW 临时起意，在朋友圈发布兜售，一枚几块钱，想补贴点汽车油钱。我正巧看到，马上联系，私聊说好全部归我，付费 100 元。时值周日下午，本人因在校看管学生自习作业，走不开身，遂让步友送到学校门卫，我再派班上学生拿取。步友有点诧异，问我买这个干吗，我哈哈一笑，卖个关子，说将来有用，现在不能告知缘由。我心里已经做好了盘算。

　　4 月中旬，高一年级选科分班，班上同学各奔前程，将去往不同的科目组，进入不同新班级。散伙在即，我开口向他们索要礼物，一份特殊的礼物，就是每人写一篇文稿，对我的班主任工作进行点评，直陈优劣，给出意见建议，以便我好好总结。这是同学们写得最好的一次作业，他们情真意切、客观中肯，对我过于仁慈轻易准假给予批评，对我好忙手机提出规劝，我做了反思和自我批评，对全体同学表示了感谢，还选出优秀的文稿，拍照存档，一则留念，二则对照，对以后的工作思路做出相应的整改。

其中有一个叫刘世睿的同学，写了整整两页，工整而有条理，罗列排序，甚至还红黑笔迹嵌套以示区别。我深受感动，提笔加了批语，说这是写得最好的一篇，是我要说"谢谢你"的唯一文稿，尽管其曾经表现顽劣而消耗过我太多的精力。拍照以后，我发给他的母亲看看。刘母很高兴，说没想到自家孩子的情商那么高，她即刻收藏了这两张图片，又说马上再分享给孩子的父亲看看。我给家长发的是原图，就是希望他们能够收藏的。

收到孩子们的这份礼物我很开心，特别点名表扬了小刘同学。之后，本着互动原则，我决定给孩子们送一份礼物。

首先制作 48 个同规格的小纸片，逐一写上序号，折叠，窝在一张纸上，颠簸翻动，形成混序，然后由学生抓阄，拈出一轮顺序，按序发放礼物。这样的顺序，大家最能接受。抓阄的过程，学生们充满期待，甚至感觉是命运的安排。

然后我投影图片，出示了礼物——一堆卵石，就是步友卖给我的石头，表示以此作为给大家的礼物，同时我在黑板上写下三个字"石头记"，学生们都笑了起来。我告知了这些石头的出处和来历，说明它们的唯一性，学生们就像这石头一样，在天地宇宙中也是唯一的存在。因为唯一，所以就具有特别的哲学意义，伟大而永恒。

我说："大家只能摸不能看，摸到啥就是啥。"大家跃跃欲试，眼睛贼亮。我又说："我想准许一位同学先看再拿，而不是盲摸，你们说给谁呢？"大家都说："小刘！"于是，在众人羡慕的眼光中，小刘同学享受了这次礼遇，获得一份殊荣。

接着，开摸。各种表情，可以想象，如果有条件全部录下来，绝对可以做出丰富的表情包。石头在手，大家左右参看，互相比较，大多笑意满脸。摸到的是石头，得到的是快乐。

我让大家把石头举起来，拍照留念，由于石头品相实在一般，我没有挨个拍照，只是拍了几张群像。他们青春的脸庞都凝聚着满满的胶原蛋白，他们稚嫩的眼神都流淌着真情实感，微笑是每位同学的标配，愉悦是每个心灵的音符。

发完礼物，我把情形告知步友，她很惊讶，惊讶于我居然能把这些石头焕发出如此的意义。她说有的学生可能会珍藏一生，我说也许是的，集体的记忆是美好的。多年以后，他们同学聚会，聊及往事，这个石头的话题就可以轻松唤起他们的记忆。

我为自己的创意而自鸣得意。石头记，石头记，石头里面记录着孩子们青春年华的一段美丽。

2021 年 4 月 17 日

海上生明月，幸福在此时

各位亲友，各位嘉宾：

大家晚上好。我是句容市第三中学的老师，新娘郭海月的"嫡亲"语文老师，今天受新人委托，来镇江给他们证婚，我特地创作了一篇证婚词，题目就叫《海上生明月，幸福在此时》。

五月的鲜花灿烂无边，五月的桃李肉汁酸甜。

曾经有一个小天使，名叫郭海月，踏着海浪，乘着月色，收起翅膀，下凡落户，在郭家成长为一个甜美的姑娘。

村上邻居，大户姓王，王家有子，名叫王炜，体格健壮，性格开朗。

少男少女，青梅竹马，知根知底，两小无猜。郭海月同学从村小忽然转学去了县城，两颗懵懂的心，一时无法再牵连，各自在茫茫人海寻觅，漫漫长夜，无心睡眠，月满西楼，君子好逑。

岁月不居，一种浓郁的教育情怀，把青春少女郭海月同学滋润得娇小玲珑，才华横溢，善解人意，懂得照料起居。

时光有意，一段铿锵的军旅生涯，把青春少男王炜同学磨炼得威风凛凛，仪表堂堂，风度翩翩，暖男一枚，善待娇妻美眷。

为了学业，各奔东西，为了前程，分属军地，人生再次偶然重逢，可谓一段"拍案惊奇"，最后缘定今生，结成夫妻。两人吃火锅，喝奶茶，打游戏，看电影，把生活调制得有滋有味，把幸福演绎得酣畅淋漓。

人生如戏，岁月如歌，新郎王炜，新娘郭海月，你们要扮演好自己的角色，孝敬父母，关爱彼此，精心抚育下一代，歌唱生活的美好，共振家国的精彩！

证婚完毕，谢谢大家！

2021 年 5 月 22 日

后记：

有过几次，昔日的女生如今在教育自家儿女时会遭到孩子对自身语文水平的质疑，这几个女生就与我交流，让我在聊天记录中证实自己曾经语文强大、水平优秀，从而证实自己对孩子教育辅导的实力。遇到此等事宜，我不禁莞尔。郭海月同学在谈恋爱中就请我证实过两回。

三根棒棒糖

"有没有同学能回答这个问题?"我环视课,没人举手。

"有没有同学能回答这个问题?回答得好,奖励一根棒棒糖!"还是没人举手。

"奖励两根!"众人有点骚动。

"奖励三根棒棒糖!你们可以讨论一下,讨论后答对了,这几个同学一起分享哦!"重赏之下,必有勇夫。课堂气氛热烈起来,讨论的声音也大起来。

这是怎么回事呢?

今天是同学们本学期最后一天在校上课,昨晚布置了一篇作文——《最近在校期间二三事》,要求用记叙文,注意加强细节描写,写出学习和生活的各种乐事、糗事、伤心事。

最后一天在校上课,学生已经心不在焉,我就让学生逐个站上讲台,选取昨晚写的二三事之一,讲给大家听。我呢,则给各位上台的同学拍个特写,抓拍听众的丰富表情,等同学讲完后,简短点评,再由刚发言的同学指定下一位发言的同学,为了保证正常平衡推进,我规定男女生轮流发言。事后,我再把照片以原图发到家长群里,由家长收藏,作为孩子成长的记忆、青春的足迹。

在第一个班,某同学讲到晚自习有知了闯入教室,把胆小的女生吓得尖叫，有人提议抓住它，悄悄塞到他们班主任的抽屉里。这帮毛孩子，他们还以为四五十岁的男班主任也会被知了吓得尖叫呢。结果，没人敢去放，最终"犯罪未遂"。

在我自己的班级，自然没人敢说要塞我抽屉里。有人说，张欣悦这个女同学胆大得很，一边朗声读书，一边抓着知了让它伴奏，后来怕巡查的老师发现，手往窗外一抖，知了飞了出去，这不就是正宗的"抖音"来着？知了飞了出去，却没有走的意思，一个滑翔，跑到隔壁串门去了，引得隔壁班级一阵骚动，我班同学一阵会心的笑意，然后扯开嗓子，假装读书很入戏的样子。巡查老师看着大家专注的神情，满意而去。

看大家如此热衷知了这个话题，我突然生出一个疑问，也就是文章开头那个话题："为什么这么多知了来访？"

一时兴起，提个问题，我一边自己思考，一边组织同学来回答。

为了激发大家，我祭出了三根棒棒糖的超级赏格，因为平时一般也就奖一根而已。我班选修学科有生物，生物课代表就从生物特性来作答："动物具有趋光性！"我说："那以前它们就不趋光了？以前大家有过知了多次闯教室的记忆？"

付春虹同学悠悠举手，满怀感情地说："知了喜欢我们班级，觉得我们班同学特别友善。"我差点笑喷了，这是文学式的回答啊，还具有拟人的修辞手法呢。

我让大家从社会层面再猜。

我殷切的目光不断扫视全班，有的见我扫过去就马上低头，有的怯怯地与我的目光触碰一下，给我放个电，意思是不确定。终于，有人举手，是冯欣悦同学！不是前面的那个张欣悦哦，这名字也能重名，本年级有三个"欣悦"，幸亏姓氏都不相同。

冯同学很自信的样子，侃侃而谈，说："知了可以吃，疫情以后，吃的人就少了，知了就多了起来，所以才会有那么多的知了飞过来。要是以前，都快被抓绝了。"

太好了，这就是我心中拟定的答案啊！但我还是尽量保持淡定，痛苦地忍着兴奋和满意，问大家同意不同意。大家表示赞同，我说："那么掌声在哪里？"

全班鼓掌！马上领赏！非常荣光！气氛搞起来！

事后，冯同学告诉我，她以前在吃夜宵的时候吃过知了。我说："吃过的同学肯定有，但你能在两者之间建立联系，这就是观察生活，善于思考，好样的！"

三根棒棒糖，激情满课堂！随机常应变，教学真好玩！

2021 年 7 月

分

枣

秋季开学，时值白露节气。为了加强家校联系，增进了解，促进友谊，学校动员部分家长在晚自习的时候进入教室，坐班陪伴，感受班级氛围，体验学校管理。今晚，我班轮到王娜妈妈坐班。

王娜妈妈开水果批发店，晚上带来一箱冬枣，近 10 斤，市场价格大概百元。我接待了几分钟，交代了坐班要求，给她备好两本课外书，然后把她领进教室，安排她在后排坐好。我把冬枣箱子搁在讲台上拆封，枣子挨挨挤挤，泛出青白，夹点红晕，很是新鲜。

还有几分钟就要上晚自习了，物理老师已经到位，打算义务加班，给学生辅导几个题目。

我赶紧敲敲讲台，示意安静，告知同学们，王娜妈妈又一次给大家带来好吃的水果，上学期还带过一箱荔枝。我领着大家用掌声对王娜妈妈表示了感谢，然后叫全体学生上讲台，每人拿几颗。学生很开心，纷纷走上讲台，有几个还挑拣了一下，嘴角咧着笑意。很快，只有少数几个同学没领了，我伸头看看箱子里还有一二十颗。我寻思，如果能多几颗的话，就现场送给物理老师。

最后上来的，是学习委员王达，他拿上了最后三颗，啥也没说，就回了座位。

整个过程中，我抢拍了几张照片，发到家长群里，对王娜妈妈表示了感谢，很快也有二三十个家长排着队表示了感谢。

到了八点下课，王娜妈妈值班结束，即将回家，母女依依，细声说话。我走过去教育王娜："这样的妈妈真好，你要好好珍惜母爱，听妈妈的话。"孩子幸福地点头，妈妈开心地微笑，说孩子特别听老师的话，父母的话不怎么听。我再次给孩子强调："要听妈妈的话哦。"

最后一段晚自习，是我的语文时间，同学们正拿起笔来准备写练习，我走进班级，叫停他们："暂时不要写作业，听我说几句话。"

"郭惟雨妈妈帮同学们统一购买装书袋，赵雪雯妈妈帮忙补购校服，张欣悦妈妈帮班级购买绿植，徐畅妈妈帮忙买来瑜伽垫给同学们课间练仰卧起坐，高霜晴妈妈生了"二宝"送来一箱卤鸡蛋给全班同学分享，今天王娜妈妈又带来冬枣，我们这个班级，可以说是团结友爱。同学们，一箱卤鸡蛋要一两百，这箱冬枣也要100元，全班近50人，核算下来，大概每个枣子5毛钱，每人大概两块钱，两块钱你可能感觉不多，但全班就是100块了，人家的钱也是苦出来的，不是天上掉下来的，不是大水冲来的。受人恩惠，应说感谢。我还要教育大家，记着一句古训——'物有不可忘，或有不可不忘'，别人对自己的恩情帮助，自己千万不能忘记，自己对别人的帮助，要尽量忘记，不要念念在心、喋喋不休。希望你们牢牢记住这句话，一生都去做好，如此，你的人际关系肯定和融，终身受用。人际关系才是最难的学问。"

"在分枣的过程中，有个别同学好像在挑来选去，翻找个头大的枣子，其实这个念头很危险，想都不能想啊。这不是付钱购物，而是领人情分，如果左挑右选，你的境界就低了，如果我是老总，你是应聘，就凭你的这个小心思，我就把你 Pass 掉了，因为你是精致的利己主义者，单位不能要！还有，最后一个同学，王达，拿到三颗，但没有说啥。同学们，假如是你，你会不会对我说，老师我少一颗。同学们，这句话根本就不该说，甚至如果一颗也没拿到，同样要坦然一笑，千万不能追着班主任说，老师我没有拿到怎么办啊。

"我看到一颗枣子也没有了，我当面给物理老师打招呼，他说没事没事。一个58岁的老教师，德高望重，义务为大家辅导，他根本不会在乎两颗枣子，你分给他他也不会要的，可是我们没有一个同学站起来拿两个给他，包括物理课代表。"

"在当时的场合，我是班主任，如果排序的话，我应该是第一个，可是没有同学让给我一个，这就让我尴尬了。课间，刘雪同学拿出一个枣子给我，我犹豫了一下，接受了，满足一下她的心理。"同学们，如果我是老总，大家都是实习生，我的心里已经记住了这位同学，不是老师嘴馋这颗枣子，也不是因为刘雪同学拿出了一颗枣子，而是说明，她心里能想到别人。这样的人不培养，难道培养那些精致的利己主义者吗？"

"今晚回家后，跟你们的家长交流交流，让他们在家长群里道声谢谢。同学们回家后，可不要对家长说我们老师就想吃枣子，教育我们要拿枣子分给他，如果你的父母也这样认为，那么你们家就没救了。我有个信念，就是做一个有温度的老师。"

白露时节吃冬枣，教室自有春来早。

（备注：自己写文章，从来没有这么大段写下啰嗦的教育，请读者见谅。）

2021 年 9 月 7 日

鸡
腿

　　身在普通高中，少不了各类考试。我是班主任，还是语文备课组组长，需要安排语文学科的相关事务，承担着学科教学的领导责任。每次考试，都是一次压力。

　　本次12月几校联考之前，我对我们七班的同学说："如果我校这次语文分数能够超过某个对标中学，我请大家吃鸡腿。"

　　有同学略带嫌弃，问："是不是食堂那个鸡腿？"

　　我说："不会，可以买陈超老师家的陈礼福烤鸭店做的鸡腿，卤菜品牌店哦。"

　　有个学生说："买潘大师吧。"

　　我说："啥？没听说过。"

　　他们露出鄙夷的微笑，说："网红鸡腿。"

　　（什么叫代沟？这就是！）

　　我问："多少钱一个？"（内心开启计价模式。）

　　笪姝婉同学摆个手指造型，神情傲娇："8元！"

　　我说："行！只要超过他们，没说的！"

　　因为我们七班同学跟着我，对语文组很有贡献，做出了一些牺牲，比如搬运材料、分发资料，比如花时间帮我检查全年级同学的随笔写作等。

这次由我负责改默写，机会难得，就让七班每个同学戳 10 个默写改卷，体会一下从阅卷老师的角度来审视自己的答卷，在获得新鲜感中提醒自己以后要注意规避的地方。

老师改卷都是快马加鞭、夜以继日，技术上又更新，直接在手机上戳分数。联考过去两天，成绩揭晓。

我到了班上，学生们努力研究我的脸色，想找到读懂心灵秘密的钥匙。

我准备在黑板上写下某个老牌学校和我们三中的语文均分，努力显出平静沉重的神态，说："我们跟人家差距还有点大啊。"

在座的同学追问："那个学校多少分？"

我故作疑惑，说："你们要问那校分数干吗？"

大家异口同声说："鸡腿！"

我再也忍不住，笑得嘴都歪过来了，然后慢慢拖延着，缓缓写下该校的均分，没我们高！

台下学生欢呼起来！

我拿起"戒尺"，敲敲桌子，示意安静，朗声宣布："明天下午，大家返校的时候，兑现鸡腿！因为量大，需要预约，这事由笪姝婉同学负责承办！"

大家鼓掌！

我提高声调，说："刚才学校通知出来了，1 月 20 日期末考试，如果再次超过他们，我就还请大家吃鸡腿，好不好？"

大家声音洪亮，兴奋大叫："好！"

班级气氛愉快而活泼，美丽的笑靥洋溢在每一张骄傲的脸庞上。

一个鸡腿，就能搞得风生水起、青春飞扬。

真好玩。

2021 年 12 月 18 日

润物无声

"各位家长，夏天到了，很多女生具有爱美的天性，这很正常。不过，我们毕竟是高中生，主要目标是一年后的高考，所以需要专注于学习，一切过于爱美的情况，需要暂时收一收。

今天，看到有女生戴珍珠耳钉，戴好看的项链，穿飘逸的长裙，我个人觉得不合适，学校纪律也不允许。

考虑到我在班上一讲同学们就会对号入座而尴尬，所以在家长群里提醒一下。

请各位家长把把关，毕竟等到我来讲她们，她们会有压迫感。等她们上了大学，我希望她们来看我的时候都把自己打扮得青春时尚，潮流漂亮。

谢谢大家。"

节气到了小满，气温明显燥热，高二女生也浮躁起来，跟着季节表现出爱美之情。弄头发的有之，打耳洞的有之，涂指甲的有之，戴金银首饰的有之。

《中学生日常行为规范》第二条：穿戴整洁、朴素大方，不烫发，不染发，不化妆，不佩戴首饰，男生不留长发，女生不穿高跟鞋。

以前，我会在班级明令禁止，点名批评，要求次日整改，去除妆饰，往往态度严厉、语气犀利，目光扫过之处，违规女生纷纷低头，我觉得这就是严格管理。记得某次晚自习，一个女生偷偷照镜子被我发现，我从后面悄悄走到她身后，静等她再次拿出镜子，我伸过头去，她在镜中看到，紧张地合上镜子，我顿时一声呵斥，吓得她一哆嗦，然后罚站，当场批评，没收镜子，感觉自己很有威严和气势。等我转身而去，这个学生自然心里骂我千百遍，其他学生心情也受损。现在，我觉得真没有必要呵斥，作为班主任，一个眼神就可以让她体会深刻、马上改正，这不"香"吗？

教育的手段不是惩罚，而是规范。当我进到这一层思考后，管理风格和做法有了很大的改变。严格未必等于严厉，规矩也不排斥温情。

过了两天，我又在家长群里发了一张图，发了一段话：

"各位家长，刚才在班上看到有同学带来这么一个小电扇，在后墙充电。不可以！

如果不加禁止，大家都来充电，拖起一排电线和插头？不安全！

上课也不许使用，这是教室，这是公共空间，教室本来就有大吊扇。电扇的声音非常影响上课，有时候老师都是直接关掉电扇上课。

学生听课吹电扇，老师上课呢？扛着空调？

现在的气温，就带着小电扇来续命？以后的温度呢？

不要娇气！请家长配合教育。"

事后，我随意找了一个学生，问明电扇主人是谁，让电扇主人到办公室来找我。

"电扇公主"很快站到我面前，神情忐忑，惶恐不安，我和颜悦色地给她讲了一番道理，她面有羞愧之色，我看已经有了教育效果，就不多讲啦。最后，我给她一个指令："这电扇白天就放我桌上，等到晚上放学回家的时候自己来办公室带走。"没有在班级公开挨训的尴尬和难堪，她连连点头。

学无止境，与时俱进，就算是资深的老师，也要把握好现在孩子的心理。春风化雨，润物无声，严格要求和关心爱护并重，规范管理和尊重人格并举。

是为教育笔记一则，以自勉。

2022 年 5 月 26 日

一面簇新锦旗，一段助学佳话

敬赠江苏盛邦家具制造有限公司

盛世实业兴国

邦途爱心助学

马明扬（化名）家长

二〇二二年八月

在炎热的暑假 8 月，在江苏盛邦公司，一面锦旗挂在公司总部的白墙上，鲜艳、热情、生动记述了一段爱心助学佳话。

句容三中的马明扬（化名）同学，生在农村，家境贫寒，母亲身体不佳且常年服药，父亲打短工，收入有限。马同学本来住校，因为舍友晚上睡觉打呼噜，加上自己体弱，睡眠不佳，白天上课经常精神不振。我了解情况后，看在眼里，急在心里，找到马父，得知马父自己每天骑着摩托从乡下赶来县城上班，天寒地冻，雨雪路滑，依旧奔波。马家父子也没啥时间互相交流。

看到这种情形，我动了恻隐之心，向自己的朋友——江苏盛邦家具制造有限公司少总杜轩宇先生求助。杜总年轻有为，更有慈善爱心。收到我的求助，他一口应允，马上指定其办公室主任跟我对接落实。我约好马父一起前往，实地考察，在公司给他们找了一个单间，公司专门安置重要员工的那种单间。马父非常满意，管理阿姨做了交代，说水电费自理，交给会计室。

一年过去，由于校区变动，这个单间已经用不上，马父联系我说水电费不知道怎么支付，管理阿姨说杜总肯定不会收取。

我联系杜总，表示感谢，杜总说小事一桩不必惦记，每年助学的事情多着呢。家长心里过意不去，请我帮忙，拟写赞语，给杜总送一面锦旗。作为班主任，我欣然接受，安排落实。一面锦旗，就是一段助学佳话。我还勉励马同学要懂得感恩，好好学习，学业有成之后，要回报社会，关爱他人，把慈爱助学的故事写成连续剧。

一面锦旗讲述了一段爱心助学佳话，这样的故事在盛邦不是个案。

盛邦，热心肠；句容，好地方！

2022 年 8 月

后记：

我多次帮过这位马同学，物质上扶助，精神上鼓励，与其 70 多岁的奶奶更是经常交流，提供尽可能的方便。过年时，老奶奶硬要送我几斤猪肉、花生、绿豆，我说：不需要，你们都那么艰难了。后来老太太话语非常恳切，我听之动容，遂收下。希望读者不要一听到家长给老师送了东西就拍砖，人情人情，人和人之间处的是感情。

温暖的骚动

今晚我值班，端坐在讲台上。

前排的杨琳同学忽然给我递上纸条，说她有点难受，头疼，想吐。

今天，学校搞了成人仪式，下午一点学生们拖着椅子去操场。当时虽热，但观看节目，久坐生凉。回程时，我班团支书张欣悦、语文课代表唐果（两个小女生都是我的爱将）手拿其他物品，拖拽椅子困难，我遂相助，一手提一个。路稍远，身易热，人也累，我自有体会。晚自习，我的肚子不断地响，坐在后排的同学都能听到，偶尔偷笑，又不想使我尴尬，努力装得若无其事。

我问杨琳，是不是午休受凉？她说没能午休，作为显著进步生，他们中午去会场帮忙排布塑料凳（准备给家长们坐的）。我估计他们帮忙干活，身热发汗，后来露天冷风一吹，跑都跑不掉哦，不受凉才怪。问之，果然，她说当时脱了外套。

我问她手头有没有感冒药，她说在宿舍呢（她是住校生）。我当即在全班公开询问谁有感冒药，吴琼同学马上将感冒药送了过来。

杨吃药不到五分钟，突然手抓面纸朝教室外跑，刚抓到教室门锁，还没开门，就呕吐一地。我赶到面前，帮她开了门，然后，她直奔卫生间而去。

我抓起扫把，扫走秽物，端去卫生间冲洗干净，又拎着两个拖把去浸了水，再进教室清理地面。

忽见江筱琪同学从外面走进教室，我眉毛一拧，责问她："什么时候离开的教室？"她说："刚给杨琳送温水去了，呕吐之后，需要漱口。"她是杨的同座。我点头赞许，让她归座。

不久，杨琳进了教室，王欣雨、付春虹马上主动让出空间，方便杨同学捷径就座。

班上刚安顿几分钟，最后排的笪姝婉那边又有点小动静。我心有不悦，遂凝目视之。她一手提着透明塑料水罐，一手握着毛巾毯，传递给前排的熊忻颜，熊同学会意，继续前传给戴艾佳，戴同学直接走到杨面前，用毛毯给杨盖好腿，把热水罐塞到杨琳手里，示意她即刻把水罐抱在怀里。

我继续端坐讲台，全程目睹这一切，不动声色，未置可否，貌似无动于衷，实则内心情感汹涌。

杨琳同学不仅学习成绩进步显著，而且平时工作负责，人缘很好，师生都很喜欢她。其实，人际关系好的何止杨琳，何止文中的若干同学，这就是我们班级的特色，我曾给班级家长群命名为"温度高三（7）"。

室外巡课员或许看到的是骚动，但我的内心却很温暖，所以给本文起名为《温暖的骚动》。

我为自己带出的温情班级而自豪，分数成绩优秀固不可少，情谊关爱却更无价。分数追求的是高度，情谊体现的是温度。

几个小女生，感动班主任。

2023 年 2 月 28 日

致句容三中高三家长的一封信

各位家长：

你们好！

元旦在即，春节不远，新年的钟声即将敲响。孩子是家庭的未来，是明天的希望。十个月怀胎悸动忐忑，十八年抚养披肝沥胆。

生命的诞生叫分娩，命运的升华叫高考。

对高三学生而言，辛苦五个月，幸福几十年。对高三家长而言，陪伴五个月，轻松后半生。

社会教育毕竟空洞，学校教学才是真功，家庭教育必须助攻。

句容三中，四星高中。身在高三，如登高山。退几步必然尽弃前功，而不是海阔天空；进一步肯定气喘汗流，而绝非谈笑从容。

学生很苦，两头星星相伴，一天板凳坐穿，书本讲义如山，眼镜压低鼻梁，课堂上聚精会神，考场里笔墨酣畅。写不完的作业，刷不尽的试题。最爱的是体育，最念的是食堂。

老师也累，死守严防，研究教材资料，评估考试方向，容不得一点差池，来不得半分瞎忙。爱心付给学生，耐心奉献课堂。幸福着你的幸福，悲伤着你的悲伤。汗水浇灌了花朵，心血化成了晨光，青丝夹杂了白发，红颜书写了沧桑。

家长受罪，路灯下，盯着孩子回来的路，饭桌旁，看着孩子如虎吞咽。窥孩子脸色而少语，看孩子气色而焦虑，算孩子分数而遗憾。清晨做饭星星点灯，深夜接送寒雨袭人。不能帮着做题，只能整理讲义。做几个可口的菜，温一杯营养的奶，陪伴是最浓的温馨，鼓励是最亲的告白。孩子在身边，是家长幸福的拖累；子女去外面，是父母牵挂的憔悴。

所剩时间不多，应当珍惜；所生孩子很少，是以宝贵。要想轻松，请熬到孩子高考敲钟；要想开心，请忍到大学录取来信。

成才道路百十条，大学才是主干道。说一千来道一万，最终分数是王道。

三足撑铜鼎，以求稳当；三方抓学习，而成力量。

寒假之后，过年之前，学校将派人去你们家，送上烫金的奖状，留下快乐的合影，如果你的孩子能获得表彰，自然给你带来无限荣光。子女无望，多挣几万又怎样；孩子出息，少签几单又何妨？

唯愿学校的大爱真情，能激荡起你们的内心共鸣，恳请你们聚焦阶段重点，放下杂事，配合学校，铺设孩子健康成长的跑道，让他们跑得更远，飞得更高！

祝各位家庭和睦，和睦的家庭是孩子幸福的港湾；祝各位身体健康，健康的身体是孩子学费的保障；祝各位心情平和，平和的心情是孩子滋养的土壤。

想成功，进三中；进三中，必成功。收获的果实是硕大的，过程的历练是煎熬的，让我们携手合力，实现共赢！

最后恳请家长们抽出一点时间，和孩子交流思想，再给我们学校给我们老师一封认真的回信。

谢谢。

句容三中高三年级部

2018 年 12 月 30 日

后记：

本文应时任级部主任的张春副校长之命，在元旦之前写就，受其好评。

成人仪式上的讲话

同学们：

你们好！

国外疫情汹涌，国内经济复苏，水火两重天，没有对比就没有伤害，这更让我们倍增感慨：中国的天是晴朗的天，共产党的旗是人民的旗。立党为公，执政为民，不忘初心，牢记使命。

南湖红船，历经风雨沧桑，渡尽劫波大浪，行稳致远，终于成长为一艘巍巍巨轮。在中国共产党成立 100 周年之际，在世界百年未有之大变局的背景下，堂堂中华昂首阔步，泱泱中华蒸蒸日上。

时代的鼓点在敲响，复兴的节奏在加快，帝国主义亡我之心不死，新的"八国联军"在构建，国际威胁并不遥远。不要以为岁月静好，只是有人替你负重前行。每一个热血中国人，都要在党的领导下团结一致，众志成城，敢于斗争，善于斗争。每一个青年学生都要有崇高的家国情怀，境界高远，朝气蓬勃，刻苦努力，学好本领，建设家园，承担神圣的使命。

今天，句容三中举行 2021 年十八岁成人仪式，这是我们学校的大事，更是同学们人生旅途中越过的一座丰碑，标志着从少年到青年。

同学们，我首先祝贺你们已经成人，从此，你们已经拥有完全的民事行为能力和刑事行为能力，这就意味着你将可以独立行使公民的政治权利，同时也必须履行相应的义务，承担相应的法律责任。祝贺之外，我还要祝福你们，祝福你们都能成才，成为国家的栋梁之材。

作为"八礼四仪"之一的成人仪式，同学们，你们不是在参加一场光鲜亮丽的快乐游戏，在跨过这道彩门后，就意味着沉甸甸的责任与担当。毕业在即，高考不远。成才之路好多条，终南捷径看高考。狭路相逢勇者胜，胜者走过独木桥。没有汗水的浇灌，哪有艳丽的花朵，没有勤奋的攀登，哪有山巅的风景。莫斯科不相信眼泪，骄人的成绩才是王道，烫金的录取通知书才能带着你走天涯、闯海角。

6月5日，时值芒种，这是农民最忙的时候，也是我们高三学生元气满满的时候。同学们，时代铿锵，青春绽放，句容三中的莘莘学子，徜徉在菁菁校园，挥笔大圣塔，蘸墨葛仙湖，研磨实验室，浸泡图书馆，板凳坐得三年冷，金榜题名亲友闻。学校等着你们的胜利，家庭期盼你们的辉煌！

句容三中，秉持特色，以人为本，培养有正气、有底气、有生气的时代新人，先成人后成才。三中老师，都有着"四特"精神——特别能吃苦，特别能钻研，特别能奉献，特别能协作。同学们，多年以后，当你们事业有成，荣归母校，再看漱玉轩下紫藤簇簇，玉清河畔杨柳依依，感慨万千，回忆从前，你一定会感恩自己的老师，庆幸自己曾经是奋斗的青春派，感慨曾经参加的成人礼、走过的彩虹门。

同学们，今天，我在这里检阅你们成人；将来，祖国将检阅你们成才。飞扬吧，青春少年！翱翔吧，三中学子！

2021年6月5日

悼念方寿根校长

学校的桂树长得很大了，仔细一看，居然结了果子。桂树是句容三中建校时种下的，长这么大，是因为建校已经 26 年了，校长已经排到第三任。第一任校长，方寿根老师，今天去世了。他筚路蓝缕，开创三中，非常有功，极大地推动了句容教育事业的进步。作为他的老部下，我在此悼念这位老领导。

我刚毕业被分到茅山中学的时候，教育局人事科左科长跟我说，茅山中学搞得不错。等我报到后，看到学校绿化相当好，感受到了当地民风的淳朴，我很喜欢。其时方校长刚调走不久，遗韵犹存。有老师给我说过两件轶事。老师们敬业精神很强。

那时老师们大多还住校，人多了就住集体宿舍。有位教政治的赵老师特别爱睡懒觉，方校长一早去到那个老师的集体宿舍，给赵老师掖好被窝，叮嘱赵老师头天晚上备课不要太辛苦而熬夜，赵老师囧得睁大眼睛而无语。次日早上，如此情景再来一次。之后，这位赵老师彻底服了方校长，也就及时起床。方校长没有批评一句，就这样收服了一个向来懒惰的老师。

那时，乡镇企业还很多，方校长的饭局也很多，常常和这些厂长在一起吃吃喝喝。老师还比较清苦，他会有意识地带相关老师跟他出去吃饭喝酒。酒兴酒兴，喝酒开心，在步行回校的路上，他委婉提醒相关老师有什么不足的地方，也没有一句批评，这老师便已经深刻领会校长的意思了，只有感谢，没有抵触。他的酒量很大，但也经常大醉而归，老师自然也有议论。他说，有时候喝酒就是工作，没办法。某次，他与几个厂长拼酒，甲总说"你把这一大杯酒喝下，明天给你送水泥"，校长一口干了。乙总说"你把这一大杯酒喝下，明天给你送砂子"，校长一口干了。丙总又来一杯，说由他负责安排人施工，校长又喝了。晚上，校长被搀回学校，第二天材料送到，第三天即行施工，进校的烂泥路浇筑成了水泥路！

1997年中考阅卷，我跟着王副校长等阅卷老师到方校长家玩，他家装修的吊顶"蓝天白云"留给我很深的印象，校长夫人也很热情和蔼。方校长还留我们吃了饭，因为忙而没有陪同。这是我第一次见到他，也是唯一一次去他家。

随着形势的变化，教育布局调整，乡下高中纷纷往城里撤并，老师们也申请进城。因为句容三中待遇好，老师们向往，竞争也就激烈，所以我在申请中只敢填另外一个学校。谁知，我居然被调到句容三中，自然感到意外和惊喜。兴奋中，我骑车回家给妻子报喜，春风得意马蹄疾，心里激动加车速，路上一个小坑将我摔跌，我爬起来，擦擦手上的泥尘，心情仍然还是愉快的，一路小歌回了家。

某次作文竞赛后，阅卷老师聚餐，方校长中途过来，他是从另外一个酒摊子赶过来的。他告诉我，我能进三中，是他要过来的，他早就从茅山中学周主任等人那儿听说过我，虽然还不认得我，但已经对我印象很好。某次，我对校长说："我能进三中，还没有请你喝酒回你的情。"他说："你想起来呢，你都可怜死了，把日子过好就行了，我的酒摊子多呢。"

我当班主任时，班上有个女生严某，她家境特别苦，学费要交850元，我去找校长减免。他说"300元"，我说"不够"，他说"500元"，我说"能否再减点"，他咂咂嘴说："史祥，史祥，不能这样。"我说："校长啊，我是难得一次求你，这个学生太苦了，你就全减吧。"方校长大笔一挥，全免！我很感激他，给我面子，给那个女生减负。

句容三中承受了生源高峰期的压力，学校规模极大，鼎盛时期，师生员工近1万人，小学、初中、高中都有，校长很忙，酒摊子也多，有时候甚至一晚上要跑三处。方校长的酒量虽然很大，后来生生喝伤了内脏，如今没到退休就作了古。唉，兴也喝酒，亡也喝酒。

人，无法长生，来世一遭，只要能轰轰烈烈，建功立业，就可以含笑九泉，于心无愧。

如今，句容三中已经声名鹊起、蒸蒸日上。方校长，你的名字必将写进句容教育史，你足以欣慰自豪，可以溘然瞑目了。

谨以此文纪念方校长，呜呼，尚飨！

2018 年 4 月 18 日

恩师张才光

　　在"四个自信"的时代背景下，最近易宏彬老师在发力发掘句容地方文化，聚焦句容文艺名流，他把睿智的眼光首先投向了已经过世20多年的张才光老师。易老师跟我说，他不曾认得张老师，而我却是张老师的嫡系弟子，故而让我写点回忆性文字，来尽量丰富一下张老师昔日的影像。

　　我认识张老师是1989年下半年在杨塘岗上高补班的时候。那时的学生比较浑，班级人数又多，每班达到120人，整个课堂乱糟糟的，很多老师们根本"Hold不住"，最有杀伤力的就是语文老师张才光。他身材高大，体形瘦削，着衣颇有长袍之飘，惜无马褂之裹，眼窝微陷，目光如炬，火眼洞见，不怒而威，一眼扫过，全班肃然。然后开始咳嗽，他有哮喘，季节反应明显，有时要咳到近乎一分钟，可是大家都是默默地等他咳定开讲。他常年戴着帽子，帽檐用一颗按钮把帽子的前沿阵地拉合起来，里面常有花白的头发溜出来开小差，他就把帽子摘下，用手指顺势抓抓头皮，再拢拢那一绺头发，整个过程，他都不讲话，我们也都静静地看，静静地等，等他继续讲课。他的语气亲切而威严，慢条斯理而有穿透力，字字珠玑，散入教室的每一个角落。因为他讲课实在是精彩，谁在课堂捣乱，会犯众怒。这个老夫子身高而不俯就，学高而不卖弄，清高而不迂腐，有真正的鸿儒之态。

他常有引用名句之举，比如"泰山崩于前而色不变，麋鹿兴于左而目不瞬"，"东鲁春风吾与点，南华秋水我知鱼"，便在黑板上写下稳健刚劲的粉笔字，我等赶紧抄录。时至今日，我保留下来的只有语文笔记，上面记有好多知识点。后来，这些东西成为我的知识构成，讲授给现在的学生。

他教给我们的不仅仅是知识，还有人文、责任、担当、正气。我受其影响很深，镇江师范专科学校提前录取面试时，我抽到"我的老师"，我即以其为原型，讲得面试老师啧啧称赞。今天我的课堂风格还能找到这位老师的影子，可惜他已经作了古，就在其刚刚退休之后，实在令人嘘唏。好在，他有位得意的高才生弟子唐靖华，文笔恣肆，意境汪洋，这位师哥搜集恩师文章，汇编成书，了却了恩师遗愿，谱写了师生情义的优美篇章。

我上了第一年高补班，还有点无所谓。高三毕业，班上考走的人少，补习的人多，常态之下，人就无感。等到我志愿填报失误，以文科最高分再进高补班的时候，我的心态变化很大，见到老师顿感羞愧。等到所有录取工作结束高补班才开学，所以就比较迟。张老师习惯性扯扯鸭舌帽，说："茅山道院有个山门，山门里面坐着王灵官，王灵官手里拿着铜，对着朝山的人大喝一声'你又来了?!'"他作势抬伸右臂，拇指食指摆出手枪造型，往前一指，瞄向在座的众多学生。自卑之人特别敏感，我脸一红，感觉他说的就是我，那个指头就是专门指我的，我赶紧低下头去。其实，以我的资质，以学生的人数，以高补班的教学实际，他根本不可能认识我，他平时又不改作业，也无从了解我们的成绩，他的那个"你又来了"不过是泛指而已。他虽然不认识我，我却永远记住了他。

几年之前，我在句容三中教书，偶然听说张老师的孙子在我校读高一，叫张终南（我敢断定这个名字肯定是张老师起的，后来也证实了），我特地去找过他们的语文老师唐云霞，拜托她多加照应。唐老师干练爽朗，马上翻出他写的随笔本子给我看。孩子的文章，页面整洁，文笔不错，颇得乃祖基因。我翻看之余，怀着感恩和回报之情，提起红笔在文末给孩子写了好长一段评语。因为机缘不巧，未能与孩子见面，我感到遗憾和可惜。这样的事情大概有三回。最后一回，唐老师问要不要喊孩子过来，我决定不跟孩子见面了，就给他一个悬想吧。有时候，这样的效果会更好。高二分班以后，也不知他被分到了哪个班，再加上我自己事务一多也就渐渐忘记了这个孩子。为写此文，我又专门问了唐云霞老师，她说孩子后来考了警校。

现在，易宏彬老哥在我面前提及张才光老师时我才想起来，我曾经关照过张老师的孙子，虽然效果不得而知，却也是我作为其学生的报恩之举，换个角度来说，也算是遗泽恩荫吧。唐靖华收集张老师遗作而为之出书《光月斋文影》，我感恩张老师而为其孙点评作文。或及于身，或及于子孙，中国人讲究"报应"，也许此其一例也。

腹有诗书气自华，胸怀品格魅力大。老易首选张才光，自然有其道理啊！

2021 年 2 月 4 日　小年夜

悼念尹书记

2024 年 1 月 21 日，星期日，晚上八点，正好课间，我在教室里和学生们说笑，迎接第二天的期末考试。突然看到大学校友群里刷屏，一片哀悼，说我们敬爱的尹美英书记走了，胆管恶性肿瘤转移不治，享年 73 岁。原来，她患癌症已经好久，却不曾告诉别人，只把笑脸留给世人。

我的心情瞬间就不好了，第一个念头就是"子欲养而亲不待"。

难过之下，首先就是回忆。我 1991—1993 年在镇江师范专科学校就读时，她是我们中文系的书记，四五十岁，高瘦清癯，头发蓬卷，不戴眼镜，声音略带嘶哑，很有特质。她没有教过我的具体功课，却让我沐浴着她的恩泽。先摘录我的书稿《清风徐来》中的两段文字：

我去班上，刚到拐角处，一窝同学汪在教室门口，看到我，一起发喊"来了，来了"，搞得我一头雾水。原来，徐继峰、丁国荣没带钥匙，无法开门。我当时的腰带是用黄牛皮制作的，既有硬度，又有韧度，很适合用头子捅开简易的门锁，而教室门锁一向都是松松垮垮的，一捅就开，三五秒解决问题。晕，他们只记得我的旁门左道。大家一窝蜂挤进教室读书，我落在外面，匆忙而骄傲地收拾腰带。

不是每个门都松松垮垮的。系主任尹美英老师的办公室在我们教室隔壁，门就很紧凑，某次她刚出门，一阵风把门给带起来了，而钥匙丢在室内，她很是着急。几个同学围着她想办法无果，我也知道黄牛皮的腰带解决不了这个问题。那时，我身材矮小，体格消瘦，但动作敏捷，我回到教室，攀爬后窗，左手左脚将自己固定在教室后窗上，伸右手探右脚，够到尹老师的那扇窗户，再一个收缩，全身攀住了办公室窗户，从容一跳，进了办公室，从里面旋转门锁，迎接了尹老师惊讶又惊喜的目光。尹书记衣着朴素，身形瘦削，嗓音略带嘶哑，热爱学生，为人高尚，在学生中威望甚高，本文中所说发脾气不肯向班主任低头的吴健骏，就是由她"降服"的。我能为她解忧，还真是我的小骄傲。她说："史祥啊，你吓死我了哦！我要请你吃东西。"我们教室在5楼，要是摔下去，后果是不堪设想的。不久，她让1992级中文的学生给我送来一些水果，柑橘、梨子、苹果，并一信，嘱我务必收下，说上次爬窗子让她后怕不已。毕业从教后，我回访母校，尹老师曾经安排请我吃过饭的，呵呵，这事我记得很清楚。

我和尹老师更多的交往，其实是在我大学毕业后。

毕业不久，我为学生报名参加"增华阁"作文竞赛，回师专拜访过尹老师。她感叹说，回母校来看看的毕业生不少，大多抱怨哀叹工作环境差、工资待遇低，你史祥却是兴致高涨，一讲到工作和学生，激情飞扬，难得啊。她又再次回忆翻窗开门之事，说要感谢我，让陆雨林带我去食堂楼上的小餐厅招待一下。

毕业20年左右，电影《致青春》红遍大江南北，我受到启发，把旧时的日记翻开，用铅笔圈出师专时段的相关内容，复印出来，整理成文，印成"单行本"，在同学聚会的时候散发，大家都说这是最好的礼物。尹老师说，她在我的QQ空间经常看到我写的文章，这个师专回忆，写得很好。尹老师开始注意到我的写作。

我出第一本书《归去来兮》找了江苏大学出版社，因为母校情结（包括镇江师专在内的三所高校合并成了江苏大学）。签合同的晚上，我请了出版社的相关领导，以及尹书记、曲云静老师、班长陆雨林，举杯庆祝。当天是我的生日，我还带着夫人一道，这是她第一次见到我们的尹老师，场面气氛欢快，尹老师在我夫人面前对我赞誉有加，让我们很有面子。我感觉从那个时候开始，老人家对我有了偏爱。

新书出版，她没有让我给她寄书，而是自己去出版社拿了一本。她说，自费出书不容易，要有成本，你就多卖卖，我去出版社拿一本又不要钱。她的体谅和细心如斯。有一次面聊，说到毕业照，她才明白我们少数同学放弃毕业照不是因为没有集体荣誉感，而是因为没有钱，毕业照是需要收费的。她叹息说，自己当初理解错了，错怪了我们，可惜已经成为遗憾。当年一些学生家里日子苦得厉害，能省就省，毕业照就不考虑了。

出第二本书《清风徐来》的时候，我也选择了江苏大学出版社。之后，和尹书记有了更多的交流和接触。尤其是舍友郑伟和我有约，每年暑假尽量去一趟镇江，请我们的几个老师和同学聚聚，我们几乎每个暑假都能成行。2022年8月4日，高温，我一早就去亲戚家的葡萄园，让他现采了丁庄葡萄，装箱，我开车直接带到镇江。尹老师抱着葡萄，把我夸成一枝花。她老公去世早，儿子又在国外定居，晚景有点落寞。饭前，我提议以后每次相聚都拍照留念，尹老师深表同意。我特别请求和她单独合影，可惜酒店服务员不熟悉我的手机，只拍了一张，指头还挡了一点镜头，让照片上方有一片模糊。她看了看说，下次聚会再拍好点。谁知，这竟是我和尹老师唯一一次也是最后一次的单独合影。好在还有一张八九人的合影，尹老师钦点我站她旁边，看到我的幸福笑脸，多少弥补了一点遗憾。

临走时，她说来年要专门请我和包圣福吃顿饭。

最近几年，我做班主任、备课组长，还教两个班，时间明显紧张，她嘱咐我要注意身体。她说，到了这个岁数，还在一线如此忙碌，只有你啦。关爱之情，殷殷切切。

2023年暑假，郑伟几次相约，奈何各人时间不凑巧，没能成行。大家说，反正国庆节有个毕业30周年聚会，可以相见。

然而，我做了班主任，国庆补课，安全抓得紧，我不便请假，就表示了歉意。私下里也是因为自己近来没啥成就，羞见师友。

现在，突闻噩耗，我内心自责不已，什么"工作忙"，什么"没成就"？子欲养而亲不待！再也看不到我亲爱的尹老师了！再也听不到你的鼓励、你的叮咛……

尹老师啊，我想向您汇报，我正在修订第三本书稿《今我来思》，2024年的第一场雪刚停，雨雪霏霏，今我来思，我多么思念您啊。您为什么走得那么匆忙，不读一下我的新书，再给我一句来自师长的鼓励啊？

忽然忆起，镇江师专进门就是八个大字：学高为师，身正为范。这，正是您的写照啊！

呜呼，痛哉！

尹老师，走好，愿天堂没有病痛！

镇江师专 91 中文 1 班学生史祥敬上
2024 年 1 月 21 日晚 21 时 30 分于句容三中高一教室

大白菜

放寒假了，夫人开心了，因为有人天天给她做饭、做菜、洗锅、洗碗了。

今天中午，孩子不在家，我就简单做一道菜，大白菜炖粉丝。取一棵大白菜，夫人事先已经剥去外层的老叶片，我继续掰下若干叶片。掰扯下来的叶子，要不要洗，我和夫人曾经还发生过争论。她说，东西还有不要洗的道理？我说，看过妈妈在地里捆扎过大白菜的情形，菜叶子松散着成长，她用几根稻草，揉绕几道，形似草绳，拦腰捆住大白菜，使之以后只能密实抱团成长。从里面不断长出新的内叶，根本没有泥土，哪里需要掰扯下来清洗？多此一举！这事才达成共识。夫妇之间，需要不断磨合，才能取得共识，消弭矛盾冲突，共同前进，此事堪称一例也。

我赋闲 10 年后重新做了班主任，每天早 6 点奔赴学校，晚上 10 点才到家，每周 6 天，周六晚上才得到一次休息。夫人见我疲倦困顿，心生爱怜，也就不让我做家务。故而我的厨艺渐趋荒疏，手上皮肤反倒比夫人更嫩白。油盐伤手，果然！

现在的科技改变了很多东西，白菜的体型也已经变得硕大，叶片很少绿色，白得耀眼，以前叫黄芽菜，因为叶黄，很有道理，如今通称大白菜，又大又白，更为形象。

忽然想起我第一次吃大白菜的情形。大概 1983—1984 年，我在春城中学读初一到初二的光景，每天中午在学校食堂代伙。自己带铝制饭盒蒸饭（蒸饭情形也曾写在我的《清风徐来》书中，此处不再赘述），再端个饭盆排队凭票打菜，也就是所谓的菜票，对应着饭票。饭菜票一般宽两厘米左右，长五六厘米为多，没有定规；早时是纸质，后来是软质塑料，上面印有一些文字，包括学校名称、票据种类、面额多少，尤其会有个友情提醒类句子：盖章有效，遗失不补。饭菜票可以作为有价证券，在校园内自由流通。

食堂吃饭，需要力气。老师懒得来整队，学生就你争我夺、一塌糊涂，有时候菜汤倾泼出来，一泼一大片，大家的衣服上都是汤渍，反正都是破烂衣服，也无所谓。食堂里骂声是少不了的，偶尔也会发生小冲突，拳脚相加，看得人肾上腺飙升。有一次，我挤到前面，踮着脚尖，和另外几个人都捏着面额三分钱的菜票，扬手高举，伸向食堂打菜的师傅，由他们恩赐看谁顺眼就给谁打菜。这时，菜桶里只剩最后一份菜汤了。大家都把目光投向师傅，眼巴巴地，分明带着乞怜。今天的掌勺师傅姓冯，是我堂妹的亲舅舅，对我有点认得，算是照顾熟人，就拽去我的菜票，扔进票盒，接过我的搪瓷缸，带把的那种，把最后剩下的白菜汤全部倒了进去。

殊不知，多次激烈抢夺饭食之下，搪瓷缸本就脆弱，底边某处竟然有个小孔，那汤借着压强飙出一道弧线，就像小男孩在撒尿，唬得众人哄然而散。我赶紧用手指堵住漏口，躲到一旁，大快朵颐，吃大白菜汤。那个年代，我们这边根本没有这种大白菜，美其名曰黄芽菜，物以稀为贵，我吃得特别香，尽管汤面上只有一点点植物油的油星。其他没买到菜汤的学生，省下几分钱，只能空口吃白饭了，要不就是自己带点腌菜、萝卜干之类的咸菜来下饭。

经此一役，我对大白菜特别有情结。

现在提倡自信之说，我认为自信的前提必须是强大富有，否则往往会是自卑。记得刚毕业工作的时候，收入很有限，我的经典伙食就是一颗番茄煸炒，一枚鸡蛋加持，调和糖醋，熨出汤汁，然后倒入一碗剩饭，和在一起翻动加热，红白黄，装碗，撕出袋装榨菜，酸甜咸，妥妥一顿，打个饱嗝，自来水冲冲锅碗，完美！

曾经谈过一个对象，她家种有大白菜，每次都掂两棵来吃。次年春天，她妈妈要将剩下的几棵大白菜喂猪，被我要走，带回学校做菜吃，才发现每棵白菜内都萌出了嫩芽，口味明显不佳。这位妈妈俯看我只有吃大白菜的命，大手一挥，拉倒，让我很是郁闷了几个月。这个对象不谈了，她家的大白菜也由猪去拱了。

今天中午做大白菜，我掰扯叶片之后，撕扯下每张叶片的边缘，圈留中间的硬梆子，打算另外做菜：切段，抓盐，挤水，配上红椒，大火清炒，醋熘白菜，红玛瑙白玉石，脆嫩爽口！叶边软软的，适合煸炒带汤水，加几片蒸熟的香肠起香，滴一溜生抽收水，舀一勺剁椒增色，煮沸，再慢炖一会，抓投事先用热水泡好的山芋粉丝，再煨几分钟，出锅！汤汤水水，有滋有味！

我跟夫人说"明天买点豆腐，可以加在里面炖"，白菜、豆腐、粉丝都是最普通的菜，很平民，很亲民。我们普通百姓干不了大事业，就过好小日子，厨房有烟火，饭桌有温馨。

腰缠万贯不奢望，纵使围炉菜根汤，且饮且笑又何妨？

2021 年 2 月 1 日

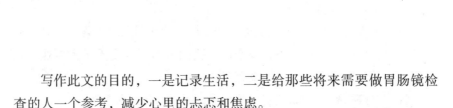

胃肠镜检查记

　　写作此文的目的，一是记录生活，二是给那些将来需要做胃肠镜检查的人一个参考，减少心里的忐忑和焦虑。

　　记得刚毕业从教的时候，分配去初中，五十多岁的老教师都是弄个历史地理之类的副科教教，打发打发时间，挨几年，等退休。看他们，过得蛮惬意，等着含饴弄孙，颐养天年。

　　如今的我，53岁了，还在一线奋战。高中学段两个班的语文教学，兼任班主任和语文备课组组长，密密麻麻的事情，早早晚晚的值班，各种考试的压力和数据，简直要累垮。之前教一个班还好些，每天还有空和汤神、大师等人打打乒乓球。如今，汤神教四个班的化学，兼任班主任、备课组组长；大师教两个班的英语，兼任班主任和备课组组长，大家都没空打球了。整个九月，只打过一次球。

　　难得歇下来，就怕动，只想躺着，躺着很快就能睡着。

　　我的食欲越来越差，早饭只能吃一筷子面条，而且逐渐没有饥饿感，12个小时不吃东西也不饿。

　　这是个问题。听人说，45到55岁的男人身体很容易出问题。我心里有点忐忑，告诉妻儿，他们劝我去医院查查。最关心我身体的，莫过于老妻，她失眠好几个晚上。

　　我去医院预约检查，没让她跟着，跑上跑下，我腿脚快。挂号，缴费，排队，面诊，缴费，检查心电图，评估麻醉，缴费，预约检查。护工指着告知单让我签字，就像保险公司的格式合同，你只有签字的份。她让我选择做胃肠镜的时间段，我选了周三上午，因为课少，可调剂。自己觉得是病人，单位认你是工人。

心怀忐忑，我发了微信朋友圈，求安慰。

其实，之前我已经做过功课，向我们一位同事详细请教过。他做过胃肠镜，说麻药进去一秒钟就没意识了，护士会让患者在清醒时脱了裤子，难受的点在于要喝很多水，胀得慌，不久就会狂泻，直至清水。他建议我，比医院指定的时间再提前半小时喝那个泻药。

周二晚上，我特地在家吃晚饭，让老妻煮了稀粥，几乎没吃啥菜，与其之后泻不停，不如干脆少进食。我设置了第二天凌晨三点和凌晨四点的两次闹钟，晚上十点多就躺下休息。妻子还想和我说说话，我太困了，闭着眼睛说瞎话，不久就见周公，下象棋去了。迷蒙中，感觉妻子很迟才睡。后来她说，她凌晨两点才睡，担心，睡不着。我知道，这个世上她是最为我担心的人，超过儿子，超过父母。

闹铃一响，我没有任何犹豫，起身，烧水，配药，1000毫升的水，ABC 3包药，用筷子搅拌均匀，彻底溶解。我研究过说明书，这应该是补充电解质的，防止狂泻而致身体电解质紊乱。

一次性喝下去，感觉水都快到了喉咙处，像小鹅吃草，嗉子可见。慢慢走几圈，让水往下走走，然后摸摸肚子，没啥感觉，又上床而卧。

第二次被闹钟叫醒，再同样配置一次溶液，但这次加了一个粉剂，兑进去后，没有第一次溶液那么清澈，水面上略有点浮沫。这一次，口感不如上次清爽，我憋个气，喝掉一大半，然后喘口气，打算再一口闷。结果，闷了三次，因为肚子空间越来越小，嗝的感觉越来越明显，我生怕自己把药水给吐了，影响检查效果。医嘱就是权威，权威不可撼动，那么我只能忍受和顺从了。肚子有点像孕妇，鼓胀鼓胀的。我有点犹豫，要不要回床休息？听同事说，喝完就会拉肚子，我担心从床上赶到卫生间来不及怎么办？转了两圈，感觉还正常，人也疲惫，那就继续睡。

五六点钟，人醒了，有一点点便意。我想，干脆坐马桶吧。我的乖乖，就像塞子被拔掉，这里省略一百字，懂的都懂。最后简直就是清水啊。妻子过来探望，问我是否难受，我爽朗地说："没事，真的不要紧。"我早已穿好外套，成年人，照顾好自己，就是给家人减负。

预约的检查时间是十点，还早，还是再睡睡吧。生物钟已经习惯，那就看看早间新闻。

收拾一下，按照要求，带了一包卫生纸和就医检查的票据。

排队，叫号，护工坐在小桌子旁。桌上一叠预约单，一个塑料篮。篮子里码着药瓶，数量不多，却很整齐。她递给我两瓶，一大一小，现场喝掉。大的，量不多，小的，一小支，让我想起以前那种蜂皇糖浆。

大的，一仰脖就没了。那个小的，没有蜂皇糖浆的甜津津，而是涩嘴，最后感觉麻麻的。护士给我扣上手环，在上面写有字样，包括我的名字，又给我静脉扎针，胶布封固。我好奇心重，猜测这是在做麻药？可是，我很清醒啊。

然后，又被指定进了走廊，坐在椅子上等，家属不许进入。对面就是复苏室，不时有护士推着移动床，送人进去。我看到家属被叫进去，搀扶患者，哆哆嗦嗦地下床，系好裤子，慢悠悠走人。

等待，往往伴随着焦虑，感觉时间也漫长。右手背上贴着那个静脉注射设备，被胶带巴着，不方便多掏手机。这个时候，也没心思看手机。妻子几次在玻璃门外伸头探视，我挥手示意，还在等待。跟病友聊聊病情是一个不错的减压方法，说话的时候，感觉自己讲话都不利索。过一会，我说，都感觉喉咙里的麻药快过性了呢。

焦虑中，终于等到了我的号。

进了检查室，根本来不及多看，"卫生纸给我，躺上去，侧卧，裤子解开，双腿并拢，再往里靠，屁股落在卫生纸上，头往里（床的栏板）靠，摘下眼镜，张嘴，咬住，别紧张，深呼吸，你感觉哪里什么？啊，没啥，没跟你讲话"。话快手快，伴随着护士一连串的命令，她麻利地在移床上铺了一溜儿卫生纸，指挥我侧卧姿势，在我嘴里塞进一个带圆孔的环，让我咬住，使牙齿无法闭合，方便内窥镜进出，一抬手把环边的松紧带绕到我的脑后箍住，又把氧气管固定到我的鼻前。天，这是我平生第一次吸氧！右手背有点凉意，我估计是注射麻药了，我在心里计数，看看是不是一秒钟就昏迷了，1、2、3、4……我数到 8 的时候，提醒自己把握好节奏，不要数快了，以免不准。最后，我的记忆在数到12至14间，结合我的默念速度，我估测在10秒左右，那位同事说的一秒就晕显然太夸张了。实践出真知。

再次有点意识的时候，我感觉体内有东西在游走，像小鱼，速度不算慢，很润滑，甚至有点小舒适。更加清醒一点的时候，体内已经没了游走的感觉。嘴套也没了，我就努力跟医生说话，表示自己醒了。等推到复苏室，妻子被叫进来，不等她搀扶，我已经自主下了床，系好裤子，说："没事没事，不需要。"后来，妻子告诉我，之前等待中，有个女患者被家人扶出来，精神不振，就像生了一场大病，让她心里好紧张。看我啥事没有，她才放下心来。我能理解，她在走廊等待中，不知道做了多少次祈祷和祝愿。

我在外边坐了一会儿，等报告，正常情况要半个小时。可是几分钟之后，肠镜报告就出来了——未见异常！不久，胃镜报告也就出来了——两项炎症，没有息肉。我心稍安，然后等待几天后更准确的病理报告。有病友说，我可能是太疲劳，运动少，积食而不饿。

遵照医嘱，妻子开车，快到家的时候我才想起来，医生关照我带过去的糖开水都忘记喝了。

中午，妻子在家继续煮点稀粥，我躺沙发休息。领导电话打过来，说班上没人值班，我说下午第一节课前就能赶到学校，下午还有三节课等着我。晚饭时分，吃食堂饭菜，我让大姐给打点容易消化的菜品对付一顿。

然后，一切复归，该干啥干啥，把前面拖延的事情赶紧补上。

毕竟，今天我是病人，还是要犒劳两下的，下午去打20分钟乒乓球，晚上10点到家让妻子煮了8颗水饺。

生活，还要继续；就医，成为过去。

2023 年 10 月 26 日

套上马甲，做个志愿者

　　"祥哥，你在哪？啊？在回家路上？那，马上来高三校区，做志愿者。昨天说不需要你们做志愿者，现在情况有变，你马上过来。在门卫处，套个马甲。"

　　3月20日，春分节气，全无春暖花开的和煦轻飏，而是大雨不停，冷风低温。我和妻子接受完核酸检测，撑着伞，正步行在回家的路上。检测的人太多了，汽车没处停，"电驴"也不方便，时间比较从容，不如陪妻撑伞漫步，这也是一种交流。雨水颇大，落地溅起一圈细小水珠，再扑腾回地面，划出一道调皮的水线。路边高大的行道树，银杏，还没萌发出绿叶，虬枝上集聚的大水滴，偶尔砸下来，伞面震颤，铿锵有声。我轻微旋转雨伞，伞面的雨渍拉出弧线，甩脱而去。

　　接到领导电话，妻子要过家门钥匙（她是有依赖就依赖，有我在，就不带钥匙），径直回家，让我折返，马上去学校。

　　由于一些原因，防疫指挥部规定，我校师生、员工及同住家人单独组织，全部汇聚到高三校区，进行标本采样核酸检测。市区其他检测点已于头天采样结束，所以一下子涌来好多人排队等待检测。

　　学校门前汇聚着七八个志愿者，他们实在劳累，我们去替岗。岗设三道，每道两人，对面而立，犹如夹道欢迎。第一道，查校牌，或者在老师的盘问中报出班级名称和班主任的名字，经确认是本校学生方可进入。班主任的名字成了口令，成了通行证。第二道岗，查绿码和行程码，行程码不能带星号，带了星号就得居家隔离，等待工作人员上门采样。第三道岗，测体温，我负责测体温。

我踩着雨水折返回校，感觉右边大脚趾有点湿，脱鞋一看，皮鞋进了点水，袜子也湿了一小片。左右视之，发现一个空空的装过抽纸的小塑料袋，套在脚尖，钻进皮鞋，隔绝保暖，蛮好。领到一件深绿色雨披，质地不错，一分价钱一分货，不是一次性雨披那样的柔弱不堪，而是封得很紧实的那种，也就可以保暖。外面套上橙黄色马甲，非常显眼，便于识别。马甲很多，上面都印有白色字样，名目不一，款式各异，但核心竞争力都一样：志愿者！

保温枪已经升级，额温枪，手枪造型，精致如勃朗宁；医用，准确性就比较高。市民进到我们操作的环节，被我们迎面拦住，照着额头来一枪，他们有的配合，有的躲闪，有的跟我们说说笑笑，不同的性格，不同的心境，自有不同的反应。

雨水下得更大了，我们又撑起了伞，饭后赶来的人也更多了。妻子打来电话，问我要不要送一双鞋子过来，我用冰凉的手划着接听键，吼着说，"不送不送，没空没空"。

凄风冷雨，体温流失，测温已经不准，但形式大于内容，举手之间，俨然就是庄严的仪式。这是配合，这是支持，这是团结，诠释着决绝的理念：共同抗疫！

三道岗，六个人，蒋校长领着学校几个行政人员不断巡岗，现场处置事情，或者调度指挥。一样的马甲，一样的情怀。我们没空脱岗，他们帮忙泡杯热茶，让我们抽几分钟躲进门卫室休息一下，暖暖身子；还给我们每人更换了被口气和水汽弄湿了的口罩。

忽然走来一位貌似中年的女子，戴着口罩，看不分明，走到近前，不等头岗盘问，已经开始给他们分发玫瑰，每人两枝。前面的志愿者老师还没有反应过来，该女子已经走到我们三岗跟前，给我们也发了两枝。我笑着问她："来者何人？哪个组织的？"句容的慈善组织很多，活跃在很多场合。她说自己是附近花店的，送花给大家，表达敬意。没等我们感谢，她一个华丽的转身，轻盈地消失在风雨中，留下一个柔和动感的背影。送人玫瑰，手留余香。我后来把玫瑰带给了妻子，爱花是女人的天性，她很开心。两枝玫瑰，传递过三个人，温馨了一座城，绚丽了整个人生。

　　三个小时，雨水溅湿了裤脚，水雾迷蒙了眼镜，冷风冻僵了手指，但我们是志愿者，套着马甲，橙黄色，就是一道暖色调的风景线。

　　套上马甲，我已无我，沉浸在志愿者的情怀！

　　疫情不退，我们就在！

　　疫情过去，我们还在！

2022 年 3 月 25 日

「改编」的时代气息

今晚，大剧院有演出——锡剧《追香记》。朋友送来几张票，我带父母和妻子一道。这次演出幸好是暑期档，我难得有空，毕竟高中班主任平时很忙。

唐伯虎点秋香的故事流传久远，耳熟能详，堪称经典。这台锡剧就由此改编，请注意"改编"两个字。

戏剧中，要有合理的冲突，要有艺术的真实性，否则就会夹生，情节就会受到质疑，从而消解观众对表演的好评。唐伯虎千里追秋香，没船啊，六个跑场的人员扮作船，本来情理不通。秋香和唐伯虎被锁在后花园出不来，也是叫这几个人做人梯。对白有言："不要说了，编剧写的，导演安排的，当船就当船吧"；"剧本也没说我们怎么出去啊，快变墙"。这些对白让无稽变得滑稽，观众也就不去计较，反而开心一笑，毕竟编故事的人也有难处，一时无法自圆其说，细节经不起推敲，如此自我解嘲一番，反而能够取得观众谅解，故事就是故事嘛。剧本化险为夷，轻松过关。

改编中，好些地方让人耳目一新。唱的段落减少了，对白增多了，节奏也就更符合现代人的喜好。拉丁探戈霹雳舞、流行歌曲"反正有大把时光"、华氏兄弟"Let's go""家人们我 emo（郁闷）了"、武林高手对决前的架势、弯弓射大雕的造型、风靡的"在小小的花园里面挖呀挖"都引了进来，逗得观众不断发笑，演出如此贴近现实，与社会生活中不断涌现的新"梗"（其实就是一种小典故）合拍，与观众极大地亲近起来。这样的例子比比皆是，"芭比Q了"，"学渣""对虾"，祝枝山"帅"，文徵明"酷"，徐祯卿"很MAN"，仿拟"搬砖"为"搬景"（即布景），仿拟"你压住我的头发了"为"你压住我的香带了"，"石榴姐"气得在唐伯虎后背戳了一下，说"今日里你爱搭不理，明天叫你高攀不起"，宁王"我还没有发飙呢"，这些创意把剧本的时代气息渲染得浓烈而亲切。对穿肠气得吐血被抬下，配上了救护车的声音，华夫人直唤"我的心脏"，下人给她服了速效救心丸，每个细节，都能增色。

编剧不仅是简单引用这些词句，甚至还改编了情节。大的方面，原剧中唐伯虎耍斗华太师，华是反面人物形象，主要矛盾停留在个人生活层面。改编后，华太师在唐的帮助下，智斗想谋反的宁王，成了本剧最重要的戏剧冲突，主要矛盾上升到了维护国家安宁的层面，而华太师对唐的芥蒂和不满降成了内部矛盾，最后矛盾化解，秋香被收为义女，和和美美一家亲，非常符合中国人"大团圆"的审美习惯和心理追求。小的方面，华府招书童，原剧过门很简单，乏善可陈，改编后，司阍（剧中人物自己解说是"看大门的"，这点也蛮搞笑的，大管家说成了小保安，使用了夸张的修辞手法。明显带有喜剧的戏谑特点，能懂就行，不必严谨）手拿挂轴，上面有"招聘"二字，还说是"事业编制""铁饭碗"，江南四才子感叹"现在工作不好找"，这个情节也能直击人心，引发共情，观众一声轻叹，更能接受剧本的悲悯，在喜剧的轻松中宣泄掉一些现实的压力，心态更趋平和。这就是艺术的社会功能之一。"怎么职称下得这么快？刚才还是才子，现在就不是人了"，哈哈，我估计这编剧是借他人酒杯浇自己心中的块垒，现实中评职称是人神共愤的痛点，此处有愤激的背影，也是对部分观众的"心理扶贫"。

本场演出取消了惯用的幕合幕启形式，直接由演员串词喊"换景啦"，加上用电脑投影来切换背景，又设计成可旋转舞台，使得过场非常迅速，改变了原来闭幕换景的慢节奏甚至容易短暂冷场的弊端。

在人物上场方面也改变不少，主打互动牌，部分演员穿过观众区，摆弄舞姿让人亲近，鱼贯而过形成流动风景，男主甚至在过道上边走边唱，若不是射灯罩着跟着，观众都没想到演员就在自己跟前。以前，台上就是台上，台下就是台下，改编后，从泾渭分明变成水乳交融，提升了观众的沉浸式体验感。最精彩的场景是华府佳丽登场，12个体态袅娜的女子从过道逐一登台，配上《非诚勿扰》的片头曲，经典的旋律唤起观众的愉悦，《非诚勿扰》搞了20年，不熟悉都不行。我有幸坐在第11排，前面正好是过道，佳丽们一字排开，我赶紧录了短视频，然后她们就像一道流动的风景，翩翩上台，我边录视频边挥手示意，有个演员经过镜头时也对我挥手，我太开心了，后来发到某音平台，与大家共享共赏。快乐是王道，分享是美德。

谢幕有专场表演，也是很独特的创意。之前，字幕就提示有"精彩的谢幕"，我特地拍了全段视频，5分钟。这5分钟，把气氛推向又一个高潮，舞台剧情是男主女主恩爱对拜，宛如婚礼现场，次要演员载歌载舞给以祝福，礼花彩喷红布带，婚礼进行曲，气氛欢快热烈，十几个跑龙套的冲入观众区，甩手抛洒喜糖，把喜庆分享给大家，观众人头攒动，欢声雷动，一扫几年疫情带来的压抑，真正是欢乐开怀，享用的不仅仅是唐伯虎的喜糖，更是幸福生活安居乐业的时代幸福，"治愈系"！

《唐伯虎点秋香》，原名《三笑》，经典传承好多年，老戏迷对情节如数家珍，贸然改动很有风险，然而面对工业化和城市化带来的快节奏，戏剧要么像手工业一样被逐渐淘汰，要么自我革新跟上时代，这场锡剧做了生动地试验。观众的掌声就是肯定，观众的守场就是表扬，观众的互动就是激励，观众的口碑就是传扬。妻子后来说，当时自己都想冲上去和他们一起谢幕了，旁边有观众表示同感。我想，如果真的有这个场景出现，那将是真正意义上的更大的大众文化传媒！

演出中，秩序井然，没有喧哗，掌声适时适度；谢幕时大家都站起来或拍手或摇臂，很少有人提前走出；散场中听到议论，"真好看，下次要是再有演出的话，告诉我一下"。几年下来，句容观众的素质提高了，戏剧观众的人数增加了，艺术就应该走出象牙塔，走好人民路线，把好市场脉搏，那么就能生生不息，繁荣发展。

如果说还有瑕疵的话，下来撒糖之前可以用台词预告观众，做好抢糖准备。婚礼上的场景大家见过，高潮顿起，现在不声不响一行人冲下来，让观众有点莫名其妙，等到回味过来，兴奋点还没激发就过去了。

感谢党和政府，倾心投入，建造如此高档的硬件设施，扶持传统文化创作，给百姓带来丰腴的精神生活的同时，默默地增强了市民的文化自信。

热爱锡剧，拥抱生活，一起努力，共创美好。

另有延伸思考。

社会一直在发展，时代永远在进步，审美观念不断改变，艺术创作也要实时更新。变则通，通则活。我们的教育，也应该跟上变革的节奏。电视的传授，手机的加持，现在的孩子们见多识广，已经不再把老师奉为神圣的知识权威。光环褪色，形象普通，如果我们坚持让自己高高在上，梦想就在神坛，恐怕只会跌得更惨。还有，教学手段和形式上，保持安静，全神贯注，我讲你听，已不受欢迎，语文课堂必须有德育渗透（也就是立德树人），春风化雨，寓教于乐，尤其是激发学生的沉浸式互动，用情境带动语文知识的学习，从而提升学生的语言表达能力，才会有更佳的教学效果。

观众不再被动听戏，学生不再被动听课，这是一个道理啊。

2023 年 7 月 15 日

夜访文友

近日某晚得空，聚合同事二人，吃羊肉喝羊汤。多年关系密切，号称"语文三剑客"。饭中闲聊，遂谋议造访一位文友工作室——句容本土作家杨莹女士的润莹茶书院。工作室位于五彩城之某一门面。

主人惊讶于"三剑客"的来访，我们也观赏一番其工作室。室雅何须大，花香不在多。书排着整齐队列而待阅，茶浸润着青花瓷盅而待饮，壶挨挨挤挤争奇斗艳而待评。半切开的火龙果炫耀着自己的红得发紫，鼎立的三只柑橘在满脸皱纹上挤出金黄。一撅老树根，抠出半拉洞穴，穴里埋点土，土里育棵草——文人案头必备的菖蒲，菖蒲支棱成一丛，叶身修长，色泽淡绿，镶着白边，青白指点墨客，清癯写照文人。

墙上设有吊柜，各种摆件琳琅满目。一枚松果，端坐龛格，稳如层塔，黑褐红紫，诉说着岁月的深沉凝练，果鳞全开，绽放如花，松子尽落，繁华成为过往的记忆，百果开落而生千树，一塔端坐而有灵魂。一朵莲蓬，半倚斜躺，炭黑枯干，宛如一尊木乃伊，风干了空灵水泽，黯淡了映日荷花，停息了田田争宠。青莲不知何处去，此蓬空余窟窿眼。人生，不都如此？青春奋斗，璀璨年华，功成名就之后，就是谢幕的守望，和无题的怅惘。

主人沏茶，我等品茗。闲聊自然少不了叙旧，我感谢杨女士曾助我成为镇江市作家协会会员。她娓娓介绍架上来自云南的茶叶和茶点。饮好茶而易饿，嚼茶食能增趣，果然。

恰逢周末，访者甚多，县城本小，交叉相识，一时嘻哈，说笑逗闹。几个女人相约而至，原是等待一个才子——茂锦（网名），等他写就"福"字，贴上门帘，迎接新年。"三剑客"与他撞运相遇，而我和茂锦曾经因参加光明户外的徒步而相识。

茂锦本是部队文书，转业军人，能写会画，更擅长摄影，徒步中常常被美女簇拥，指挥她们摆好造型，搭配服饰，咔嚓一声，用名贵的镜头定格优雅的倩影，俨然一个将军在全权调度指挥一群女兵。这是一道多么美丽的风景线。

今晚，茂锦写的"福"字相当神奇，他将右边的部首半写半画成一个老虎的身姿，貌似虎娃，圆脸圆耳，小眼小嘴，王字当头坐，虎须两边排，蹲着身子，翘着尾巴，憨态可掬，招人喜欢，非常喜庆，更加应景，来年就是虎年。大家抢着用各自的手机拍照拍视频，发抖音发朋友圈，点赞是愉悦，分享是美德。

我不是眼皮子浅的人，向来不会跟人家索要物品，然而我今天开口请要了一张，一则"福"字太有创意，二则儿子属虎。对自己可以很随意，对子女必须很在意。

夜访文友，相谈甚欢，虎年"福"字，吉祥如意。

2022 年 1 月 10 日

两只小鸡

年前，有亲戚送来两只小母鸡，还没有长足，说是等过年的时候再杀了吃，新鲜。

那就先养起来再说，我们亲切地称它们为"小鸡"。

我家有个汽车库，它的角落里曾布设过卫生间，如今废弃不用，但下水道还在。妻就把小鸡扣了脚绳，拴在这个角落，找来一个盆，喂点饭粒，有时候又加点择菜择下来的边角料，给小鸡吃点青。

后来，想到让小鸡天天待在冰冷的角落也不行，妻说自己每天把小鸡牵出去晒晒太阳，拴在小区绿化的某个角落。有一次，她因为忙而让我把小鸡"牵"回家，我拉着绳子，小鸡根本不跟我走，而是任由绳子拉直了一条鸡腿，朝着相反的方向，像跟我拔河一样。我才懂，不是"牵"，而是"抱"。小鸡很乖，也很呆，任由我随便抱。有几次，其一绳子散了，它也不跑，就陪在另一只旁边，就像陪同自己的闺蜜。包装带做的牵引绳散了几次，后来，妻改用了一根黑色布带，但还是会散。妻发现，是小鸡用嘴啄开的，她就用绳子拴了鸡翅膀，但小鸡仍然会啄，不过啄不出效果。我的父母和我同住在一个小区，有时候也会帮着照看，加喂饲料。妻不许他们插手，说小鸡吃得太多，拉得也多，长得全身都是油。某次同事私下告诉我说，小鸡啄脚绳，是绳子扣得太紧，扣了翅膀，会淤血。我夜晚下班，给小鸡解了翅膀，重新拴脚，特地扣松点，从此，绳子再也没有散过。

亲戚见我们养鸡养得欢，过年又送来俩红毛鸡，那就烦人了，而且长得太丑。我们平时都吃单位食堂，只有周末才在家好好吃饭，也就先后吃掉了红毛鸡，打算再吃这两只。它们一身黄毛，比较经典，一如中华田园犬，我们也是黄种人，冥冥中似乎注定着什么缘分。

就在这个当口，那个黑带母鸡突然下蛋了，妻怀着欣喜，特地拍照片发给我看。从此我们不再用"小鸡"称呼它，而是用"小母鸡"喊它，大姑娘升级成了小媳妇。蛋的个头不大，比野鸡蛋大不了多少，煮熟了也就两口可以吞完的那种，要是烧鸡蛋汤，至少要两三枚。随着鸡蛋的出现，我们看黑带母鸡的眼神都带了柔和的光，每次抱进抱出，都有点亲热的感觉。我调侃妻，喊她"小鸡妈妈"，她笑而不答。

突然，有一天接到物业电话，说有邻居投诉我家在阳台养鸡，臭了她家。我解释了一下，是放在自家独立车库里的。不久，这位楼上邻居又接着投诉，说小鸡划土，尘土飞扬，弄脏了她家晾在空中的衣被。我跟物业说，很快就宰杀小鸡了。

我家母鸡虽然生蛋了，却没学会"咕咕蛋"的叫，只会低沉的跟它的闺蜜"咯，咯"两下。它俩一旦互相看不见，就会提高"咯，咯"的分贝，彼此牵挂，互相照应。

妻每天都不厌其烦，给车库打扫卫生。儿子则特别嫌烦，说，每次开车都要小心翼翼生怕踩到鸡屎；说，都是小鸡吃米，你们让它们吃啥饭粒噻。后来，我父母拿些陈米过来，又经常弄着菜叶给鸡吃，甚至在小区拔过几根草茎。他们曾经在农村生活多年，如今住在城里，看到母鸡，觉得好玩，我估计是激荡起了他们曾经的记忆。农民离了土，没了根，看个小鸡似乎都舒坦一些。小区也有业主带小孩子来观摩我家的母鸡，家长在一旁指点，孩子兴奋地想抓，又不敢，似乎进了微型动物园。妻在旁，捡起那枚小鸡蛋要送给孩子，家长笑笑，礼貌地婉谢了。超市一盒鸡蛋也不贵，但小母鸡生的蛋却让我们摩挲不停，感受着余温，鉴赏着蛋型，俨然在端详着一个小宝宝。

小母鸡带给我们麻烦，也带给我们快乐，我在某音上和朋友圈里发过它们的照片和视频，朋友们也给我支过招，有的说炖汤喝，有的说送乡下。炖汤嫌鸡嫩，寄养无人领。

人，本来就是感情动物，妻更有悲悯情怀，每天打理这两只母鸡，不嫌脏不嫌累，但架不住我们的抱怨。她幽幽地说，杀了吧，一起杀了吧。昨晚就商议好了，说去菜场请人宰杀这两只母鸡，红烧一下。

今天早上，我说，清明放假，我上午就送去菜场吧。妻眼睛一红，说，先牵出去晒晒太阳，再给它们喂点大米和碎菜叶，下午再杀吧。妻在我的陪同下，把车库打扫得干干净净，盘桓犹豫一番。我在一旁发了视频，念叨几句，"小鸡小鸡你莫怪，你是碗里一道菜，今年去，明年来，快快乐乐在心海"，算是提前给它们"超度"。

（欲知后事如何，且听下回分解）
2024 年 4 月 4 日清明节

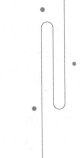

徒步春游正当时

　　壬寅年正月初四，立春节气，阳光灿烂，拜年的人们车来车往，桌上少不了青菜豆腐，青菜已经抽薹，春的气息隐约而来。微信朋友圈，很多朋友晒出了各路游览美图，让人艳羡。

　　晚上翻看群消息，光明户外次日将组织一批步友攀登小九华山。山在黄梅境内，山脚建有固江口水库。所谓山，其实就是丘陵，句容有很多丘陵，地势并不高。这里也是由几道丘陵蜿蜒而成的，所以爬山的运动强度不大。

　　我已两年未徒步出游，不仅因为疫情防控，更因曾经徒步太猛，伤了膝盖，有了积液，又恐半月板受损而不可逆，遂长期休养。

　　户外群的乐趣，就在于走进大自然亲近大自然，加上团队活动人多热闹，欣赏美景，放飞心情，其中之乐，只有户外人知晓。我跃跃欲试，想重走一次。

　　妻子为我整理行装，叮嘱我要悠着点。我联系群主，请他发给我集合位置，又让自己早点休息，开启闹钟。

　　五六十人出行，团队规模不小，起步于水库堤坝。库水清洌，望之生寒，山风劲吹，水面涟漪，把峰峦的倒影揉碎，碎成几首朦胧诗。

　　堤坝尽头就是登山小路，在丛林中穿行。山上石多土少，地表贫瘠，虽然地处江南，不缺雨水，却也几无乔木，全程看到的几棵高大的乔木，也只是生长在沟谷的厚土里。灌木杂生，无花无叶，都是光杆，或粗或细，或直或斜，或腾或箍，形状有异，终究难知种属。偶或几粒果子倔强地巴在枝头，却也由水灵变成了干枯，失去了水分，曾经的鲜红褪成了灰黑，没有了灵魂。

灌木也可成林，林密处虬枝交织，几米之外，已难见人影。地上铺了一层落叶，经霜而白，阳光一照，白得发亮。林木疏朗之处，阳光探访下来，一年生的枯草坍塌了茎叶，一些多年生的绿草，也是营养不良，叶面拘谨，倍感清瘦。

清早出行，气温尤低，山上更甚，背阴处还结着冰。山峦起伏，林间小路也就或爬升或下行，上山容易下山难，有的地方踩得光溜容易摔倒，有的叶砾混杂容易打滑，走路也需要技术，常常需要像螃蟹一样横着腿脚行动。

查勘此处地形，从地理上来说，当是向斜成山背斜成谷，构造很有纹理。岁月沧桑，风吹雨打，风化之后，或巨石耸峙，或碎粒杂陈。仔细看去，石面迎光，有晶莹闪烁，极其细密。群主"教授"告知，小九华山在历史上曾开采过金矿，晶亮的矿物质估计是石块中含有金属成分。

攀到主峰，远望四周，心旷神怡。黄梅碧桂园群楼林立，汤山民居鳞次栉比，山下一大块空地是军队靶场，据说当地村民常常依靠捡拾弹壳而增加收益。西望之处，可以看到山峦的伤疤，那是曾经的采石场的多处宕口，如今已经封闭，正在修复。几片绿色豆腐方块点缀在各处，非常醒目，内行人告知，那是储水罐，山林防火所用，上面覆盖塑料绿色草皮，在萧瑟的冬季，所以醒目。

两处峰峦之间的地面，积累了稍厚的土层，能涵养住水分，多年的落叶发酵成腐殖质，而成黑土，增加了营养成分，杂草长势良好，蕨类植物顽强，有的伞形科植物长有宿根。偶尔可见根部泥土被明显翻动，有的地方甚至一大片，大家一致认定，这是野猪所拱。多年的封山育林，多年的动物保护，野猪已经成群。听说有野猪，把同行的一个女学生吓得花容失色。恰逢有一只老鹰在山头盘旋，羽翼丰满，飞翔轻盈，大家又用老鹰来逗笑这个姑娘，当心被老鹰抓走。吓唬孩子，从来都是大人们取乐的保留项目。

再美的风景，也需要有人欣赏，徒步之乐，也在于人多热闹。今天出行，有高中生，有大学生，更多的是中老年人，有"教授"，有教师，有医生及其他行业者；有父子，有母女，更有好多夫妻档。一位女士滑倒，她老公迅速把她抱起，我们笑说他"抱得美人归"，我也滑倒一回，自谑"我被财神撞了一下腰"，今天正赶上正月初五接财神。

　　上山的时候，天气阴沉我心阴郁，不知道膝盖会如何，所以尽量使用登山杖来助力。有一面山坡，拉出一个方块版面，没有任何的灌木，像被剃过光头，非常显眼。知情人告知，那是防火隔离带。在此宽阔处，大家不再受限排队走一字长蛇阵，我遂手脚并用，小冲一把，回味回味当年"强驴"的快意。这时阳光正好，和美温暖，我顿时心情开朗，有说有笑，膝盖感觉蛮好。

　　高处不胜寒，主峰顶上合影后，大家赶紧下撤，披着阳光，收起手杖，一路小滑，互相照顾，本来不认识的人很快就成了步友，相约下一次重逢。

　　山水之美，人情之乐，在句容比比皆是。句容，可爱的家乡！

　　谨以此文纪念虎年的第一场春游。

2022 年 2 月 5 日

灌县江边烟火气

今年暑假，我们一行四人自驾游了一番，出门就有阅历，有阅历就有记忆，记忆深的场景就值得说道说道。

晚上七点多钟我们到了灌县，灌县是古名，现在叫都江堰市，都江堰名字太长，不如灌县简洁易懂，估计是想蹭都江堰的名气，在旅游热潮的今天，完全可以理解。

灌县古城，城楼还在，就在南桥旁边。城楼不算多么高大巍峨，后山上的一座宝塔远远地在后面给她撑腰。城门洞进去就是步行街，步行街灯光很亮，店铺很多，一字排开，服装，饰品，食品，这些景区通货大家早已司空见惯，玩不出什么新鲜花样。

向左穿过一片菜场式的摊铺，爬几级台阶上去，豁然开朗。

原来我们脚下就是江堤，岷江一侧。由于没有方位感，又是夜晚，我无法说清这是哪侧。江堤是90度石砌陡岸，设有石栏，一米多高，防人落水，栏板上似有精美石雕，但完全看不到，因为都被挡住了。什么挡住的呢？一溜儿的餐桌和塑料凳椅，夜市大排档的那种。

这里成了夜宵一条街，名字叫"夜啤酒长廊"。中间是逼仄的过道，供行人穿梭，过道的左侧就是倚靠桥栏摆设的桌椅，右侧里口是店家的操作间，外口也是一溜儿餐桌，和左侧平行排布。靠江的餐桌爆满，毕竟，观景方便。紧挨操作间的那一溜餐桌，上座率只有一大半，还有一些空位。

我怦然心动，喜悦之情弥漫，因为感受到了烟火气下的国泰民安。烟火气下都是些什么人啊？桌上，碟里各种菜肴，大多红油相伴，烧烤的竹签一摞摞的，啤酒箱搁在脚边，随手拎起一瓶，启开，潇洒地一扔瓶盖，往桌上一顿，很有气场，或者递给同伴接过去。啤酒杯很专业，容量都不小，透明玻璃，灯光加持后，映出橙黄的色彩，刺激人的食欲。夜摊食物固然不够精美高档，然而那才是民生民气民意。有个男士，因为天热，因为喝酒，光着膀子，腆着肚子，露出白肤，挂着项链，大快朵颐。这形象，虽不能登大雅之堂，却写满百姓的幸福安康和富足。一个社会，底层人也能生活富足，才能稳定安宁。

食客们围坐桌旁，人声嘈杂，但不至于喧嚣，有人大声说话干杯，有人耳边低语，有人翻看手机，有人对着江里张望。江水滔滔，白浪翻涌，千年不歇，为食客伴奏助兴。看到新奇处，我匆匆抢拍几张照片。我的旅游经验是，来不及看就多拍照片，回家后观摩照片慢慢看细节。这篇文章，就是细看照片而进行的回忆。

由此，我也经常落在最后面，同伴们已经走远。

我见缝插针，挤到江边拍几张江景，环境影响人，生怕手机滑落，我双手紧箍，照片中留下我硕大的一截手指。

某个桌旁，一个歌手弹着吉他献唱。商女献唱，在古代那是达官贵人才有的奢侈。如今献唱不分男女，点唱自有平民，多么融洽和谐的市民生活图，不逊色于《清明上河图》诶。什么是人气？这就是！

我突然发现一个献唱的姑娘，赶紧抢拍一张照片，因为她非常特殊，年轻而漂亮，两条腿都裸露着，高位截肢，不锈钢义肢，很显眼。她手里拨着吉他，神情自然，又悠然。我揣测，莫不是汶川地震留下来的孩子吧？她能如此勇敢面对生活、拥抱生活、享受生活，深深触动了我的敬佩。

城楼下，红绿灯处，好多好多人，游客自不必说，还有纳凉的市民。穿短裙的几个姑娘同行，坐婴儿车的孩子被推着过马路，一圈儿本地人外地人在水广场跳起了欢乐的锅庄舞，简单而快乐，这份团结融洽友善，不正是繁华盛世的一处缩影？

可惜，同行伙伴因为时光匆匆，我竟无暇融入那些食客中，安闲坐下来，瞥一眼岷江，掬一嘴啤酒，撸一根羊串，嗍一枚田螺，涮一炉火锅，并满怀同情和敬意地去点那个失去双腿却没有失去生活信心的姑娘给我唱一首热爱生活热爱山河的歌。

都江堰，古灌县，等着我，我会再来，一定坐在江边，喝酒，听歌。

2023 年 8 月 5 日

『坑』和感恩

"同学们晚上好，来来来，几个组长上来，把这个黄山烧饼分给大家，每人一枚哈。"有的好奇，有的无视，有几个急不可耐塞进嘴里，面前的几个望着我，问我怎么回事。多数同学不忘说一声"谢谢老师"，我笑而不答，给大家无尽的猜想。

10月27日，句容市作家协会一行20人，前往皖南采风。

其中，有易宏彬先生，他知识渊博、经历丰富、才能出众、和蔼可亲，大家亲切地称他"老易"。五年前的这个时候，老易临时起意，自驾走访皖南山水，其时我正好得空，随他来了场说走就走的旅行，印象至深，感受很美，也坚定了我的这趟行程。

在皖南事变烈士陵园，讲解员给我们讲述了"皖南事变"血战七天的往事，其中有个"百户坑会议"，会议研究突围方向和具体布置。

出于语文老师职业偏好，我一向喜欢研究字词，这个"坑"字唤起了我对上次旅行的记忆。因为是两人自驾，停车看景具有极大的便利性，车行山腰，见洼处村庄升起袅袅婷婷的炊烟，就会经停路边，拍照而叹；车行田边，见到老农，也会搭讪闲聊几句。在深渡，时值薄暮，我们没有等着乘坐第二天的轮渡，而是坐了渔夫的打鱼小舢板，晃晃悠悠转一圈，渔夫力邀我们去他们家住宿。当然，坐船、住宿、吃饭都要给钱，不过价格很低。

我俩开车在各种路上溜达，省道县道乡道，甚至村道。穿行某个乡道时，偶然看到左边一条逼仄的水泥马路，还搞了个不大的拱门，是不是世外桃源啊，这激发了我俩的兴趣。车已过去二十多米，我俩一合计，决定进去看看，满足一下好奇心。

倒车，进了拱门，沿着勉强车宽的路面往里开，我真担心有车出来，无法会车。拱门里面没有一辆车，不见一个人，就这么往里又往里，无法倒车，无法掉头，只能硬着头皮再往里开。幸好是两个老爷们，互相鼓励打气。七拐八弯，大概有两三公里吧，一直开到一条山沟里。一条小溪，淙淙有声，缓缓流淌，上架小桥，小桥下横着小石坝，遮拦了流水，抬高了水位，窝出了潭水，潭水清澈，欢快越过石坝，唱出那淙淙的长歌，不知疲倦，冬春乃息。我们穿过简易的石板小桥，进了村子，看到房屋，有了人家。三四个老者，目光板滞，衣着朴素，散坐在村口，一条老狗半支棱着身子趴在地上，好奇地望着我们，懒得动弹。

村口有个铭牌，标明"龙凤坑"，看来这就是村名了。老者好奇地看着我们，也不发问。我俩先浏览一下，找到可以给车掉头的地方，先把车停好。老易经验足，说这样可以随时发车，马上就走，在不确定的地方，要有预防。我俩下车，锁好门窗，先在溪流边看到两棵大树，都是合抱粗，挂着古树名木的保护牌。一"香榧"，一"枫杨"，都是三级保护，树龄200年。几个土坯老屋或做了柴房，或倒塌不堪。两边山坡坡度不小，茂林修竹围固这一小片盆地。老易气场足，派头大，一看就是大领导，或者是大老板。几个村民蹑步过来，我们跟他们拉呱。这些老人，反射弧好像有点长，语速很慢，说这里住了几代人，记不得什么年代从哪里搬来的，上次打仗还是长毛（太平军）造反。村上年轻人都进城（其实是集镇）去了，村口一对老夫妻坚决不肯走。村上最年轻的一位是个少妇，要每天骑着电动车送孩子上学，出行不易，着急焦虑，还带我们进她家看看屋舍，夯土墙，其他基本是木料，真是"土木工程"。木制家具很多，印象最深的是火盆，跟我们这里很不同。以我现在来看，当时就应该买下来。她说，请帮帮她，把她家房子也拆了。我们好奇地询问，她的回答顺便给我们解了一个谜：村子最后面的那两座房子为什么没人住，墙上还写了"拆"？原来，它们在村子最后，就着山坡砌成，当初可能是为了节省宝贵的平地，后来被政府鉴定为地质灾害处，主人就借了扶贫政策，欢天喜地搬迁去了城里。这个少妇眼巴巴地看着老易，述说困难，恳请老易把她家房子也征收去，写上"拆"。

老易点点头，表示知道了。他望望村上的几只老母鸡，悄悄跟我说"这鸡绝对好吃"，可惜我们自己不能确定行程，无法带走。

车子发动起来，全村的六七个人都站在路边对我们挥手。村庄的闭塞，山民的淳朴，风景的原始，他们对镇上生活的渴望，深深烙进我的记忆。

近几年中，我非常想念这个好听的名字"龙凤坑"，好几次用高德地图搜过这个地方，放大图片，看到它缩在黄山的一个小小褶皱里。这里，于我们，是风景而流连忘返，于他们，是落后而想到要搬离。那是2018年的秋天，国家开启了扶贫的新思路——生态搬迁，把不适宜人居的村落搬到集镇，提升人民的幸福生活获得感。

我想，时间又过了五年，那个渴望走出大山的少妇也许已经带着孩子在城里上学了吧，不必再走寂寞的山路，守着夜晚的星辰。那几个老人或者作古，或者坚守，或者随迁子女了吧。龙凤坑终将消失在历史的长河里，我们应该为之点赞，而不必吟唱几句廉价的挽歌。毕竟，追求幸福生活，是人们的权利。

此行中，我们还去了深渡镇，坐了轮渡，参观了"九姓渔风"的水上表演。水上一字排开七条船，中间那条前部供着一个偶像，是个武将的装束。导演指挥着渔民举行祭祀仪式，各在舟中磕头祭拜那个偶像，然后分组表演，丝网，撒网，叉鱼，鸬鹚，荡船，提纲，收网。解说的故事，引起了我的兴趣，说是当初陈友谅的部下，在与朱元璋的战斗中失败，被俘，押往总部大营，等待处死。那时候，走的是水路，一路舟行，速度缓慢，行程中不免有所交流，都是百姓出身，跟人打仗都是为了讨生活，都是底层挣扎的一族。押运官是个武将，却动了恻隐之心，私自释放了这批囚徒。为了自保，押运官对上汇报遇到洪水翻了船，私下要求这些囚徒永远漂泊水面，做个船民，不能上岸定居，不能与人争夺土地或者通婚，杜绝纷争，从而保住一条生路。这些囚徒一共九个姓氏，风雨漂泊，艰难生活，内部通婚，形成了独特的习性和禁忌。但他们懂得感恩，几百年来不忘救命恩公，奉其为神，四时祭拜，年年供献。

坑，山沟沟里的几户居民，在党和政府的光辉中，必然会走出闭塞，走上小康。他们懂得感恩，鲜花无言，香溢九州。九姓渔民，新中国成立后不再是旧社会的贱籍，又在新时代随着禁渔政策而停舟上岸，不再蜗居，不再漂泊，不再关节炎。如今，疫情过去，他们跟着旅游经济复苏的欣欣潮涌，表演别样的民俗，演绎独特的非物质文化遗产。他们说，新安江江水很深，但江水再深，也没有党的恩情深。

百户坑，当年开会的那些人，为了人民的幸福生活而冲锋陷阵，血洒疆场，今天的赓续者，不忘初心，牢记使命，把恩泽洒在每一寸土地，所过之处，感恩的心必将永久传承。

坐在讲台，抬眼望去，同学们已经吃完烧饼，在明亮的灯光下，安静地写作业了。汪记烧饼包装袋的后面，是学生的脸，年轻，洋溢着朝气。

2023 年 11 月 1 日

金牛湖之行

甲辰龙年正月初七，"句容市光明户外群"群主"教授"组织群友99人，分乘两辆大巴，前往南京市金牛湖景区游玩。当日，和风送爽，春阳高照，大家带着新年余味，兴致勃勃，欢声笑语，一副国泰民安的风情。

金牛湖即金牛山水库，位于南京市六合区东北低山丘陵区，地接苏皖六合、天长、仪征两省三地。金牛湖始建于1958年，其上游在今安徽省滁州市天长市，主体库区位于南京市六合区，总面积25000亩，蓄水量9600万立方米，属于中型水库，南京市的备用水源地。金牛湖因其色若蓝玛瑙，状如鹿茸，卧于峰峦之间的形态而被美称为南京"西湖"，又因其生态环境保护完好，而被赞以"天然氧吧"的雅号；2000年，开发为金牛湖风景区。经过多年的发展，金牛湖及其附属区域陆续获得：国家AAAA级旅游景区、国家级水利风景区、江苏省省级森林公园、省级旅游度假区相关资质和荣誉。

1958年11月1日，水库正式施工，周边13个公社10万名民工参加会战，人海翻涌，红旗招展。新中国成立后，人民的革命热情冲天，集中力量办大事的体制优势得到充分发挥。党和国家兴修水利，建造了无数的水库，我们句容的主要水库就在那个时代建成。这是一个伟大的时代，无数前辈战天斗地，给我们留下了宝贵的物质财富和精神财富。

2014 年，这里成为南京青奥会帆船的训练和比赛场地，如今沿着湖堤还建有观赛区，台阶层层，布局规整。我们漫步堤坝，浏览山水，可谓行客；坝下还有市民野餐小憩，算是坐客。享受着这份幸福宁静安逸，我们不能忘本啊。

这里低矮的丘陵，也有一些命名，金牛山、银牛山、癞牛山，反映出古代农业社会对耕牛的依赖。别小看金牛山哦，山上还有座"金牛山战斗纪念碑"呢。

1941 年初，新四军某部转战在苏皖边界的天长、仪征、六合一带，与日伪军进行反"扫荡"斗争。在连续作战取得胜利后，于 4 月 16 日至六合金牛山一带休整，并担负保卫当地群众的夏收任务。当日晚，驻扬州日军和伪军共 700 余人，带着重武器，分两路向在金牛山宿营之新四军发起进攻。新四军采取了"梅花桩"式部署，将敌包围。双方进行了激烈战斗，在金牛山附近的大高地展开肉搏战，敌狼狈逃窜。新四军分路追击至尹家河，用机枪封锁桥头，敌见无路可逃，作困兽斗。这时新四军战士弹药告罄，双方又展开肉搏战，经 1 个多小时反复冲杀，残敌逃向仪征。此次战斗，毙伤日伪军四五百人，缴获一批军用物资，取得了金牛山反袭击战的胜利。这场战斗作为以少胜多反袭击战的成功典型范例，收入《中国近现代史大典·军事篇》，与平型关等战斗一起载入史册。为缅怀英烈，慰藉忠魂，激励在世，启迪世人，2008 年 3 月树立此碑。

为了纪念这场战役，山上还挖了一段壕沟，竖立了几尊人像，新四军着装，有挥动旗帜的，有仰举手枪指挥冲锋的，有端着步枪瞄准射击的，有拉开手榴弹准备抛掷的。紫铜色人像，掩映在枯黄的林木杂草背景中，很不显眼。旗杆犹在，旗帜无影，我倒建议直接补挂一面国旗，山风吹过，红旗拂动，容易引起游客注意，达到更好的教育效果。

说到新四军的战斗胜利，那就还要说说我军的另一个收获。

1942 年冬天，新四军淮南大众剧团来到金牛山脚下演出。当时，随团而至的何仿慕名拜访了当地一位弹唱艺人，艺人为其表演了民歌《鲜花调》。何仿一下子就被《鲜花调》的旋律迷住了，于是他花了大半天的时间，用简谱记下了该曲，而且按照艺人的方法准确唱了出来。因为《鲜花调》是来自中国民间的创作，所以在整体上略显有些粗糙。为了打磨该曲，何仿考虑再三，将《鲜花调》进行了改编，将歌词中描述的三种花统一改写为茉莉花。《茉莉花》一经传唱，不胫而走，翻山涉江，成为经典。

我们团队有步友"茂锦"，他是退役军人，也曾从事过部队的文化工作，书法、绘画、摄影样样精通。他为人热情，乐于奉献，每年春节之前都要为市民们义务写春联写"福"字，遂创意出十二生肖的"生肖福"，把生肖画像有机融入"福"字，寥寥数笔，别开生面，栩栩如生，深受市民喜欢和欢迎。他不申请专利获利，而由着大家模仿，表现出军人的崇高和豁达。他被政府各种表彰，获得过"句容好人"称号。他还是群友的御用摄影师，游玩结束，他会在群里发出大量的照片，供群友对号下载保存发朋友圈。这次，我就得到了好几张我和妻子的合照，妻子尤其对在"情人谷"的合影赞赏有加，当时就是"茂锦"亲自指导造型并拍摄的。茂锦，好样的，新时代的退役军人，永葆革命军人的本色，我们都为你点赞。

金牛湖这里的民风也像"牛"一样淳朴厚道，甚至包括僧人。

有山往往就有庙，金牛山上有个"金光禅寺"，寺里有几个尼姑，年老慈祥，有群友拍到老尼敲如意云板，击彩绘木鱼，举止端庄，神态专注。而留给我们一众游客印象最深的，是专供来客的素面。一碗素面，加两片青菜，或一勺腌菜，可续面，可续汤，5元！这是 AAAA 级景区啊，其他景区一瓶矿泉水就是 5 元，其他寺庙如果供应面条，大多是 20 元一碗起步。

人多排队，扫码支付，无人监督收费，两三个义工忙着下面、加菜、收碗、清桌，虽忙忙碌碌，却不高声言语。也许是在寺庙，也许是素质高，没人偷奸耍滑，我想，这与人们生活水平的提高有关系吧。"仓廪实而知礼节，衣食足而知荣辱"，富裕未必长良心，但贫穷往往逼着人们生出奸计。听人说，当初吃大锅饭，大家抢着盛，有人先盛半碗吃掉再去盛，把碗堆满；而起初盛了满碗的人，等吃完再去添饭的时候，锅里早就空空如也，或者只有洗锅水在等他了。我就想，这是智慧呢，还是奸计呢？富足的社会，人们都彬彬有礼，优雅有加，宛如绅士，感谢这个盛世。

景区旁边还有一个桂子山地质公园，很有特色。一千多万年前的火山喷发的高温玄武岩，熔岩外溢，遇水冷却收缩，形成"柱状节理"，五边和六边的石柱满满簇簇，就像一长溜密密排布的竖着的巨型筷子。1977年，这里做了采石场，石柱非常适合盖房子做路基。1983年，南京大学地质教授徐克勤发现后，建议保护，政府批准。我们今天能在石林前欣赏赞叹大自然的鬼斧神工，就要感谢徐教授的科学建议，感谢政府的英明眼光。有文化，就是不一样。文化素养文化素养，有了文化才有素养。

回程路上，车流密集繁忙，这交通，又何尝不是盛世的一道缩影？

思绪飞扬，忽然一个问题闯进我的脑海：为什么把金牛山水库改名金牛湖呢？

2024年2月16日

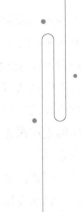

孩子，我想和你谈谈心

此时，我坐在班上看学生晚自习，从下午六点到晚上十点，整整四个小时，时间比较充裕。静坐沉思之际，我想和你谈谈心，因为不能面谈，所以码字成文。

我今晚本来不值班，为什么会坐在班上？高三很苦，今天下午还有我的课，五点四十才能放学。教室之外，雪花飘飘，一片妖娆，学生看到的是美景，我考虑的是交通。我主动打电话给数学老师王丰祝，今晚他值班。我说交通不便，要不我替你值班吧，我正好在学校。他非常高兴，说带着小孩在上兴趣班，正担心赶不及值班。他还说，下次还你一次值班，我说行。他把今晚学生要写的作业发给我，由我来替他布置。我怎么考虑的呢？反正下课比较迟，晚上又没其他安排，迟回早回都是一个单程，替人值班还省了别人的一个麻烦。他如果把值班费转让给我，我挣个辛苦费也不错。他如果答应下次还我，那我就相当于储蓄了一次机会，怎么着都行。所谓双赢，大概如此。旁听的同事吉老师很感慨，说要是能跟我这样的老师搭班多好。我说，大家都是同事，互相体谅、互相关照一下，应该的。所以，我的一次主动调班，温暖了两个同事的心。儿啊，希望你能从中悟到一点什么。

今天上午，你跟我出去写标语。零下五度，室外有个脸盆，一盆冷水结成一整块冰，硬硬的，手一推，整块冰晶在盆里转悠。有三块黑板，就需要写三处标语。我用粉笔勾好字框，你在里面涂色。我俩今天只带了一副手套。我老胳膊老腿的，耐寒能力比你强，同时也是因为父爱，所以让你戴了手套。你左手端着广告颜料，右手握着长枝画笔，在每一个字框里涂色。我带你看了三处现场。我写完全部字框后，因为忙，就赶回学校上课，剩下的事情，由你去完成。社区领导让我写完后拍出照片上传。你上午发来第一张，我给你点个赞。你赶在吃饭前发来第二张，我很欣慰。然而，等到下午四点，雪花飞扬，你还没有发来第三张。微信问你，你说是明天上午再去涂。儿啊，这种办事风格，说明你没有得到为父的真传。所以想在此给你说说道理。黑板报的意义在于时间节点，元旦到了，这就是节点。领导上面还有领导，我们做的事就是完成领导交给的任务。完成得好，他在自己的领导面前好交差，说得起话，有面子，硬气。所以，我们办事，就要尽量有个提前度。明天完成，理论上虽然也可以，但为什么要拖到明天？是因为下午忙得抽不出空？不是。你下午分明就是在家玩电脑游戏！如果你今天完成，拍下照片，我就可以主动向他汇报。等到领导来问写好没有，你可知道，那就是一种被动。何况，今天下雪，明天可能路面结冰，你进出是不是会更不方便更不安全？人无远虑，必有近忧，道理是一样的。任务完成得好，人家下回还会把事情交给你做。这就像将来打工一样，赢得了别人的信任，你才有更多的表现的机会。所以，我希望你记住，做事尽量有个提前度，争取主动权，即使需要整改，时间也允许。路，是自己走出来的。千万不要万事无所谓、得过且过。

投资才有回报，这句话很有道理。当然，投资未必一定会有回报，但不投资基本上就没有回报。能投资的，未必只是金钱，还有其他。昨晚，我十点就上床休息了，你妈妈对此感到极其奇怪。平时我都是至少十一点半才睡觉的。我说，头还有点疼。然后，头挨着枕头就睡着了。为什么呀？近期太劳累了，脑力劳动很伤精神。高三很忙，年底事多，本来已经很辛苦，最近一位领导又临时给我布置一份文字任务，我殚精竭虑，熬了两夜，改了三稿。累啊！昨天下午我开车赶去南京接你回家，匆匆吃过晚饭，我又开车去朋友家，辅导一下她那读初一的女儿。承蒙人家看得起，如此信任我，我冒着严寒，友情走一趟。这就是所谓"老铁"！其实我已经很累很累，但还是调动情绪，春风化雨，精心引导，强化鼓励，努力激发她对语文的兴趣。事后朋友反馈说，女儿听得很高兴，觉得很有收获。儿呀，你可以想象对方的心情，将来如果你有什么事情请他帮忙，人家也会努力回报的。有人诧异于我为什么有好多朋友，其实很简单，那就是多付出，何况这付出对于自己来说代价并不太大。

你妈妈说过我，家不积极外积极，就是说帮别人做事比自家做事更认真。其实，你爷爷就是这样，我希望你也能这样。比如值班，如果是替别人的班，我会全程在岗，让查岗领导一晃而过，而自己值班，有时候会偷个懒，跑到办公室去喝口水。因为，领导看到有人缺岗，就会查人打电话，那个被我替班的老师就会因受到打扰而惴惴不安，又追打电话过来，这样的惊动，最好不要有。如此，别人会更信任你。记住，信任无价！

举手之劳多做做。比如我晚自习值班后开车回家，就会把一个邻居家的高三孩子顺带回家。如今是冬季，本来就冷，尤其是下雨，就更清寒。接孩子的家长又多，停车位置每天不固定。每晚十点钟家长们都在寒风中瑟瑟发抖，瞪眼张望，等着蜂拥而出的孩子们。我在值班的日子，就会让这个高三学生放学后到办公室找我，一起回去。对于我来说，不过是举手之劳，对她家长来说，则是减轻了很大的负担。我想，这孩子将来可能不会忘记我曾经对她的帮助。

多做点事，不是坏事。有位领导第一次看了我写的文稿后，很是赞赏，今天又给我布置一篇讲话稿。对于领导交给的任务，根据我的人生经验，部下会有几种不同的态度。有的嫌烦，尽量推脱；有的勉强答应，其实已经让领导内心对你的感谢打了折；有的爽快答应，努力做好。为父的姿态就是最后一种，只要领导不过分，任务不违法律不违常理。领导也是人，给你布置了任务，其实心里也有一杆秤。你做好了，也就是在帮助他，自己也因此提升了身价。说句最简单的，为什么有人请假一句话，有人请假磨半天？不是事情不同，而是"分量"不同。有啥麻烦事需要帮助，领导第一个想到你，那不是欺负你，而是对你人品的信任和对你能力的肯定。不要退却，不要推诿，他让你去做，就是把他和你连成了一体，他会努力给你提供条件，即使有什么瑕疵和不足，他也不会怪罪你，否则就是对他自己的否定。所以，儿啊，希望你像为父一样，有的事不要犹豫，不要废话，接过手来，努力去做，毕竟你还年轻，要走很长的人生之路，需要更多人的赏识和扶持。所谓"做事"，其实就是在锻炼自己，提升素养，增强将来的竞争能力。

人说当面教子，只是我还坐在班上，无法面谈，而自己心里又郁结着好多话，所以就以文字的方式留给你。或许你会多次阅读，在谆谆告诫语重心长中体味为父的舐犊之情，又或许你也可以用这段文字去教育你的孩子，将家传延续下去。

教育费心，码字也累，说话到此，且让为父休息休息。下次咱们再好好聊聊。

2018 年冬

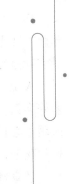

母亲节里忆外婆

今天是母亲节。母亲节本是西方的节日。近代以来，随着西方工业革命的勃兴、科技经济的腾飞，东方儒家文化一时式微没落，跟不上时代的步伐，踉跄摔跌，洋务中落，维新失败，立宪无果，从而文化自弃，西学东渐。各种西方节日被印上历书，圣诞接续元旦，玫瑰盖住鹊桥。

近来，中国崛起势头强劲，民族振奋，信心高涨，继承文脉，冷落洋节，内提文化自信，外反崇拜欧美，一时风生水起，民粹张扬。今天手机刷屏的都是母亲节，却没人提出抵制，可见母性的光芒是普遍性的世界大同。

在微信朋友圈看到我师父杨会长选用的一幅图片特别好，远远超过朋友圈其他人的配图。一个斜坐的老妈妈，头发花白，戴着老花镜，手拈针线，在缝补一件衣裳，满脸皱纹，写尽岁月的沧桑，却掩饰不住一派慈祥。画像旁边是一首唐诗《游子吟》："慈母手中线，游子身上衣。临行密密缝，意恐迟迟归。谁言寸草心，报得三春晖。"唐朝是没有眼镜的，我估计老妈妈会因为眼花而难以穿针引线，容易针尖破指吧。朋友圈图文并茂，含蓄隽永，文案制作颇具匠心。征得师父同意，我转发了图片后，配了一首自拟的诗《致母亲节》：

传世唐诗五万首，

游子吟诵在前头。

欲问天下何所共？

儿女羁月母心忧。

儿行千里母担忧，母行千里儿不愁。母爱最大、最广、最悠久。宁跟讨饭的娘，不跟做官的爹。母子连心，不离不弃。然而，生活不是象牙塔，由于种种原因，古今中外多有悲欢离合。

今天，我的母亲还比较安康，可是母亲的母亲已在几年前作古。我的外婆的坎坷遭遇，简直就是一部浓缩的现代史，我期望在自己退休后能以外婆为原型创作一部中长篇小说来纪念她和那段可歌可泣令人唏嘘的岁月。

外婆93岁过世，在常人看来当是幸福高寿、颐养天年、无疾而终，可是她历经三嫁，最后犹且守寡30年，谁能体味这样一个老婆婆的艰辛和坚忍？一嫁雇农生二女，雇农帮人伐树被砸而死，一女送人；二嫁地主生一男三女，地主土改咯血而亡，一女送人，一女遗弃在句容街上；又带着"拖油瓶"一儿一女，包括我的母亲，改嫁给一个国民党老兵，生幺儿，老兵为了自保而隐藏了缅甸远征军将士的身份。孩子的生日，就是母亲的受难日，我的外婆一生所经受的生活窘迫，是多么沉重啊。

前后送人的两个女儿，农村所谓"押子女"，都给新家庭押来了弟弟妹妹，她俩没有享受充足的母爱，却可在艰难的岁月少受些寒冻饥饿之苦。

她俩是可以联系到的，至少是确认存世的，所以外婆还不甚为念。最让外婆追悔一生、死不瞑目的，就是那个被遗弃后失联的女儿——我的小姨。

90岁之后，外婆经常提到小姨，虽然她已没有丰富的外在表情，看起来木讷，宛如木刻的祥林嫂，但她的内心肯定是不平静的。母亲告诉我，当年外婆抱着三四岁的小姨来到句容中街，放在一家店面门口，塞给她几个荸荠，让她坐等妈妈回来。本身就穷饿无聊，小孩子又嘴馋，好哄，小姨当真就用一口小牙齿，啃着荸荠，吮着甜汁，美美地等她妈妈回来抱她。外婆流着眼泪，跑到东门徐巷的娘家，哭诉了原委，遭到娘家人的责骂，说她心狠。外婆不忍，又一口气跑回街上，孩子已经不见了，外婆又痛哭一场，追无可追，从此成为心病。

遗弃小姨，那是 1950 年代的事情。1970 年代，我爸我妈结婚好几年了，当时据说有人在句容看戏，有个演员非常像我妈。那时条件有限，谁也没循着线索去追寻。

外婆待我很好，我看着她晚年心结难开，就想努力一把，帮着找找。我带着我妈妈的照片，把句容曾经有过的小京班和其他戏班子打探一番，又在社区论坛发帖求助，热线网总编胡云翔先生帮我联系句容电视台做了一个节目《骆驼祥子找小姨》。这是我外婆平生第一次面对摄影采访，瘪着嘴絮絮叨叨讲着小姨，可年轻的记者根本听不懂人物关系，无感于陈年往事。然而，一切都没有收获，我带着遗憾送别外婆，外婆带着遗憾去往了天国。

愿天国没有妻离子散，愿外婆最终能找到我的小姨。

今天，物质富裕，生活稳定，人们安居乐业，再无冷饿之忧和离散之苦，但我们还是要心怀忧惧，努力打拼，建设好家国，不要让外婆们的历史悲剧重演。

在这个母亲节里，谨以此文献给曾经爱抚过我的苍苍外婆。

2020 年 5 月 10 日

岳母的趾甲

周六晚上，难得休息，儿子事先说这个周末不回来了。妻特地包了水饺，考虑到我平时下午五点一刻就吃食堂，便早早安排晚饭。简单吃完，洗了锅碗，天色还早。

妻提议次日上午去看看岳母，问问她的眼睛恢复得怎么样了。

我打了一个饱嗝，说："要不，现在下乡吧，毕竟晚上时间充分些，辛苦了一周，明天早上我想睡睡懒觉养养精神。"

妻前几天骑车斜切大理石路牙摔了一跤，所幸只伤了皮肉。工作一周，我甚感疲倦。出于安全考虑，妻坚持带着小伤驱车，眼睛近视的我坐副驾陪着说说话。

岳母大人七旬开外，身上带着深刻的时代烙印——"闲不住"，还跟着工头出去栽花种草搞绿化。只是人老病多，患了眼疾，动了手术，上周在我家休养几天后，已经回乡下住了一周。作为女儿，妻不太放心，故而想回去看看。

我想起岳母在我家休养的日子。我早出晚归，很少跟她见面，更没有一起吃过一顿饭。她每天就吃点米粥之类，说医生让吃清淡点。她这样一解释，让我心里的负疚感淡了好多。某次，她洗完澡，唤妻给她剪脚指甲。妻说："我的脚指甲都是你家女婿剪的哎！"岳母起初不想让我给她剪，似乎有点别扭和尴尬，我说自己也给我妈剪过，给岳母剪有啥关系。妻帮腔说，这个女婿不就是你钦定的吗？抱着岳母的小腿，抠剪她的脚指甲，我的眼睛有点潮湿。栽花种草，往往都是在斜坡上作业，为了方便劳作，都是身处上坡位，面朝下坡位，脚趾紧紧抵住鞋尖。时间久了，趾甲钝化下抠，脚指头和脚指甲的连接处，已经模糊成一片，有很多的角质层，也就是俗话说的"老茧"，很难剪。这是我岳母的手脚，这是和我妈妈的一样的手脚，这是劳动人民的手脚，这是一个民族的勤劳缩影，带着勤苦时代的特征，带着热爱生活的情怀，一路走过来，成为经典和永恒。

正回忆着，车已到了大院门口，几位农村老太坐在岳母门前的水泥场上闲聊。车停下，妻伸出脑袋打招呼，老太们一起喊，你女儿回来了。岳母笑骂她们"嚼蛆"胡说，及至探头过来确认，大为惊喜，遂乐颠颠地开门，让车进去。众人哄散而去。

和众多的老人一样，岳母第一句话就问我们吃了没，原来她今晚也吃的水饺，那么巧。我跟妻说过，尽量不要事先通知说我们下来吃饭，那会让老人忙碌半天，其实现在也不缺吃的，陪着说说话就很好。妻问了一下岳母眼睛恢复情况，又查看冰箱里储物多少。这时儿子打来电话，问我们在哪，又问他妈妈前几天骑车摔伤恢复得怎样。得知我们在外婆家，他又向外婆问好，询问眼睛手术效果。岳母这才得知自家女儿摔伤的事，赶紧查看妻的膝盖和肘。之前，妻特地没告诉她妈妈，说告诉了的话，于事无补，只会增加老人家的烦心和焦虑。

女人在一起总是絮絮叨叨，何况母女，我在一旁看看手机，偶尔插几句话，更多的只是听一听，提议岳母不要再那么辛苦了。可是，听完她的门户开支，各种费用，觉得她说的也有道理。出去活动活动，挣点小钱，生活开心，补贴家用，蛮好。她说，现在的政策多好呀，以前在"生产队"那么辛苦，都苦不到钱，现在种种花草，那还叫苦？她觉得现在的生活比蜜还甜，开口就是政府好，闭口就是共产党好，那么由衷，那么真诚。

孝顺孝顺，天下孝道，莫过于顺，顺其自然，顺其心意。只要不过老，那就随她去吧，开心就好。

岳母，共和国的同龄人，下周我们再来看你。

2022 年 5 月 22 日

止咳糖浆

昨晚值班回家，已是十点，进门就咳。妻在房间里，也跟着咳起来，像是在应和。早上六点出门，我们分别了一天，居然就用咳嗽打招呼。

儿子听到动静，知道我回来了，丢下游戏，出了房间，跟我说话："这么咳嗽，吃药没有？"我说："吃哪种药呢？"上班时间太长，天天泡在学校，年纪上升，人也呆了。

儿子说，他去年"阳"的时候，咳嗽，买过药，然后从药箱里翻找出来，确认一下没有过期。拧开瓶盖，噗地轻轻一声，原来他去年开过封，这是瓶盖吸住气了。"我闻闻，不能确定是否变质。"儿子闻了闻，他说记得去年有点甜味，怎么现在有点酸味。为了保险，那就算了。妻子说，那就明天去药店买吧。儿子说："等到明天再买，今晚咳得不难受吗？"

我迟疑了一下，说："我现在出门去买。"

儿子说："不用，我叫人买。"我的思路就是，最好自己下楼去买，省钱，直接。只是限于身体不佳，懒得动弹，随他去吧。

儿子拿起手机，拍了止咳糖浆的外包装，然后在手机上点点划划。

我跟妻子说几句话，然后洗漱一下。

听到楼道有动静，我打开门，却是楼上邻居，往上走了。儿子说

"到了"，我说"是邻居"，他走过来说"快到了，刚才说还有36米"。

果然，快递小哥来敲门了。36米都知道，这么精准啊？

儿子拧开药瓶，闻闻，说好像跟刚才那个旧瓶差不多味道，然后摇一摇，用瓶盖分别倒药给他妈妈和我，我们喝完后，他用凉水把瓶盖洗洗。我一边说，生水可能反而对药不好，一边就把盖子放在桌上，想等它晾干。儿子拽了张面巾纸，直接擦干盖好。父子思路又不同。

"多少钱？"

"19。"

"跑腿费？"

"3块。"

这是儿子第一次主动照顾我们吃药，我和妻心生温暖，没有多说。

同时，我感觉儿子也用今天的办事方式给我上了一课：如何跟上时代？3元钱，真的无所谓，一瓶药，都不如一包玉溪香烟钱。我要是自己上街，到处找药店，夜里不一定能买到，买到的话，速度也没有快递小哥快。事后在朋友圈通过网友评论我才知道，快递小哥买药次数多，是金牌客户，享受优惠，买的药还比我们买的便宜呢。

多快好省，赞！

看来，我还停留在农业思维的阶段！什么事都喜欢全流程，亲力亲为，种棉苗，采棉花，纺纱织布，剪裁缝纫。我旧有的路径是这样的：我去买药，是宠妻；妻去买药，是贤惠；儿去买药，是孝顺。怎么着，都能写出一首亲情的赞歌。

如今，都不需要用到这些矫情就可以达到目的。

3块钱真的不多，如果有人帮忙跑去买药，至少递上两支香烟吧，还欠人家一个人情。快递小哥不需要人情，只要单数多了，他照样生活滋润，而且专门跑腿，对店面情况熟悉。都说专业的事交给专业的人去做，跑腿何尝不算专业呢？搁在以前，就有专门给大货车带路的，只是后起的导航砸了他们的生意。

庙会上，我买过小凳子，很精致的那种，送给妈妈坐着洗衣服，15元。我们笑着说，这么便宜，还做得这么好，手工费都不够呢。现在想来，根本不是手工费的问题，而是机器生产成本很低。

我这人，爱琢磨，就开始想，我们的教育教学，很多还是在沿用农业思维模式哎。老师在黑板上密密麻麻写上"唐宋八大家"的名字，让学生抄写在笔记本上，去背记。"天宝是唐玄宗的年号，记住没有？"老师们很辛苦，学生们很忙碌，但这种小农经济的模式真的很低效。这些知识型的内容，根本不需要这样疲劳教学。驾照考试科目一，很多人印象深刻，刷题，错了看看答案解析，再刷，速度快，信息大，积累多，也就掌握了很多知识。为什么不能开发一些题库，在基本知识面上让学生电脑闭卷答题，达标即可呢？语文老师，花更多的精力，带着大家讨论问题，探索切磋，提升素养呢？

下面，附录一道语文题，让大家感知一下。

请通过作家对原稿的修改体会用词的准确。

油蛉在这里低唱，蟋蟀们在这里弹琴。翻开断砖来，有时会遇见蜈蚣；还有斑蝥，倘若用手指按住它的脊梁（原稿：背脊），便会啪（原稿：拍）的一声，从后窍（原稿：后身）喷出一阵（原稿：一股）烟雾。（鲁迅《从百草园到三味书屋》）

"你好睡觉去了"，儿子提醒我。止咳糖浆还在桌上，我收回思绪，拿过药瓶，又抿了一口，真不错，有点甜。

2023 年 12 月 28 日

我的幼儿时光

　　写下这个题目，我自己都有点想笑，大概是岁数大了，返璞归真，喜欢看人家小孩子，自然也会想到自己小时候。

　　我出生于 1971 年，属于全国出生人口的高峰时段，村上的孩子特别多。当时还是"人民公社"和"生产队"的建制，大人们白天都要集体下田下地，孩子们没人看管照顾，到处疯玩，村上常常有孩子溺水而死。生产大队决定安排一个幼儿老师来看着水，不给孩子们乱跑。

　　我们村叫史村，姓史的特别多，算来算去，都是本家，都是元朝末年从常州溧阳埭头迁移而来的始祖的后裔。村里有个姑娘，名字不叫小芳，也姓史，年轻未嫁。她家里跟大队干部说得上话，就做了老师，没有工资，只有工分，由大队记账。她，是我的启蒙老师。

　　我从 1975 年开始在这个女老师家里上了三年"幼儿园"。你没看错，真的是在她家上了三年。大队没有多余的校舍，就把她家堂屋做了教室。小朋友们如果还没有上小学，只要家长愿意，都可以送来，不拘年龄，混合编班。幼儿园不收任何学费，但需要自带小板凳。自带板凳的情况，一直延续到我小学毕业。

　　起初，孩子们就是学学唱歌、玩玩游戏之类的。后来，大队给每人发了一个本子和一支铅笔。纸和笔，是用来学写字的。老师很年轻，很漂亮，也很和蔼，孩子们都很喜欢她，我也不例外。

当时，我爸爸在矿山上班，眼光长远，特别重视教育，教了我很多东西，因而我比小伙伴们启蒙得早。

老师在小黑板上出了 10 道题，个位数加减法，小朋友们自己抄下来运算。然后老师直接在我的本子上写了 4 道题，十位数加减法，里面涉及"借"，那就复杂多了，全班只有我能达到这个运算能力。特殊待遇，我很受用，我很认真，平生又很细致，所以稳稳当当地写得全对。

老师开始批改，先给他们打分，每题 10 分，满分 100，记忆中六七十分为多。我满怀期待，非常希望得到老师的表扬。老师给我打了四个红勾，并写了"40"。我顿时呆住了，惊讶地问老师，怎么就"40"分，老师笑着说："对呀，你看他们对一个得 10 分，你对 4 个，不是 40 分吗？"我看看其他小朋友的分数，都比我高，委屈极了，眼泪一下子就飙出来了，然后红着眼圈抽抽噎噎地哭起来（内敛的性情使然，我一辈子都没有号啕大哭过）。老师怎么劝也劝不住了，正好快要放学，她送我回家，跟我的家长打招呼表示歉意，说本来想逗逗我的，谁知道我这么认真，自尊心这么强（事实上，我的一生，就是这样的性格。三岁看小，七岁看老，有道理）。妈妈的怀抱是那么温暖，很快就熨平了我的委屈，她连连跟老师说"不碍事，不碍事"。后来，我父亲听说了这件事，又安抚了我，解说原因，证明我是比其他人"聪明"的，我才彻底放下。小孩子，多么渴望别人夸"聪明"，反感说自己"笨"哎。这件事，刺激如此之强烈，我的父母，我，一直都记得，不知道早就嫁去外地的老师还记得不。掐指算起来，她也有七十多岁了吧。老师，你现在还好吗？

小朋友玩的游戏不少，踢毽子，跳方格，抛石子，滚铁环。啥啥我都不会，只会当老鹰捉小鸡中的一个小鸡。打小开始，我就是"弱鸡"，男生女相，一辈子吃食慢而细，性格柔弱，不喜争执，少生事端。我妈妈模样周正，手脚勤快，把我收拾得很干净。爸爸在外，能拿点工资，给我整了一个围兜，白色，上面绣了三个红字："小朋友"。那时的我，干净，文静，羸弱，单薄，多病，体重也轻。干净，这一点很重要。当时，卫生条件很差，好长时间不能洗澡洗头，有的女生头发都粘成一缕一缕的，或者长了虱子，衣服也好多灰土。高中课文《琵琶行》中有一句"钿头银篦击节碎"，现在的孩子对"篦"根本没有概念，我就拿我幼儿园和小学的记忆讲给他们听。密实的篦子从头发里艰难梳过，会把虱子给排查到桌上来，半个芝麻大小。由于吃得太饱，它们一个个胖乎乎的，身手不如平时灵活，在桌上爬呀爬，很笨拙。右手拇指反扣在桌，用指甲摁住它，用力，"噗"的一声，虱子肥胖的身体顿时炸裂，一点血红浸渍在桌面，抬手看看，指甲盖上也是一点深红。摁压处决虱子，有时候甚至咬紧牙关绷紧腮帮，把指甲在虱子身上旋转半圈，特别喜欢听那声"噗"。摁死一只虱子后，那个心理非常奇妙，解气，过瘾，亲刃仇敌，大仇得报，快哉快哉。明明稍微用力就能摁死，但少年们往往都会用尽力气，降维打击，非常解压，尤其是在小朋友们围观的时候。

只有两个女生衣服干净，模样清秀，一个姓柏（这名字一直牢牢记着，模样早就模糊），个子高一些，还有一个女本家，不比我壮多少。不知道怎么开始的，大家开发了一个游戏，就是女生背我跑，看哪个跑得快。记忆中，后来我拒绝其他女生背我，只给这两个同学背。由于我是"小小学霸"，老师比较高看一眼。许是得了一种优越感，她俩也很乐意背我，在其他淌着鼻涕的小朋友的艳羡的目光中，蹒跚而行。

我家离幼儿园很近，每天吃过早饭后再去上学。早饭，要等妈妈做。

生产队一般都是日出而作日落而息，忙的时候，也会加早班，或者加夜班。在我的印象中，夜班是常事，比如打谷扬场，但不一定都是农忙，有时候是批斗，有时候是开会，有时候是扫盲。早班，肯定是因为农忙。

早上，生产队队长会吹哨，发出指令，要求大家带上锄头、钉耙、锹，出工。哨一般吹三遍，第一遍是招呼，大家有个准备，第二遍是催促，第三遍就是警告，迟到的要扣工分。三遍哨声后，壮劳力都下了田地，老人儿童待在家里。

要是加早班，我妈会先把米和水放在锅里浸泡起来，让大米先伸个腰，收工回来起火可以更快煮熟。七岁的那个春天，妈妈早早下了地，弟弟还在睡觉，我醒了，就起身转转。门被妈妈从外面锁上了，防止我们兄弟醒来后出去乱跑。无聊中，我看锅里有冷水和米粒，琢磨一会，想着先把锅烧起来。抓把草，半塞进锅膛，在土灶的壁橱小龛里摸出一盒火柴，推开内屉，拈出一根火柴棒，左手挤紧火柴盒子，露出盒子外侧的黑色磷片，右手的上三指捏住火柴棒的白皙的细杆，形似兰花指，将敷有黑色火药的那头朝前，迅速刮擦盒身磷片，随着"嗤"的一声，一瞬的奇特药香突如其来，一缕青烟袅袅而去，一团小火苗冉冉亮起，顺着细杆燃烧过来。用这团火苗去引燃锅膛里的柴草，这是让小朋友特别惊慌的过程，也是家长特别不放心的地方。灶门口的地上都放了好些乱草，稍有不慎，火苗跑出来，就会酿成火灾。那个时代，闹火灾并不鲜见，草房子一烧就垮，所以家长一般都尽量不要太小的孩子烧火，至少要在自己的监督下进行。我沉静地点着了柴草，双手紧紧握着秸秆边燃烧边往膛里递进，动作僵硬，神情专注，才烧了六七把草，忽然听到门锁在外面响了两下。

门被打开，我妈一下子冲进来，气喘吁吁喊我一声"小乖乖"，流着泪把我紧紧搂在怀里，喃喃说"有用了有用了"。原来，大人们在地里干活，看到村里有烟冒出来，都紧张起来，队长直接下令提前收工。越是不会烧锅的，柴草越是不能充分燃烧，烟囱里就会黑烟滚滚，宛如黑龙，冲进云霄，老远望去让人担心怀疑是不是走火了。由于搞不清是哪家冒的烟，大家都慌不迭地往村里跑。跑得近了，有人对我妈说"好像是你家的"，妈妈慌了神，拼命跑回来，掏出钥匙，开了挂锁，看我安然无恙在煮粥，终于放下心来，夸我有用，我特别开心。然后，妈妈笑着教我注意事项，一是做好防火，一是及时揭开锅盖，防止煮熟时"噗"出来。每次煮粥，我都很紧张，生怕动作慢了会"噗"出来，揭开锅盖散点热气，满锅的浮沫消退后，我才能放下紧张。过会儿，锅膛里再起火，烧一两把柴，锅里二次沸腾，再次开一下锅盖，浮沫已经很少，盖好，锅膛里的余烬继续提供热量。二次生火，于煮粥叫作"滚粥锅"，于煮饭叫作"炸饭锅"，前者使粥黏稠，后者让饭更香且能烤出锅巴。

再次出工，我妈就有了嘚瑟的资本，也从此不再锁门，让我醒来后就帮她提前煮粥，我甚至能自己吃了早饭去上幼儿园，不用妈妈多操心了。

妈妈上工，我有时候会做跟屁虫。我对生产队的劳作还有点记忆，虽然我不能干活，但不妨碍我看妈妈干活。栽秧耙草我都见识过，那是群像，我就站在田埂上远远看着，也会有"坏男人"故意抛歪一把秧苗，直妥妥砸在我当前的水面，溅点泥水在我身上，把爱干净的我"急"哭，他自己哈哈大笑，引来一群女人的笑骂，以及队长的责备。割秧草、沤绿肥是分头干，我能给妈妈帮点忙。田埂上杂草滋生，长短参差，镰刀收割后，把草茎抱着放进筐篮（竹子做的），装好后，挑着去指定地点，经过专人审核验收，折算工分。妈妈割草，我装筐篮，候场的时候就听妈妈讲故事。有个事情妈妈讲了一辈子，说跟我爸爸相亲的时候，我爸爸穿的衬衫还蛮好的，后来得知那衣服还是跟人家借的，而她当时根本不知道。当时她还看到米罐里有好些米，婚后才知道，罐子里面塞了一些稻草衬底。

核验秧草，这是一个好差事，有关系的女社员才能谋得，一般都是队长的老婆。社员们把自己割来的草尽量蓬松一下，装入队里的箩筐，一箩一箩记账。箩筐肚圆而口收，容量可以。关系好的，杂草浅浅浮架在箩口就算一箩。关系一般的，正常计量。关系差的，队长老婆用手摁摁，很多草就被摁进了箩筐，三箩压成了两箩。我爸常年在外，娘儿俩就容易受欺负。欺凌弱小，是农村的劣根性之一。当面，我妈每次赔着笑脸，卑微讨好，希望人家不要"摁一摁"；背后都是心酸苦叹，在我面前宣泄情绪，并教育我好好读书，多多认字，努力做个生产队会计，不被人家欺负。所以，小时候的我，读书是有"伟大"志向的——当个小队会计。

妈妈因为没读过书，感觉文盲容易吃亏。那时候，村里几乎每晚都有活动安排。地点就在村里的小学，祠堂庙宇改建的，神像都毁弃了，可以参考本书《闹腾的菩萨像》一文。有活动的时候，有线广播大喇叭一喊，村民们就去学校集中。学校操场不大，设了主席台，台上放了长条桌，桌后是条凳，干部就座。台面张贴标语，作为活动主题。台前不远立着木杆，杆上吊着汽灯，嘶嘶有声，莹莹发光，冷光惨白，照亮一大片。或者干部讲话，或者文化学习，或者念中央文件，号称"中央文件不过夜"，非常高效。

现在好些孩子动不动就抑郁啥的，我们那时根本不存在。在会场跑进跑出追逐打闹一身汗，过瘾；躲在妈妈堆里捉迷藏，紧张：一个个疯得不行。妇女们自带板凳，各家板凳高矮不一，扎堆坐在一起，一边听报告，一边纳鞋底，一边叽里呱啦，甚至各种八卦。干部们也管不住这些妇女的嘴，也就"妇女能顶半边天"，好男不跟女斗，随她们去，反正都是农民，自己人。

我隔壁有个女孩，岁数比我大一岁，体格也明显比我大一圈。她爷爷是地主，已故。她家有个钉鞋，很是神奇，我至今记得。村路都是泥质，一下雨就各种泥浆，出行不便。她拖着那双明显大号的钉鞋走过，地上立马留下钉印，硬挺的皮质鞋帮护到脚踝，不会沾染泥水，这很让我羡慕和眼馋。我进出只能赤脚踩泥浆，顶多用简易高跷将就走几步，远了根本不行。她经常打我，柔弱的我哪里是她的对手？每次都是哭着回来告诉妈妈。妈妈教我搏斗技巧，抓住对方长发使劲往低处拽，奈何我根本不是打架的料，还是含泪委屈而归。活人不能给尿憋死。我终于琢磨出一个绝招：对方动手我动嘴，轻蔑喊一声"地主婆！"一招制敌，她顿时就像被点中了穴位，失去了力量，耷拉着脑袋，抽泣着回家向她奶奶告状。那个真正的"地主婆"其实很善良，和我妈关系也蛮好的，就各自教育孩子，不再互斗，从此相安无事。那句"地主婆"的咒语，我感觉比孙悟空的金箍棒还好使，多么畅快啊。那个时候的"成分"，是如此地沁入肌肤，痛彻骨髓。

后来，大队搞过夜校扫盲班，组织文盲们晚上上课，由老师教他们认字。如今的七八十岁的农村老人，当时很多就此受益，多少认得一些字，当时能签自己的名字，后来能看懂农药的名字，夜校扫盲运动功不可没。我妈读书认字很努力，只是已有两子，牵扯她的学习精力。我就带着弟弟到旁边去玩，让妈妈安心学习，她后来终于能歪歪扭扭写出自己的名字。妈妈们集中夜校扫盲，我很好奇，经常背着弟弟从窗户向教室里偷看，看老师认真教，看妈妈认真学。后来，我个头矮小，就打趣说是小时候背弟弟被压坏了，没长高。

我才六七岁，身材矮小，经常牵着三四岁的弟弟，他又走不快，有时我也会嫌烦。妈妈让我把弟弟带着上幼儿园，我左手提着小凳子，右手牵着弟弟，脖子上还横架着稍大的凳子。农家的那些小凳子，简直就是哲学的翻版注脚，没有两片（个）树叶（小凳子）是相同的。某次走到半路摔了跤，我就对弟弟大发脾气，也不肯再带他上学，嫌累赘。妈妈气不过，脱下我的裤子照着屁股就打，可我倔强地说就不。妈妈见屁股都打肿了，又不忍心，抱着我哭，并教我说，以后妈妈打你你就跑。我说，我不跑，你讲我要跑你就打死我的。妈妈说，乖乖，那是气头上的话，你跑了，等妈妈消气了，再回来，妈妈就不打你了。我点点头，以后就按照这个剧本演出，我跑，妈妈在后面笑着骂。哎，从小就是一个直男。

前面说到纳鞋底，那时候的女人们多能干啊，心灵手巧。农活不在话下，不必多说。我看过小脚老太教会我妈用纺车将棉花纺成纱，卷在纱锭上。我妈还学会了包粽子，学会了绣花，学会了养蚕。收获不多的蚕茧后，妈妈用开水缫丝，织成缎子绳带，染成红色，非常牢固，出门的时候可以将我束缚在身上。纳鞋底，简直就是女人的必修课。千层底，针线来回拉，很费力。这面往那面去，要用铁质的顶针箍顶针屁股，顶顶顶；翻到那一面，拔针头，拔不动，就用铁质的夹子夹住针头，拔拔拔。"临行密密缝"，针眼密实线头紧，舒适透气耐磨，真正是妈妈的味道。碎片时间，女人们就做这类家务。干部开会，看到妇女们针线飞舞，怎么批评呢？这也是大生产啊！鞋底纳好后，还要做鞋帮，又是一番辛苦。总之，一双鞋做成，委实不轻松。材料还在其次，主要是投入的人工多。就像十字绣，买线才几个钱？

新社会，解放了，女人的小脚也解放了，取得独立地位的妇女们，热火朝天，投入生产，甚至和男人一样去服劳役，也就是俗称的"挑土方"。挑洛阳河，我妈妈晨出夜归，我们弟兄挨饿一天，等妈妈夜里带饭回来。队里有两个妇女，家里有孩子，没人照应，需要连夜回家，我妈是其一。收工的时候，她们去厨房，向烧饭的大爷说明情况，得到允许后，摊开手帕，包上饭团，自己顺手抓点饭往嘴里塞，然后摸黑跑二三十里路回村，喂养守家的孩子。

家里还有两只鸭子，关在笼里，妈妈让我记得喂食。某次夜归，她问我喂过鸭子没，我怕妈妈批评，就假说喂过了，心想第二天等妈妈走了我就补喂。第二天又忘了，等我妈再次问起，去查看，鸭子居然饿死了。那时候，鸡鸭都是家里的重要财产啊，把我妈妈急的唉，气的唉。还有一次，我的千层底湿了，夜归的妈妈把鞋子放在锅膛余烬上烤，用征询的口气问我说，这样烤没事吧。我说不要紧。等妈妈第二天夜里回来，去掏那双鞋，看上去形体饱满，一挪动却成了灰，原来全部烤烧掉了。我怀着忐忑等妈妈骂我，她叹口气，幽幽地说，昨晚睡觉前自己应该看看的。遇到情况，妈妈很少责怪别人，更多的是责备自己，这点对我影响很大。现在我懂了，这叫内归因，可以减少和别人的争执，维护了社会人际关系，却加重了自己的心理负荷。这双鞋子的灰烬，至今深刻地留在我的脑海：饱满挺拔的半个穹隆，弯折圆润的后帮，以及那密密的千层底。

现在，我的母亲头发花白，得过脑梗，动作迟钝，但对本文中的事情记得清清楚楚。借助她和我爸的回忆，写下以上文字，一股热流突然袭上心头，两眼潮湿，无尽感慨。岁月不居，转眼50年。

啊，我的幼儿园！啊，妈妈陪我走过的幼儿时光！

2024 年 2 月 24 日元宵节

闹腾的菩萨像

我读小学三年级的时候,学校就在村上,教室不多,四年级就要去大队部(相当于今天的行政村村两委)上学。那时孩子实在是多,因而差不多村村有小学。我们村的小学,是在庙的旧址建造的,房屋低矮,开间不大。

听老人说,以前庙和祠堂连在一处,都在村子边上,后面就是一口很大的池塘,没名字,干脆就叫大水塘。抗战时期,日伪军经常来祠堂落脚,有时候短期住一下。新四军过来后,动员大家把祠堂给拆了,让敌人无处安身。旁边的庙,新中国成立时还在,后来被毁掉了。当时好多人围观,但没人敢直接动手。长期的封建统治,神鬼思想深入人心,对菩萨敬而远之,躲避尚且不及,哪个胆肥到敢毁坏菩萨塑像?工作组长是政工干部出身,动员能力很强。青年人朝气蓬勃,血性未定,最容易受到鼓动,这次也不例外。广播喇叭一渲染,气氛渐渐热烈起来。男青年某甲一向就是个容易激动的主,这时候肾上腺素飙升,卷起袖子冲上前,在口号声里,在别人的协助下,居然背起了菩萨塑像,走出庙门,扔到了旁边的池塘中,引起了各种躁动,有夸奖,有怒骂。这让某甲更兴奋,一不做二不休,把四尊塑像都扔到了塘里。

奶奶说,这事造成了两个后果:一是当晚池塘里扑腾扑腾响个不停,是菩萨在闹腾在作法、在开会、在报复;二是那个青年不久之后双眼鼓胀外翻，像是牛眼外凸，丑陋恐怖，最后戴了一辈子墨镜。

菩萨沉塘后，庙也拆了，在旧址上，用一些拆碎的砖块建造了一个学校。那些砖头，都是历代人家各自手工制作，根本没有统一标准。家乡一带，处于丘陵，多有黏土，方便制作砖瓦。一些大村还有自己的青窑，有条件的人家打坯装窑，火烧水润，制作青砖，或者黛瓦，自己翻建房子，真正是自给自足的农业社会。所以，砖块的规格很杂，厚薄难均，大小不一，宽窄各异，时间一长，缺边少角，俗称"乱砖"。砌墙的师傅，也就是瓦匠，颇有耐心，挑挑拣拣拼拼凑凑，实在不够，泥巴伺候。大庙改小学，居然将将就就，成了。

我小时候的印象，晚上的学校，汽灯明亮，宛如白昼。有时候是大人们去上夜校，认字读书，简称成人"扫盲班"。我妈也去听课，我就背着二弟站在墙外，从北边窗户里朝里张望，二弟好奇，伸着脑袋觑着眼，不哭不闹。有时候会开大会，批斗些什么人，我当时太小，记不清场面，还能记得的就是有人戴着高帽子，形象奇特，印象深刻。

后来，奶奶家搬迁到了大水塘的外岸，和学校隔塘相望，住在村子的最边上。每次去奶奶家，我们都是贴着学校的后墙走。墙外的路不足三尺宽，只能一人通行，路下就是村上的雨水沟。要是下雨，瓦上的雨水从檐口流下来，形成一串雨帘，冲到地面砸出一溜儿的小坑，坑里都有几枚细石子，倔强地在小坑中心迎接着雨珠的冲砸。墙壁一米高处往下，沾满斑斑点点的泥浆。一些苔藓就着这些泥浆，巴住低处的砖缝和外墙，随着下雨而青绿滋润，随着干旱而枯黄收缩。弟弟有时候会用小手抠拽一番，能牵扯下一些条状或片状的苔藓，松松软软，用手挤捏，甚是好玩。从小家贫，少有玩具，所以他乐不可支，我就斥责他说："别弄，脏。"等到奶奶告诉我学校的来历后，每次再去，我心里都拎拎的，像揣个小鹿。弟弟还小，不懂害怕，无所畏惧，我又不便告诉他，所以我积累着两份恐怖和不安，硬着头皮惴惴走过那堵后墙。

这份虔诚、神秘和敬畏，到了今年才得到一个令人信服的解答。我的同事，也是我们村的卞老师，他给我分析得颇有道理。他教生物，业务能力超强，解释了一个词语——甲亢。

甲亢，我不多解说，因为我也不懂，你可以用百度检索一下，不过前面几十条铺天盖地都是广告，真的容易让人激动愤怒而得甲亢哦。我记得卞老师的解说，大概就是甲亢是一种病，患者容易亢奋，所以一经号召就情绪激动，冲锋在前，缺少理性，做出一些出格的事来。甲亢发作的症状之一，就是眼球外鼓。

如此，我才从几十年的敬畏中稍有疏解。我又问他菩萨在塘里整夜闹腾的缘由，他说，菩萨都是木胎泥塑，时间久远，水分尽失，非常干燥，浸泡水中，吸水无数，汩汩不停，浸泡充分，胎里久封的空气在水里爆出，自然砰砰有声，爆完了，就消停了。我想也是，听奶奶说过，就当天晚上有声音，后来再无动静。

我终于释放下来一个男孩子储存了几十年的恐惧。

科学的时代，需要科学的解释，一旦有了科学的解释，就可以破除许多神秘。

曾经闹腾了几十年的菩萨，终于在我的内心安静下来。

谢谢卞老师。您不愧是一名党员，一个无神论者。

2023 年 4 月

城市，何必排斥那片菜地？

工作挺忙，难得休息，天气炎热干燥，晚饭后陪妻顺着公路散步。

楼栋高矗，路灯初上，车辆穿梭，大妈们在一角尽情扭着广场舞，虽是县城，却也一派大都市风情。

有条公路紧挨着句容河道，很贴切地被叫作河滨路，颇为宽阔；公路另一边跟居民区拉开一点距离，没有庸俗市侩的门面房，故而较为清静，是散步的优选路线。

今年奇旱少雨，空梅无汛，加上长时间高温，小区植物都蔫蔫的，树叶下垂，奄拉着脑袋，有的还面黄肌瘦，中暑干枯。路灯下的行道树梢长势如何，无法看清；绿化带里的草地却绿得生动，布植的几丛芦苇，在微风中招摇。仔细看看，移栽的树根土球上，有明显的水渍，显然是被有意养护着。

再往前走，行人愈少，也更僻静。绿化带之外，有好些空地，连绵成片，长着芝麻之类的农作物。一位老妇，双手掌锄，俯身除草，很是专注。我和妻本是农村出身，对农民向来颇亲切感，遂与之攀谈。老妇单手驻锄，停下休息，回答我的问题。她来自句容南乡的袁巷，乡音很重，说是住在附近，在这里开荒了一片地块，长了玉米、茄子、辣椒、芝麻、山芋等。她说，菜场的好些菜被泡水增重，都烧不烂，不好吃，自己种点蔬菜还可以少点生活开支。一个进城的农村老妇，所谓退休养老金也就几百块钱，不经用。她点种了一百多棵玉米，玉米正在抽穗，辣椒、茄子正在琳琅满目地挂果，长势喜人。前几天因为上上上级有人来检查，为了体现城市文明，有关部门连夜一口气割倒这些有碍观瞻的农禾，决绝而果敢。老妇叹口气，又说："检查人员看到倒地的庄稼后表示，这些东西长在公路绿化带之外，又不碍事，何必割去？"权威发声，颇有悯农之情，所以，矮秆的芝麻才得以逃生。我拣起一棵已枯的玉米秆，深味着青苗被割的残忍和悲悯。

如何除去一片荒地的杂草？有人给它浇筑成水泥广场，有人让老农种上庄稼，思路不同，效果不同。城市，何必如此讨厌一片清寒的菜地？

中华民族的一个优秀品质，就是勤劳。这份勤劳，尤其体现为喜欢种菜。新闻报道过美国大学校园有中国家长种菜，南海岛礁有官兵种菜，南极长城站也有温室蔬菜，甚至月球上也因为中国人种过棉花而萌出第一抹绿色。今天的进城老人，对土地感情深厚，带着痴迷，看到荒芜的地方就想刮刮干净种点菜。凡他们所到之处，没有杂乱的荒草，只有整齐的绿色，何尝不是一道绿色风景？十来年后，他们大多作古，这种风景，后人也许只能在视频中缅怀。

当然，也不能任由他们随意毁绿开荒，管理者规范管理，划好区块，签个合同，提出要求，来个双赢，岂不甚好？为什么我们可以允许大面积搞一个供少数人玩乐的高尔夫球场，却不能接受底层百姓的一垄菜畦？

留点村庄，才能守住乡愁，留点菜地，才能传承勤劳。城市文明，不妨给农耕文明留一个角落，留一丛红彤彤的朝天椒。

回家路上，城市的灯光愈加浓烈迷醉，几处霓虹妖娆而轻佻，酒醺和菜香浓郁在饭店门口，旁边的地砖上，堆叠着西瓜和葡萄。

2022 年 8 月 22 日夜

后记：

就在本书付印之际，句容市政府在城北片区域上社区划出一块地，做成"百姓菜园"，由具备申请资格的市民排队抽签，须签订使用协议，此举大受好评。

老不如小

一则网红老奶奶装弱势，恶意炒作的新闻让我想起来一件事。

寒假某天清早，我要陪父亲母亲去南京检查身体，之前约好七点在地铁S6号线的崇明站汇合集中。

作为班主任，由于工作性质和习惯，时间概念特别强，6：50我就到了，然后买好车票，安心地在闸机前等他们。谁知道此处正对着地铁站入口，凉风直灌，冷不堪言。工作人员建议我先进到地下站台去等，说那儿不冷。

等到7：20，二老才坐了公交车赶过来，互相联系中，彼此被柱子遮挡了视线，没看到对方，正好完美错过一趟车。好在间隔也就几分钟，我让他们不要自责，安心等车。站台座位只有六个，我们就坐了仨。这时，旁边有个四十来岁的女员工，蹲在地上，地上展着几张干净面纸，她左手掖在腰腿夹角处，右手抓着一片面纸在地上涂抹，嘴里嘟嘟囔囔，和她身后的两个员工说着什么。

我这人有个缺点是好奇心重，好听的说法是求知欲强，就主动打探她在干啥。她抱怨说，刚才有个老太吐了一口痰。她的一个同事，听口气可能是个小组长，吩咐说，拿个拖把拖拖。蹲者说，我再擦两下。我仰头问："多大年纪的老太？"组长答："七十多岁吧。"我尴尬地看看爸爸妈妈，也这个年纪。妈妈说："我们从来不乱吐的。"组长说："唉，农村老太，在乡下随地吐惯了，说了也不听，垃圾桶就在这边，才几步路，她就不去。"我的爸爸妈妈因为随迁子女们，已经在南京、北京、句容前后住了二十年城市，文明卫生意识好多了。

上了地铁，都有座位，父母亲年纪大了，戴了口罩，扣了帽子，满脸沧桑，靠着椅背打盹，我很清醒，看着窗外的朝阳，为父亲的病情忐忑。

车到了黄梅站，这里有碧桂园小区，人流众多，座位一下子就满了。又上来一对母子，孩子说大不大，说小不小，抓着立杆，就杵在我们的面前，旁边也没人让座，这弄得我很纠结，让不让呢？

还是让一让吧！我站起来，跟那个母亲说，让她带孩子坐。她表示不用。没想到对方会谢绝，这个剧本没见过啊，我就尴尬了，站也不是，坐也不是。孩子妈妈又低声问问孩子，孩子摇摇头，我看懂了，孩子表示不需要让座。这样，我才坦然坐回去。出于好奇，我仔细看看这个孩子。他穿着嫩绿色羽绒服，戴着蓝绿镜架的眼镜，与年龄不甚相符，手里拎着提袋，袋里装着一些书本，已经坐在妈妈的脚背上，倚靠着妈妈站立的双腿，背朝着我。

到了马群，有个擦身而过的机会，我问了一下："孩子上幼儿园吗？"他妈妈说："二年级。"我又问："在哪个学校上学？"她妈妈望了望我，有点警惕，没有回答，大家已经匆匆错身而过。

二年级，八九岁的孩子，已经断然拒绝让座，也就是潜意识说，自己已经长大，不需要别人的特殊照顾甚至施舍，显示出一个小男子汉的倔强，这正是孩子内心的成长！不装弱势博同情，我为这个孩子点赞。

城市化的潮流不可阻挡，农村老人进城也是被动裹挟而来的。他们习惯了莽荒原野，改不了生活习性，与城市文明时有乖舛，甚至出现老太牵着孩子闯红灯，孩子拽着不给走的互怼画面。

老人吐痰员工擦，孩子坐鞋母亲安。这次见闻让我明白，更多的现代文明正朝我们走来。

2024 年 2 月 4 日

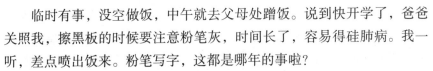

粉笔铁笔触摸笔

临时有事，没空做饭，中午就去父母处蹭饭。说到快开学了，爸爸关照我，擦黑板的时候要注意粉笔灰，时间长了，容易得硅肺病。我一听，差点喷出饭来。粉笔写字，这都是哪年的事啦？

1993年，我从镇江师专毕业，分配到了茅山中学，在总务处领到了教学工具，一筒蜡纸，一支铁笔，一块故意不光滑的铁板。这些玩意儿对不了解情况的年轻人要说半天他们也不容易明白，知情的过来人则会勾起会心的微笑。

教室有黑板，起初是水泥的质地，毛糙一点，刷着黑漆，黑板专用漆，不是黑色油漆，油漆看似光亮好看，其实不行，会让粉笔打滑写不好字。黑板漆，肃穆朴实，看似平淡，了无芳华，却容易摩擦粉笔，留下字迹，尤其是白色粉笔，黑白分明，很是醒目。有的老师为了强调重点，也会用点彩色粉笔，少量用之，也无不可，然而如果大篇幅用彩色粉笔，学生看黑板认字那是很吃力的。

黑板前方就是讲台，讲台上粉笔一直在"坐庄"，保镖就是黑板擦，简称"板擦"。粉笔通常挤在盒子里，等待老师的阅兵点将，有时候在一个铁质的饼干盒子之类的容器里横竖杂陈，粉笔头颇多，多次颠簸之后，互相吸粉，一抓一手灰尘，沾在手上，很是醒目。彩色粉笔尤甚，即便用水清洗，手指头上仍然像是擦了胭脂。板擦永远一副风尘仆仆的劲头，很富有牺牲精神，把自己弄得一身灰，颇有我不下地狱谁下地狱的境界情怀。值日生往往安排男生，因为需要力气。性格细腻的学生会慢慢擦，有条不紊，步步为营，慢慢推进，粉笔灰或沾在板擦上，或垂直落于黑板之下紧贴墙根的地面，形成长长的很夸张的"一"字。性格张扬的男生，会搞点行为艺术，把擦黑板渲染得很浪漫，不拘一格，纵横捭阖，弄得天女散花，空中撒盐，有点沙尘暴的意思，把自己惹得一身灰，头发上尤其明显。在狂乱中，在同学的惊呼中，他会更疯狂，踩着舞蹈的脚步，伴着音乐的节奏。讲台上落下蒙蒙的灰尘，手指一划拉，调皮地写下老师的名字，然后像做贼似的东张西望，在同学的哄笑声中，赶紧抹去字迹，以免因留下罪证而遭到惩罚。

没两年，为了迎接九年制义务教育国家检查，水泥黑板换成了毛玻璃黑板。在墙壁贴上黑色油毛毡做底色，上面敷上毛玻璃，四周加木框固定，写起来质感好得多，颇有"鸟枪换炮"的味道。一些调皮的男生往往容易成为倒霉蛋，在嬉笑怒骂、追逐打闹中，一不留神就打碎玻璃，然后赔钱。有人哭就有人笑，笑的人拿着稍微大块的碎玻璃去请玻璃店师傅划出方块做桌垫用，结实倒是结实，可是下面放照片根本看不清。唉，差评！

粉笔写字不爽，因为容易吃灰。铁笔写字想哭，因为写字太累。展开一张蜡纸，垫以铁板，对照蜡纸上的方格来自行把握字号和行距，需要小心翼翼。所谓"铁笔"，其实就是用一根铁针刮伤蜡纸，泛出白色印痕，最后由油印室老师用蘸了油墨的碾子来回推压，将油墨通过蜡纸的伤痕处渗透到白纸上，做成讲义，做成试卷。蜡纸刻字，需要一笔一划去写，不能急躁，一旦写错，要么多画几笔以示作废。这会在讲义上留下墨痕，一团，或者一簇，很明显的伤疤。细心人会燃起香烟，用烟头去轻轻靠近错字，熔化蜡质，使之尽量复原，再行刻字，将来卷面上就比较整洁清爽，会更加美观。前者就像现在学生用塑料胶带揭去表层，简单粗暴来得快，伤疤不雅摆在外。后者就像用修正液，羞答答的玫瑰静悄悄地开，多么温柔的情怀。

刻写讲义是很痛苦的事，所以老师有时候会找学生代笔。初中生的字，堪比癞蛤蟆的外表，少用才省心。都说90年代学生的课外作业负担很轻，那么你天天刻钢板试试？到了冬天，铁板冰凉，右手常常僵硬，对着掌边呵气取暖，只是心理安慰而已，扔笔，下次再刻！

父亲的记忆，还停留在当年那个样子。我告诉他，现在不要为我担心啥硅肺病啦，条件早就改善了。

现在我们教室不用黑板了，改成了白板，大家早已习见，不再多说，还是老配方——白加黑，不过变成了白板之上写黑字！黑色油墨笔不伤肺，只是手指容易沾油。白板分成四片，联片为整，中间两片可以左右移动，露出的中空处安设了一体机，现代化的电子教学设备，触摸屏，就像智能手机，可以用手指划，也可以用触摸笔写。为了卫生，为了灵敏，我们多用触摸笔。一体机可以放图片，放视频，可以现场拍摄学生的作业到屏幕上供大家讨论分析，不是"及时"反馈，而是"即时"反馈，教学效率和效果都大大得以提升。如果加载软件，可以快速画几何图形，可以画地图，效率"杠杠的"。讲台上的数学老师常备的三角尺也早就断了胳膊，不知所终，根本用不上。

听我此言，与共和国同龄的父亲抿了一大口古越龙山，放下酒杯，又要给我讲讲他们那时候上学的事。我已经听过多次，就赶紧说"我敬你一杯，下午你们去社区居委会好好听听养生讲座吧"。

我和父亲同时举高了酒杯！

2019 年 7 月

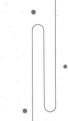

沟通和反转

　　生活之中，我们常常会遇到一些影响我们情绪的事情，或者高兴，或者不快，一旦通过沟通，了解真实情况，往往会迅速出现反转。

　　听说过一个故事。一位年轻姑娘上公交车的时候被后面的一位男士蹭了一下，心里很不高兴，回头一看，是个戴着墨镜的中年人，就狠狠瞪了他一眼。男人没有任何反应，继续上车。上得车来，姑娘已经坐在前排一个座位上，后面座位已经满员。墨镜最后上来了，右手拄着一根拐杖，在地上戳戳点点：原来是个盲人。姑娘看看左右，站了起来，轻移方步，搀扶着墨镜坐下来，墨镜连声说谢谢，其他乘客投来赞许的目光。

　　有人横穿马路，司机训练有素，突然一个急刹车，乘客尖叫起来，倾倒一片，骂声一片。等到坐正，姑娘发现墨镜男摔脱了墨镜，睁着两只大眼睛，傻傻的样子。前面装相，现在露馅！发觉自己被坐着的人耍了，站着的姑娘哭了。大家纷纷指责丢了墨镜的墨镜男。他尴尬又窘迫地坐在座位上。怜香惜玉，英雄救美，群情激愤，这时有人甚至要动起手来。墨镜男离开座位，去摸墨镜。墨镜掉在地上，被踩掉了一个镜片。还没有摸到墨镜，却先滑落一个证件，乘车证？有好事者一把抢过来，居然是"伤残军人优待卡"。大家一边拿优待卡给姑娘看，一边帮墨镜男修眼镜，一边好奇询问墨镜男。墨镜男，话不多，接过优待卡，只说了一句话："部队训练的时候受了伤。"此外，再不言语，脸上依旧平静，没有任何情绪的波澜。姑娘扯了面纸，擦了眼泪，对着墨镜男点了点头，对方戴着少了一个镜片的墨镜，无动于衷，端坐如初。车子向前行驶得更平稳了。

笔者还亲身经历过一件事。某次，一帮亲友在集镇的小饭店聚餐，人多，挤成一桌。其中有我的舅母，还有她的入赘女婿（我喊他老表）。老表的妻子也就是我表姐啦，在镇上开一家小店，因中午要看店而没空来吃饭。一大群人，吃吃喝喝，闲聊问候，一吃就是个把小时。终于上了主食，都是农村乡亲，米饭断然少不了的。有个饭盆，还剩不多一点米饭，正好搁在老表面前。舅母对这个女婿说，把这里的饭盛起来，带给小芳子吃。老表没有应答，端起饭盆，把饭径直装进碗里，又猛夹几块菜，大口吃起来。我看在眼里，鄙夷在心里，哼，毕竟是入赘女婿啊。老表甩膀子吃完了那碗饭，正用面纸擦嘴，这时服务员又端来一盆饭。看到老表站起来又要盛饭的架势，我心说，你真能吃！他一边从凳子下面拿出了保温盒，一边淡淡地对我舅母说："小芳子胃不好，不能吃冷的，我给她盛热饭。"我顿时惊呆了，才分把钟工夫，老表在我心里的形象顿时反转，变得温暖而崇高！

这两天，班上有个女生，上午老是犯困，提醒了几次，她只是点头表示认错，却还是不见好转，我很有点愠怒。估计又是晚上忙手机太迟。她成绩也不行，自己要求坐最后一排，说对别的同学影响会比较小。忍了两天，我向家长反映情况，要求配合教育和管理。其母打招呼说，她病了几天，女儿每天一大早就起身，给全家弄好早饭，喂鸡喂羊，然后吃了去上学，还顺路把弟弟带去上学。这家是外省人，在某个茶场的角落找了个废弃的荒坡，以捡拾废品、养点鸡羊为生，还是多子女家庭，政府助学金的帮扶对象。一句话突然冒出来：穷人孩子早当家！这次沟通，让我对其从生气瞬间转为怒赞。很快，我就在班上表扬了她。

沟通需要表达，表达带来反转。真的，如果大家都积极沟通，善于表达，这个世界就会变得更和谐更美丽。

亲爱的朋友们，不要吝啬你的言语，去沟通去表达吧！

2021 年 5 月 14 日

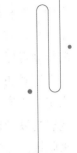

聊
哉
四
则

一、迁　校

　　某次监考，偶遇一位同行，却不认识。考试间隙，几人凑在一起闲聊，他很能侃，话语滔滔，我遂以"友"称之，记录那次对话。

　　我（赞）：某某学校异地新建进行中。

　　友：这个学校搬来搬去，怎么都是大门朝北？

　　我：真的啊？

　　友：某某中学就是他的旧址，你再看现在这个校门朝北是吧，新校址大概率也是如此。

　　我：大门朝北咋了？

　　友：不太好。

　　我：怎么说？

　　友：南下，北上，大家是不是这样说？听过南上，北下？南门进校朝北走，就是蒸蒸日上，北门进校向南走，就是江河日下。现在这个学校，虽不至于寥落，但也说不上蓬勃。

　　我：故宫还有后门通景山呢。

　　友：故宫后门是后花园的门，还是小门偏门。整个故宫可以聚气。北门属阴，北风阴冷，阴气汹汹，自然不佳。

　　我：易地搬迁，换个地方，可以开启新天地。

　　友：搬迁是必要的，多次搬迁却是忌讳的。

我：愿闻其详。

友：学校初创，地方都偏小，就像秧苗树苗，成长很欢。稍微长大，需要移栽，所谓不分不发，以便分蘖发枝，苗壮成长。

长大了，就不能再轻易移栽。所谓树挪死，人挪活。你看城市移栽大树，会切断根本，剪除枝丫，给她吊瓶挂水，黑网遮阳，看似呵护，其实树木已经元气大伤，奄奄一息，就算勉强保命，也绝对没有了当初的绿荫浓郁，生机盎然。

我：听你掰扯，好像也有点道理。

友：时日久长，校园草木葳蕤，已经有了灵气。土地滋润，吸纳了满园少年欢颜，富有朝气。校舍的每个毛孔，都充裕青春人气。师生融洽，一团和气。日月经天，沐浴生气。

开新车固然拉风，但还是开自己的旧车顺手，而且更有感情。这份感情，就是经典怀旧，就是陈年老酒。老学校，就像老树，虽然沧桑，却是积淀深厚，你看南京大学有没有卖掉又老又小的旧址，谈个好价钱？

除非特殊情况，学校一般不要屡次搬迁，普通人家还有"搬一次家如同失一次火"之说。动辄搬迁，行如颠沛，颠沛自然流离，流离容易失所，失所就是浮萍，看似随水灵动，实则飘忽无根，无根基本无魂。

我（笑）：一番曲解，一派胡言。

友（也笑）：我姑妄言之，你姑妄听之。

我：我来发到朋友圈。

友：随你。

2024 年 1 月 14 日

二、教　改

上次偶遇一友，相聊甚欢，今日再见，把茶话桑麻，很有意思，我且再次录之。

我：今年寒假，所有年级，甚至包括高三，都不补课，老师高兴安享假期，学生开心可以稍息，家长焦虑无人管理。

友：改革开放四十年，教育是最大的痼疾，最难攻克的堡垒。

我：改来改去，好像无解。不补课，学生荒废学业，补课，无论线下，还是线上，毕竟多少学一点。

友：拼命补课，无非剧场效应，有人站起来看戏抢得先机，以为清楚，然后其他人被迫纷纷站立，大家又在一个起跑线上了，再有人站在椅子上，然后大家再跟上。最后，大家都感叹，看个戏真累，上个学真累。

我：有什么办法呢？人性如此，生怕吃亏。

友：所以，不补课，才是回到本初啊。

我：可是，很多学生不自觉啊，在家没人管，怎么成才？

友：这就是教育的悲哀了，要成才自成才，自助者天助之。"要我学""我要学"，两者没有理顺可不行，捉住公鸡去吃米，怎么行？

我：哦豁，谁不知道要激发学生内驱力，自觉学习，才是正解？可是，现在社会，很多家庭条件还不错，又不能像我们当初那样在农村辛苦劳作，努力"跳农门"。你说说看，怎样就能让他们"我要学"了呢？

友（笑）：教育要改革，必须吃一颗"特效药"。

我（也笑）：什么样的？

友：大手笔的话，小学五年，中学五年，大学三年。这个动作太大，耗资不小，牵扯利益太多，操作起来有相当大的困难。但，可以退而求其次。

我：愿闻其详。

友：维持现行中小学体制也可以，但到高中毕业就结束。

我：没懂。

友：高中毕业，普遍18岁了，已经成年了，可以走上社会打工了。所有各类高中，只负责教育学生到毕业，毕业后就是社会青年。至于还想参加高考，那是学生自己的事，可以自行在招生办的网站报名，就像自学考试一样操作。

我：有哪些好处呢？

友：一是提前释放劳动力，让很多学生早点走上社会，实现经济独立，进入社保统筹，而不是动脑筋让老人延迟退休。早就业，就会早结婚，还可以提升生育率呢。二是高中毕业生就业普遍化，不用攀比着上大学，事实上好多大学没多大实际意义，无非毛入学率的数据好看一点。高中毕业，还来得及学点手艺，瓦匠木匠厨师以后也可以挣大钱。大学普及化后，弄得工匠没了继承人。大国工匠需要人口基数。好些大学毕业生，眼高手低，懒于就业，焉有人口红利？三是隔离开学校和高考之间的联系，学校无法宣传自己的培养成绩，无法内卷，自然降温，也就不会出现普遍性的心理问题、引发社会关注的教育痛点。四是筛选出真正的人才，有智商能勤奋懂自律，这才是国家需要的人才。好多靠老师逼进大学的学生，到了大学就是报复性的疯玩。五是可以促使部分学生成熟起来。高中毕业，好些学生心高气傲，自以为是，进入职场，经过社会毒打后，方懂得读书才是王道。可以制度设计，规定毕业五年内，都可以报考高考，再上大学。他们一旦不想再搬砖打螺丝，重新有机会走进课堂，还要自交学费，他们的学习态度必然会有天翻地覆的变化。机不可失，时不我待，真正的王者，也可以脱颖而出。

我：听了好振奋。可是高校那么多，他们怎么办？

友：改革本来就是利益再分配，他们如何生存，就不是我们考虑的事情了。不过，低效的、无能的、过时的东西，必然要被淘汰，迟早而已。

我：如果这样改革，效果会如何？

友（笑）：高中生必然是生气勃勃，生龙活虎，身心健康得多，家长也不再焦虑。

我：面对现实，我只能听你胡吹一番，难不成你还能抱起石头砸天？

友：好了好了，不跟你胡扯了，我来刷抖音看看，神兽们都在玩啥。

我：好吧，我来在群里给学生布置点作业，虽然我知道他们也不会认真写，他们也知道我们知道他们不会认真写。

2024 年 2 月 2 日

三、"双　减"

"双减"之下，享受双休，与友吹牛，有点意思，再次记录。

友：你们高中也"双减"、双休了？

我：是的是的。

友：感觉如何？

我：太棒了，一下子都不能适应。感觉夫妻关系都比以前和睦温馨了呢。以前，早上六点出门，晚上十点进门，每周在校六天，虽然省了伙食费，却也减少了夫妻交流，这就是所谓"家庭旅馆"吧。"双减"后，上街办个事下乡探个亲，也都能有空安排了。

友：学生怎么反映？

我：当然钥匙挂胸前——开心了。

友：家长呢？

我：最焦虑的就是家长了。双职工加班的愁，愁没人看着孩子。有人看的愁，愁自己管不住叫不动。还有人愁找不到老师补课，就是偶尔有人补课，也愁价钱付不起。

友：理解。政府考虑的角度和家长不一样。政府想给孩子在学业上减负，家长希望给自己在精力和财力上减负。

我：现在上学真苦，学生、家长、老师、校领导、教育主管部门都不省心。

友：你评估一下看看，在校师生比是多少？

我：只埋头教书，不关心数据。

友：我告诉你，大多在1：10左右。你这样勤勤恳恳教书，累不？

我：高中一线，谁不辛苦？课文作业，讲个不停，苦口婆心，学生还不听。

友（笑）：要是你，从早到晚，整天坐着听，你有多少耐心？

我（笑）：确实，屁股长老茧。可是，不讲不行啊。

友：那，咱就不说教育，而说教学，简单点。教学上，观念跟不上，还在分田到户后的一亩三分地小作坊，忙忙碌碌，看着感人，师生比才1：10多一点，实则低效。

我：你坐着讲话不腰疼。

友：你站久了，腰当然疼。哈哈。

我：我这叫勤奋敬业，无私奉献，蜡烛精神。

友（笑）：你家里还点蜡烛？蜡烛燃烧了自己，又有多亮，照亮了多少人的前程？改用灯泡行不行？

我（笑）：我家用的不是灯泡，是灯条，特别明亮还省电，价格还便宜。

友：对啊！教学上，也可以用灯条啊，性价比高，也省力高效啊。

我：都被你绕糊涂了。

友：你教语文，是吧？那就以语文为例。

我：嗯。

友：你们教那个文化常识，文学常识，老师在黑板上写，同学抄写到笔记本上，累死累活，一个知识点要花好些时间。过后还要检查复习提问。如果开发一个小程序，设置题库，来达标检测呢？

我：你打个比方好不好？

友：好。就像考驾照，科目一，你肯定刷过题，而且很认真，错题还会去看看分析。刷多了，你就记住交通规则了。你想，如果这么多交规知识都是口授手记，要学多久，要复习提问多少，又要多少老师来教？这个成本何其大也！

我：学生刷题，怎么考试？

友：像考驾照一样啊，每人题目不一样，杜绝侥幸。在监管状态下，考试合格的，折算三五分进入语文考试总分。分分分，学生的命根，他们就会好好刷题，掌握大量知识。你看，考公务员的题目多么丰富。

我：啧啧。那个知识量，海的！

友：比如我教的生物，细胞的组成成分完全可以用 App 来考查。现在，都是组长先编题目，排版后送去印刷，印好讲义，课代表发下去，学生手写，再收上来，老师一一认真批改，课代表再发下去，老师讲解，同学订正。为了效果，再来一个错题集，要认真哦。你看，整个过程，满满当当，全链条辛苦，领导满意，老师感动，学生敬佩，连印刷工人都跟着连轴转。

可是，效率在哪？如果刷题，几秒钟工夫就行。心理学上说过，即时反馈效果最好。刮刮乐彩票为什么受欢迎？现买现刮啊。题目做错，没事，看看分析，下次再刷！

我：的确如此。

友（叹）：低效，低效。

你们那个默写，就背那么点文章，早读晚读，默写检查，从高一到毕业，花了多少时间？为了几分？实际又背会多少篇目？这些纯粹记忆性的内容，就不要设置为考试主要内容了。考公考行测，通过就算分。甚至那个标点符号的用法，不就那么几种唉，你们考试试卷上不就有选择题考标点唉，也改成网考好了。

我：在教学上，你好像有点不一样的想法唉。

友：甚至，现在教育部发布有教学影像啊，B站有讲课视频啊，这些都可以筛选一下，引进到课堂教学啊。有的地方讲得比我们好，我们来个双师课堂，它不香吗？1：10的师生比，像是带博士呢。

我：那，语文课上做什么呢？

友：把主要精力，花在研读文本的艺术上。我给你举个例子吧。感谢你赠我一本书。那，我就以此为例，你写了一段话"不过呢，我也能理解他，作为老一辈教师来说，教学的概念就是我讲你听，我写你抄，亦步亦趋，老师工整的课文教案，学生厚实的课堂笔记，按照顺序，标题含义作者介绍创作背景字词教学课文分段中心思想重点句子，有条不紊按部就班，他们就是课堂的绝对主体，是总司令，一板一眼，自带威严，是无法接受课堂的纷扰和嘻哈的，那简直就是胡闹"。其中"标题含义作者介绍创作背景字词教学课文分段中心思想重点句子"，这么长的句子，中间要不要加顿号啊？

我：没想到你还会看我的书，还会提出问题。谢谢。

友：作为语文老师，你能写点文章，还是不错的。出于语文教师，又高于语文教师。继续努力哦。

我：感谢你的见解，我分享给我的朋友们。

友：好的。

2024 年 3 月 3 日

四、标　识

一来二去，两人渐熟。我对友人很敬佩，邀请他吃个简餐，他欣然应允，于是又有一段对话。

友：饭前不掼蛋，等于没吃饭。饭后不掼蛋，不如不吃饭。

我：好的。你的牌技不错唉。

友（笑）：呆子抓轰牌。

我：请喝杯水。

友：哪个杯子是我的？

我：搞不清。（大声）服务员，弄不清杯子了，一起换杯水。

友：唉！

我：老哥为何叹气？

友：我们国家号称伟大，我们民族号称勤劳，但是在细节和创新上还有不足啊。

我：此话怎讲？何感而发？

友：你看这些茶杯，长得一模一样，稍微转个身，已经搞不清。没辙，你的想法很常态，那就倒掉呗，重泡就是了。

我：对啊，没毛病，待客之道唉，这算啥？

友：唉，一次倒掉这几杯，浪费开水，浪费茶叶，浪费人工，水要钱电要钱茶叶要钱人工要钱，之后多洗一次杯子就要多用一次清水冲洗，多用一次洗涤剂，自然多污染环境，增加处理污水的压力和成本。那么，一个饭店一天多少，一批饭店一年多少，一个国家呢？

我：算起来，好像的确不少。那有什么办法呢？

友：一套茶杯，一般 12 个，对应一下，每个杯子印个生肖图案行不行？我属狗，我就会喜欢拿狗杯，有亲切感啊，转身后，我仍然记得，再次端起，心里很顺畅，没一点膈应。如果都是一模一样的花儿，甚至光杯，我会犯嘀咕，再回忆回忆，甚至转杯看看，心里总感觉不踏实。

我：这个主意不错唉。

友：中华文化博大精深，又何止属相。二十四个节气还是人类非物质文化遗产呢，不是可以配成两套茶具了？你看，日本那个漫画家过世，很多人悼念，因为读过他的很多作品，他的作品中就有来自《西游记》的灵感。

我：是的呢，我小时候就特别喜欢看《铁臂阿童木》。尽管不是同一个漫画家的作品，道理是相通的。

友：对啊，茶杯上印上标识，比如孙悟空的故事，家喻户晓，每个杯子印一个故事，也是强化熏陶传统文化，弘扬文化自信啊。吃饭之前，家长哄孩子讲故事，这茶杯的标识，就可以提供灵感呢。

我：你这样一说，我这个语文老师就坐不住了。诗人一大堆，名画一长溜，帝王能成排，更有人们津津乐道的几大美女。

友：唉，尤其是会场。那些矿泉水瓶子，有的喝了一口，有的喝了一半，就没人要了，或者有人转一圈回来，也搞不清自己的水是哪瓶了，白白扔掉，真是可惜。如果能印点有文化含量的标识，让人们喜欢，随手带走，减少浪费，功莫大焉。

我：是的是的。会场有人素质高，过会儿接着喝，为了方便区别，就把包装纸撕掉，或者拽下来在瓶口附近打个结，算是做个记号。不过，这样既费事，又不雅观。我有时候带一点剩水回去给汽车做玻璃水。

友（笑）：你倒蛮会过日子的。所以说，我们中国人勤劳有余，创新不足。等人家有了创意，又一哄而上，群起模仿，最后因为铺天盖地，让人生厌，导致原创者也很受伤。枪打出头鸟唛，于是，干脆拉倒，大家躺平。

我：我们国家一直很重视提倡节约。

友：哈哈，浪费的事情多了去了。且不说他。还是说说细节创新的话题。再比如，那个一次性打火机，有几个能用完的？少装一点气，不是节省成本？肥皂用到内心那么一小块的时候，根本没法操作，直接扔了，岂不可惜？里面塞块硬纸片是不是可以降低成本？

我：听君一席话，开我四只眼。来，我敬你一杯！

友：好嘞！干杯！

2024 年 3 月 9 日

匆匆那年

　　15 岁那年，她第一次见他，阳光帅气，明眸皓齿，坐在教室的最后一排。出于对新生的好奇，她回头多看了他两眼，最后一次回头却偏偏让四目相对，只刹那间，他竟腼腆地脸红到了耳根，也只是那一抹绯红，触动了她少女的懵懂。

　　从那一天起，她上课总爱偷瞄他，看他专心听讲，看他认真做的笔记，看他两眼放空，看他神游九天，甚至看他盯着那个他喜欢的女孩……自此后，坐在前排的她，总是特意走后门，就为路过他的身边。

　　他的化学成绩很好，每天晚自习，抄作业成了她接近他的理由，日子久了，他们有了所谓的哥们情义。每天放学后，她利用宿舍后窗看着公用水池，看见他来蒸饭，她就跑过去洗米；看见他来洗衣，她就跑过去刷鞋，一切能出现在他身边的机会她都不放过。

　　后来，学校熄灯后，他们所谓的哥们儿就三五成群地溜出去，爬山，闲逛，到水库边夜宵……在某个月色疏朗的夜晚，他们闲逛在小镇刚刚修好的公路上，没有车辆，没有行人，只有昏黄的路灯，延伸着彼此的身影。相熟的同学都默契地与他们拉开了距离，他们放慢了步伐，默默无语，就这样走着，走着……累了，就在路边的花坛上坐下，依然相视无语。和着秋风，迎着她炙热的目光，他轻轻抚上她的肩头，温柔地深情地吻了她，那温热的唇舌、轻柔的呼吸，让整个世界都眩晕了！

那一刻，充斥着她内心的是慌乱和激动，又渗透着甜蜜与幸福……

16岁那年，一张纸条打破了她短暂而又美好的梦，她翘了两堂课，在空无一人的寝室里号啕大哭，她想不明白，又缺一个解释，但她没有去追问，只把那纸条撕得稀碎！他就这样突然从她的世界里抽离，接下来的日子里，每当难过了，她就在笔记本上写他的名字，一遍又一遍，上万次的书写就像是刻在心上的上万个伤口，难以恢复，难以磨灭。

17岁那年，毕业了，他去了他一直想去的学校，而她却到了他隔壁的学校，不是刻意追随，只是机缘巧合。巧合让他们在公共汽车上偶遇，没有尴尬，没有不自在，他们依然像哥们儿一样寒暄，就仿佛一切从未发生过。他甚至邀请她到他的学校去玩，那天他带她参观了他们学校的农场，她第一次见到了青色的草莓。他们在田垄间漫步，自然美妙。后来，她坐在学校的绿荫长廊下，听他讲学生会里的故事，还有跟同学合伙贩卖鞋垫的故事，她听得特别认真，专注地看着他眉飞色舞的演讲。那一天，是她许久以来第一次开怀，眉梢眼角都散发着掩饰不住的笑意。

18岁那年，她结束学业到省城工作，他却依然是她的牵挂。那天，她去学校看他，突然造访的那种，她一袭白裙，长发及腰，立在他的宿舍楼下，与所有热恋中（也许他不愿意）的女孩一样，娇羞含笑像一颗蜜糖！她不介意周围同学投来的目光，仿若故意要向所有人宣布——她是来约会的！

那个下午，他们去看了录像，什么片子不重要，重要的是她可以静静地在他身边坐90分钟，听着他的呼吸，闻着他的发香，一切是那么的静谧、安好。他们去吃饭，她点了一份炒螺蛳，他却不小心掉落一颗，那调皮的螺蛳从他的胸口一路滚将下去，在他洁白的衬衫上拖出一道长长的尾巴，他玩笑地说："你要帮我洗衣服！"她抬眼看着他说："我愿意给你洗一辈子！"他怔住了，然后她扑哧一笑，一切有意的、成心的尴尬都烟消云散了。

20岁那年，妈妈张罗着要给她相亲。她不想错过，总要听他亲口说了才不会留下遗憾。于是，她一路打听找到他家，一样地闲聊寒暄、愉快地用餐。她尚未找到合适的机会开口，他却捧出厚厚的一本影集，要让她看看嫂子。照片中的一对玉人青春活力，笑意盈盈，每一张笑脸都仿若红外线光束一样灼伤她。她知道，她人生的第一场未曾言明的一个人的恋爱，自此彻底结束了。她心里空荡荡的，仿若丢了一件很重要的东西，却又明明白白知道，即使回头也不能再找回。收拾好行装，她毅然踏上了远行的列车，她决心要走出他的世界，从此再无牵挂。

25岁那年，她已嫁作人妇，初为人母。回家省亲时，母亲递来一张纸条，告诉他前些日子有个同学到村里找她，留下这个电话。接过纸条，那个她曾经数万次书写的名字跃然眼前。她混沌地回到房间，枯坐于窗前，一滴一滴炽热的液体夺眶而出，那一刻，她意识到这些年他就像空气一样存在于她的身边，从未离去。她颤抖着抓住那纸条，眼泪滴在那个她曾经最熟悉的隽秀字体上。那个电话她隔了许多天才有勇气拨通，为了不尴尬，她依然用哥们儿的语气与他寒暄，最终却还是忍不住问他，这么多年了为啥会想起她了。他讷讷地说，老大不小了，他妈妈催婚的时候总说以前那个丁岗的小姑娘蛮好的……

十年前，她选择依偎在他身边，却不曾想到靠得太近就会被阴影笼罩。十年过去了，其实阳光依然温暖，天空依然晴朗，只是她已经习惯站在他的阴影里。人生旅途能彼此相遇是一种缘分，如果注定是过客，就应该彼此珍惜，迈一步就可以让阳光照进心灵，走进一个新的天地，从此温暖幸福。

那一刻，她的爱，十年如一日沉淀；放开手，要给他所有的碧海蓝天！

作者：茅竹文社某社员

那年，邂逅

那一年，小"电驴"还没有诞生，摩托车还未盛行，汽车更是土豪的专配，老百姓的出行方式还停留在公车时期，而他也是这乌泱泱乘客中的一员。其实，他是有点喜欢这种挤车的感觉的，这让人与人之间的距离更接近，面容更亲切。不论是在站台等车的时候看着穿梭往来的人群，还是上车后临窗坐下注视窗外一掠而过的风景，抑或是那厚厚的玻璃映照出的某一个他不敢正面凝视的模糊的身影……

他很迷恋这种感觉，一直都是……

那是一种美妙的享受，只是很模糊。无数次在情窦初开的年纪幻想，幻想能有一次浪漫的邂逅，一次就好。刻骨铭心，铭心刻骨。哪怕是短短的几分钟，哪怕是人群里的一次擦肩，哪怕是回眸的一个莞尔……那莫名而来的微妙的感触，足以烙下印记，足以让人回味，足以让人铭记珍藏，但一切都是幻想。

直到那一天，他在等车大军中看着熙熙攘攘的人群，往来的汽车裹挟着飞扬的尘土奔驰而过，他闭眼，扭头，屏住呼吸，这是他不喜欢的，破坏了他欣赏的心情，因为这闭眼、扭头的动作，很可能会让他错过一次邂逅。

一辆卷着尘土、散发着浓烈汽油味儿的公车在站台戛然而止，他眯着眼睛看出去，发现并不是自己要等的车，有些许沮丧。上车的人们疯狂地拥挤着，生怕自己抢不到座位，其实车上座位早就满了。唉，人就是这样一种自私的动物，他冷眼看着这一切，嗤之以鼻。

　　就在这推推搡搡中，透过车窗，一个熟悉的身影在车厢里摇晃不定。齐耳的短发、白皙的皮肤、蜜桃般的身姿、流光清澈的双眸……在被挤来挤去的车厢里，浑身弥散着娇羞的无奈的厌恶。那不是她么？他激动地朝公车走去，举起手，招摇地对着车窗大喊："哎……"他还没有来得及叫出她的名字，公车已经启动向前，不过好在她看见了他在风中挥舞的手，向他点头莞尔。车开走了，在他定格的视线中渐行渐远。那一刻，他的心里泛起一种很微妙的感觉，说不清道不明。他始终都觉得这是一次最特别的邂逅，没有擦肩，没有交流，有的只是那惊鸿一瞥、青涩莞尔，却足以让这画面在记忆中永存。这微妙的瞬间，不知道该用怎样的语句来描绘，寥寥数语无法写尽她在他脑海里留下的印记；长篇阔论又亵渎了她留下的简单、美好。

　　多年后，青春在记忆里被沉淀，被冲刷，却始终带不走这一场邂逅，一场平凡的、永恒的邂逅，因为她已深深烙在心中。

　　他或许在想，还能再见面的。

作者：茅竹文社社员　凤丫头

2017 年 6 月 19 日

后　记

时间过得真快，转眼之间，《清风徐来》已经出版六年了。自费出书，自行销售，有很多单位和个人帮过我，比如中共句容市委宣传部、句容市教育局等单位，以及我的领导、同学、同事、朋友、学生等。起初，我开列了若干名单，想写在后记里表示感谢，后经人提醒，考虑到周全因素，就省略了，且把他们写在我的日记里，记在我的心里。

本书主要的板块"今我来思"有15万字，记叙了一届三年的师生成长，反映了那个时代的社会生活，真实地再现了人情冷暖。今天读来，宛如隔世，不可思议。这篇长文，在2018年之前已经转录成电子稿，因为文字体量大，而且学生毕业还不到20年，故而一直放着，多次动笔，慢慢整合，前后跨度有七八年之久。所谓人过留名，雁过留声，书中多用真名，也是想把大家真实地记录下来。这有点像李白赠汪伦，虽然我远远不如李白，但道理是一样的。其中某人将来带孙子的时候，指着书中自己的名字告诉孩子"这就是我"，或许能让孩子骄傲一阵子。个别名字因各种原因加以化名处理，请当事者予以理解。"雨雪霏霏"部分的文章都是近几年所写，或多或少也是我50岁后写作风格的一种体现吧。另外，书中还收录了茅竹文社社员的两篇文章，已加注。

我写的那些文字很少发表，或许文笔不行，或许投稿艰难，或许兼而有之，所以更多是自娱自乐，弄个自费出书。让文字和读者见面，这可能是绝大多数文学爱好者的一种情结吧。

最初的文本转录，张妮、董正娣等人帮过我。在本书的出版过程中，中国书法家协会会员张宁老师挥毫题签，马荣老师治印篆刻书名，江苏省摄影家协会会员王鹏飞先生授权我使用他的大作《茅山苍龙》铺满封面，南师大刘荧老师在高考阅卷点拍了我的肖像照，句容三中同事张志成老师为我在公园取景，老同学戚保乾加班加点为我赶印书稿，本人向他们表示深深的感谢。

出书过程中，遇到困惑，比如选什么图片用哪幅题签，我就在微信朋友圈征求大家的意见，好多好多热心朋友帮我出主意、提建议，让我倍感温暖。老师陈晖，师长曲云静，学长严飞、笪建平，学生王秋、王逸仙，同学徐继峰，同事张光顺、郭云燕等，跟我互动很多。其他网友，人数众多，恕我不能一一列出。书的封面，设计有几个款式，我在班上投影征求学生意见，大家热情高涨，意见一致，坚定了我的选择，在此一并感谢这些青春似火、热情如潮的少年。

在本书出版的谋划策划中，我所在的好几个协会，一些部门领导，包括我校的书记和校长，也热情支持我，让我更有信心，更有底气。凭着前面两本书，本人有幸加入江苏省作家协会，随着新书的出版，期待有更好的收获。

和妻子闲聊中，每每说及诸多帮过我的人，我最大的感触是"欠的人情太多了"，却无以回报，只能怀着感念，热情生活，带着正能量去工作，得天下英才而教之。

大部头的、回忆性的文章后面写不出来了，估计本书出版完毕，自己很可能会像老母鸡一样"歇窝"，所以就写了一篇代序，借用这个途径，来跟一些家长做交流，给他们孩子以写作的启发。大家还可以把本书当作文学读物送给初中生，开卷有益，也未可知。

今年暑假有个援疆的机会，学校考虑到我的工作任务比较重，没有批准我的申请。将来如果能成行，我想，那肯定可以提供很多新的创作素材，我也可能再写一本书。期待吧！

国泰民安，岁月静好，我们过着中国历史上最好的生活。然而，树欲静而风不止，世界上不是每个国家都能接受我们过上富足幸福的生活。我们要上下齐心共同努力，延续畅享中华民族的美好时光！

后会有期。

史　祥

2024 年 8 月 8 日